酔いどれクライマー 永田東一郎物語

80年代 ある東大生の輝き

藤原章生
Akio Fujiwara

山と溪谷社

酔いどれクライマー
永田東一郎物語

酔いどれクライマー　永田東一郎物語

目次

プロローグ　十二年後に知った死

永田東一郎さんが死んだのを聞いたのは、ずいぶんしばらくしてからだ。二〇一七年秋のこと。亡くなったのは二〇〇五年二月二十八日。優に十二年が過ぎていた。元妻や子ども、友人ら七人が墓参した十三回忌から、半年が過ぎていた。

私はそのころ、少し鬱っぽかった。うつ病や双極性障害といった病名がついたわけではない。単に鬱気味だったのだ。例えば、朝、勤めていた新聞社に行くため、当時暮らしていた千住寿町の長屋から東京メトロの千代田線に乗り、大手町に着いた辺りが鬼門だった。東西線に乗り換えるため地下通路を歩いていると、向こうから緊張した必死な顔の人の群れが迫ってくる。彼らの顔一つひとつを見やりながら東西線のホームに立つと、すっと線路に飛び降りたくなる。いや、そこまでのことはしなくても、誰かが背中を押してくれないかな、と思うことがあった。二〇一七年九月、五十六歳の私はどうしてだかそんな気分だった。今から五年以上前のことだ。

どういうわけか仕事はできた。新聞記者の私は月に三本平均で、原稿用紙七、八枚の読み物ふうの記事を夕刊の「特集ワイド面」に書いていた。ほかにも二つの雑誌に月に三本、ときおり頼まれれば書評や映画パンフレットに解説を書いていた。書くことに支障はなかった。むしろ原稿を書くと気が晴れた。その原稿がどうあれ、書き終えると、すっとストレスが消えた。ほんのひとときだが、沢登りで最初の滝を登ったあとのような爽快感が私を楽にした。

そんなころ、高校の山岳部の先輩がフェイスブックで「友達リクエスト」をしてきた。私は都立上野高校を卒業するとすぐに北海道大学に入ったため、彼とは卒業間際に白馬のスキー場で別れたのを最後に会っていなかった。

誘われるままに彼ともう一人の先輩と御徒町の居酒屋で日本酒を飲んだ。上野が地元の先輩が選んだ店は、カウンターにテーブルが三つほどある煮込みが売り物の安い居酒屋だった。

三十四年ぶりの再会で、それぞれ風貌が変わっていた。自営業の一人は頭にバンダナを巻き濃いヒゲを生やし、高校のころよりアクが強そうに見え、もう一人はきちっとした背広を着て、営業が長いせいか、常に穏やかな笑みをたたえる男になっていた。二時間ほどとりとめのない話をした。バンダナの男が言った言葉をよく覚えている。「お前、変わったな。もっと危ないやつ、とんでもないやつって感じだったけどなぁ」

そう、私は高校のころと比べれば丸くなった。穏やかになった。当然のことだ。新聞記者はいわば接客業だ。相手を立てて、本音を引き出す商売である。何十年も生きていれば大方の人は変わる。若いころのたたずまいのままの人はそうはいない。

私が彼らと三十年以上も会わなかったのは、何も彼らが嫌いだったからではない。三十代から新聞社の特派員として南アフリカ、メキシコ、イタリアの三カ国に暮らし、その後も福島県に駐在したため、東京に腰を据えるようになったのは二〇一四年春、五十三歳になってからだ。海外と日本を行き来し、ひんぱんに住所を変えたため、年賀状もやめてしまい、多くの人に不義理を重ねてきた。

いや、前しか見ていなかったのかもしれない。大学、就職、転職、転勤。いつも行く先々のことしか見ておらず、気持ち以外のところで、過去を振り返ることがなかった。何かで聞きかじったのか、小説の一節か、懐旧は良くないと思っていたところもある。

聞いてみると、東京の足立、台東、荒川辺りに暮らしてきた東京人の彼らにしても、そうそう高校時代の友人に会うことはないようだ。

やはり三十代、四十代は仕事や家族、その時どきの友人たちに目を向け、思い出すことはあっても、青春時代の人々にわざわざ会いには行かないものだ。定期的にクラス会をしてきた人もいるが、私は住所を知らせていなかったため、ほとんど参加しなかった。

彼らと話していたら、高校のころに見た池之端の光景を思い出した。私たちはそのころ、週に何回か不忍池で長距離走をしていた。春から夏にかけては、池に咲く蓮の匂いがきつく、その匂いにむせ、吐きそうになることもあった。

それは冬だったのか、上野の山の縁《へり》の道を走り、高校へ戻っているとき、年配の男たちを目にした。池から上野の山へ登る清水坂の途中だった。夕暮れ前、午後四時ごろなのに、十人ほどの男たちはすっかりできあがっていた。足がおぼつかない。何人かは肩を組んだり、もたれ合ったりしている。男たちはみな中折れ帽をかぶり、黒か茶のコートを羽織っていた。旧制大学か高校の同窓会なのか、わっはっはと愉快そうに笑いながら、「お前はよお……、だからダメなんだ」などと言い、すっかりいい気分になっている。

なんだあれは、と高校生の私は恥ずかしいものを見るような気分で一瞥し、坂を駆け上がった。なのに、妙なほどその光景を覚えている。

私たちは世代が違う。誰一人、中折れ帽など被ってはいない。それでも、御徒町の安酒場で飲んでいる先輩二人も私も、もうあのときの男たちと同じ年回りなのだ。家族への熱意も静まり、妻や子どもたちも方々を向き、仕事にさしたる欲も希望もなくなり、魔が差したように、昔の友に会いたくなる。しかし、それは正しくない。昔の友など実はもういない。そこには昔の友の老いた、いや熟した、あるいは枯れた姿があるだけで、互いの言葉をヒントに、自分たちが生きた十代、二十代の瞬間を、彼らの目に映る過去の自分を思い出し、ぼんやり追憶しているだけだ。

「一人、二四〇〇円ね」。背広の男の計算で割り勘の払いを済ませたとき、あ、そう言えばと、二人に聞いた。「ところで、永田さん、どうしてます」

テーブルを挟んで目の前にいた二人は驚いたように私を見ると、顔を見合わせた。「えっ、知らないの」

えっ、まさかと思ったら、一人が投げ出すような口ぶりで言った。

「死んだよ。もうずいぶん前だよ。五年、いやもっと前だなあ、震災のずっと前だよ」

ええ、本当っすか、なんで？「酒だよ、酒の飲みすぎ」

私の高校の三年先輩にあたる永田東一郎さんは二〇〇五年二月、四十六歳と二カ月弱で死んでいた。もう少し知りたいと、私はバンダナの男と二軒目に行った。「こっちの方が安いんだ、まずいけどな」。いろいろ問いかけても、彼も詳しいことは知らないようだった。

縦長の小さな黒い手帳に私は日々の予定を書き込んでいる。インタビューと原稿締め切りや人との約束が記され、それが済むとその予定に丸印を入れる。その丸を書くとき、ひとつ片付いたと、小さな達成感がある。その右の空欄に、見たもの、その日の夢、人のセリフなどを書き入れることがあるが、自分の心情を綴ることはまずない。

でも、その日は書きたかったのだろう。千住の長屋に帰ってからか、帰りの電車で私はこう書いた。

〈永田さん。ショックというより、ああ、やっぱり。でも、いないと思うと寂しい〉。そして三日後の日曜日にはこう書いている。〈午後、急に眠くなる。永田さんのこと〉。内容は覚えていないが、永田さんの夢を見たのだろう。〈夜の心の暗闇から、夢はわいてくる〉という詩があったが、その日から永田さんのことを考えずにはいられなくなった。数日後にはひと言、〈永田東一郎物語〉と書いてある。もうこのとき、私は彼のことを書こうと決めていた。

それまで、父をはじめ身内や友人、知人が何人も死んでいった。二十歳そこそこで山で死んだ後輩もいた。人の死は珍しいことではない。私はそんなに信心深くないため、魂というものを深く信じているわけではない。だから、葬式や墓参りはよほどのことがない限り行かない。行くのは遺族のためであり、死んだ人をそこで感じられるとは思っていない。

去る者は日々に疎し。多くの死者は脈絡もなく夢に現れるが、いや応なしに薄まっていく。でも、どうしてなのか。永田さんのことは、彼の死を知ったあの日から、薄まるどころか年々濃くなっていく。彼が私の前で動いていた一瞬一瞬が、一九七〇年代末から八〇年代という、どうしてだか妙なほど明るく見えたあの時代に見事なほど定着している。

「ああ、やっぱり」と思ったのは、二つ理由がある。飲み始めたら朝まで飲まないと気が済まない。あんなことを続けていたら早晩死ぬだろう。私は彼と最後に会った三十代のころ、そう思っていた。二つ目はこうだ。何かを突き詰めだしたらどんな穴の底にだって、どんなに危ない高みにだってわれ先にと行ってしまう破滅型。酒の飲み方と破滅型の性格。この二つが「やっぱり」と思わせた。そして、おそらく、それが理由で私は彼から離れたのだ。

「やっぱり」とは違うが、永田さんの死を知った瞬間、それに近い感慨を抱いた人がいた。東大スキー山岳部で同期だった今田幸伸さんは訃報とともにかけつけた一人だ。

今田さんはそのころ、朝日新聞社の雑誌『ＡＥＲＡ』の副編集長をしていた。職場に大学同期の宮森伸也さんから電話が入り、「永田、死んだらしいけど、聞いてるか?」と言われた。その晩、宮森さんと待ち合わせ、東上野にあった永田さんのマンションに行くと、上野高校で永田さんの同期だった吉川智明さんがすでに来ていた。

永田さんの遺体はなく、応対した元妻、三浦和多利さんによると、そこから近い東日暮里の永田さんの母のアパートにいるということだった。かけつけてみると、骨つぼがあった。永田さんは葬式も出されないまま、骨になっていた。

今田さんは、なんとも言えなかった。「悔しいという気持ちも、驚きもあったし、俺たちみんなで、永田のアルコール依存症を治さなくちゃと、話をしているころだったから、余計無力感がありましたけど……。一方でこんなこと言ったら語弊があるけど、『永田らしいな』って思っちゃったんだよね」

永田さんのことをもっと知ろうと、府中市の喫茶店で会ったとき、今田さんはそんな話をした。少し視線を落とし、今田さんがこう続けた。

「仮にあいつがどっか、ものすごい難しいルートに挑戦して死んだとしても、『永田らしいな』って思ったんだろうけど、東京の片隅で、ほとんど緩慢な自殺みたいな感じですからね。それも、当時の永田を見聞きしてたから、ほんと、『あいつらしいな』って思ってね。『なしくずしの死』って、誰かの小説のタイトルにあるじゃないですか」

フランスの作家、ルイ＝フェルディナン・セリーヌの作品だ。そのタイトルが浮かんだ今田さんの気持ちが私にはよくわかった。私も同じ思いだったからだ。

浜辺の砂を手で握る。手を開けば、砂は落ちていく。それがわかっているのに、掌を開いてしまう。すると、砂はさらさらと音もなく地面に落ちていく。哀惜《あいせき》というのか。取り返しようのない、どうしようもない思い。わかっていたのに、止《と》められなかったという悔悟。私が感じた「やっぱり」はそれだった。

　生き返らせることなどできない。でも当時鬱っぽかったせいか、不安定な気分の中にいた五十代後半という年のせいだったのか。私は、彼がどんな人間だったのか、どんなふうに生きたのか、それを書かざるを得ないと、御徒町の居酒屋の帰りにすでに思っていた。

第一章

十七歳の出会い

濃くなっていく永田東一郎の記憶

永田東一郎。ぴんと来る人はまずいないだろう。

登山や探検で名を成した人は他にいくらでもいる。永田さんの上の世代ですぐに浮かぶのは、植村直己（１９４１～84年）、小西政継（１９３８～96年）、森田勝（１９３７～80年）、長谷川恒男（１９４７～91年）、加藤保男（１９４９～82年）、山田昇（１９５０～89年）、尾崎隆（１９５２～２０１１年）たちだ。一九五九年一月生まれの永田さんに近い世代では、北極圏で亡くなる前に何度か会ったことのある河野兵市（１９５８～２００１年）がいる。私自身、一時山登りから離れていたため、他の人物は浮かんでこない。

私が永田さんを書きたいと思ったのは、登山家としての面も大きいが、むしろ彼の人格、たたずまい、ひと言で言えば、その人間としての在り方に惹かれたからだ。

これまで会った中で、最も強烈な人を挙げろと言われれば、私の場合、永田さんを選ぶ。あるいは、「あと一作、評伝を書かせてやろう。誰を選ぶ」と言われれば、私は即座に永田さんの名を挙げる。

永田東一郎。上野高校山岳部の先輩はよく「名前どおり一浪で東大に入ったから、冗談みたいな人」と言っていた。おそらく私の周りにいた人物の中で最も大きな偉業を成し遂げたのが、この人だった。それでも新聞ふうに略歴を書けば、どんなに盛り込んでもこの程度の記述で済んでしまう。

一九五九年一月、東京生まれ。荒川区立第三日暮里小、日暮里中、上野高校卒業後、一浪ののち、七八年四月に東京大学理科一類入学。東大スキー山岳部に所属し八年間在学後、八六年三月、工学部建築学科卒。在学中、谷川連峰の赤谷川ドウドウセン初踏破、南硫黄島探検に参加。英国隊など二カ国五隊を退けたカラコルムの難峰、K7に遠征し隊長として初登頂を果たす。直後に登山から退き建築界に入り、三カ所の建築事務所を経て八九年に独立。二〇〇〇年以降、仕事が激減し膵炎《すいえん》で入退院後、肝硬変となり食道静脈瘤《りゅう》破裂で〇五年二月二十八日に死去。離婚した妻との間に長男、長女がある。

永田さんがどれほど興味深い人物だったかは、次の章からおいおい明かしていくとしても、ここまで書いたところで、「ちょっと待て」という異議が私の耳に聞こえてくる。

永田さんに惹かれるのは、あなたが十七歳から彼を知っていたからではないですか。

それはあるかもしれない。それを言うなら、赤ん坊のころから知っている自分の父母、兄弟はどうだろう。古今東西、父親を書くのは、作家、三輪太郎さんによれば「小説の王道である」。

自分を取材者と見立てた場合、現在進行形で彼ら、家族のことを大人になるまで二十四時間体制で見てきたわけだから、材料には事欠かない。

私は十七歳で永田さんを知ったが、その後の彼をつぶさに見てきたわけではない。私が大学に入るため北海道に渡ったのは十八歳の終わりなので、わずか二年弱のことだ。その後、折々に会い、酒を酌み交わしたが、一緒に山に行ったわけでもなく、じっくりと彼を観察したわけでもない。最後に別れたのは一九九五年の秋ごろと記憶している。年を覚えているのは、その年の秋に私が南アフリカのヨハネスブルクに転勤したからだ。建築家だった永田さんは三十六歳で、私は三十四歳だった。十七歳で出会い、その倍に当たる三十四歳で別れたわけだから、永田さんと会っていたのは十七年間だった。

長さではなく十七歳という起点はどうだろう。少年から青年へと変わる、一般に感受性の強いといわれるその年齢が記憶を鮮やかにし、彼を特別な存在に思わせたのだろうか。

十七歳。私は成熟しているようで幼稚でもある、ひと言で言えば中途半端な青年だった。

十歳の夏、機械屋だった父親が脱サラして、上板橋の手狭な家を出て足立区の北のはずれ、古千谷《こじや》という沼の埋立地に工場を建てた。その脇の、父親が設計した家に家族五人で引っ越したその夏、私は極度の反抗期に入り、特に母親が憎らしくなり暴力を振るい、家を追い出された。その引っ越しの夏から一カ月間、親の出身地である岡山の身内に預けられた。

それがきっかけとなり、私は親から気持ちが離れた。というか、親に依存する気持ちが失せた。両親は朝から晩まで工場で働いていたので、引け目もあったのか、毎週末のように三本立ての名画座に行く金や本代は文句も言わず出してくれた。竹ノ塚駅に近い足立区立第十四中学校に通ったころは、暗黒の時代だった。とにかく私は運悪く、十三歳、十四歳と二年続けてロクでもない担任に当たった。

映画にはまり、毎晩テレビの洋画劇場を見て、週末には名画座やロードショーを見にいった。それを知るや、二十七歳の全共闘上がりの女性教師は学活の時間に私を名指しし、「こいつはキチガイだ。毎日、映画ばかり見てやがる。親は何やってんだ！」と怒鳴り、気の小さかった私は以来、なんとなく映画を見る回数を減らし、高校のころにはほとんど見なくなっていた。次の教師は、私が当時の言い方ではズベッている、つまりズベ公、不良少女ほどではないが、若干問題児風の女子たちとつるんでいたら、やはり学活の時間、教室に入ってきた技術教員の三十代の担任がいきなり、「藤原、この色キチガイがぁ。いっつも女と一緒にいやがって！」と怒鳴り上げた。色なんて気はまったくないのにそんなことを言われ、気の弱い私は、その女友達ともほどなく疎遠になった。

衆人環視の下、二度も「キチガイ呼ばわり」された私はなんとなく浮いた存在になり、学校が嫌で嫌でしかたなかった。それでも中三、十五歳になると、穏やかで当たり障りのない中年男性が担任となり、ようやく救われた。

ギターや大江健三郎ら日本の現代小説という共通の趣味で親しくなった級友たちの影響から、深夜ラジオを聴きながら勉強をするようになり、夏を過ぎたころ、成績が急速に上がった。そのころ通いだした数人規模の小さな塾の教師に勧められ、私立大の附属高校を受けたが、二次の面接で落とされ、都立上野高校に通うことになった。

高校では軟式テニス部に入ったが、中学のときのバレー部と同様、「ナイスです」「ガンバガンバ」などと声を出せと言われ、走るときに「上高《うえこう》、ファイフファイフファイフファイ」と皆で声を合わせるのが耐えられず、夏を前にやめた。

このころ、中学卒業の前からつきあい、別の高校に行っていた彼女にこっぴどくフラれた。向こうが言い出したのだからと、変に余裕をかまして、手紙の返事をきちんと書かなかったのがいけなかったのか、彼女は別の彼氏の方に行ってしまった。平気だと思っていたが、この失恋はかなり響き、毎晩のように夢でうなされ、それからまる三年、誰も好きになることがなかった。というより、「女なんてみんな……」と単純な女性不信に陥った。その影響なのか、そのころを境に満員電車に乗れなくなり、頭がおかしくなりそうなので、私は足立区の北のはずれから毎日四十分かけて、自転車で上野の山の学校に通った。雨の日には渋々電車に乗ったが、出欠がいい加減な高校だったのが幸いし、遅刻が当たり前になっていった。

私が地方の大学をあえて選んだのは、親から離れたいというのも大きかったが、東京の満員電車をはじめ、どこにいても人だらけの大都市にうんざりしていたからだ。

そんな高二の春、私に僥倖が訪れた。一年のとき、いちばん好きだった地学の先生に「山岳部に入ってみないか」と誘われたのだ。

私は中学一年の夏、茨城県の大洗海岸で溺れ死にそうになったことから、家族の誰も海に行かなくなり、その代わりというわけでもないが、十四歳から山に登るようになった。

最初は兄に連れられ、そのうち一人で行くようになった。無知な分、けっこう過激で、中二の五月にはアイゼンを買って八ヶ岳の赤岳を登り、中三の三月には南アルプスの鳳凰三山に行っている。高一の夏に南アルプスの縦走をし、激しい風雨でツェルトが吹き飛ばされそうになり、途中下山したこともあった。

先生に地学研究室でコーヒーを飲ませてもらいながら、そんな話をしていたら、「へえ、そうなんだ。あれ、いま、山岳部、二年生がいなくなっちゃったから、入ってみたらどう」と言われたのだ。

当時、上野高校には職員室もあったが、学科別に研究室と呼ばれる部屋があり、教師たちは普段はそこに詰めているので、放課後や空き時間に訪ねると、学生時代の話などをしながらお茶を飲ませてくれた。

その先生の勧めで高校の屋上にあった天文台を部室にしている山岳部を訪ねると、アクの強そうな三年生の部員がぞろぞろ出てきて、「そうか、そうか、いいよ、いいよ」と大歓迎してくれた。

あとで地学の先生に聞くと、このアクの強い連中が下の部員たちを、あまりにからかったり、おちょくったりするものだから、その春、私と同学年の部員五人ほどが一斉にやめたという話だった。

部室は屋上にある鉄筋コンクリートづくりの一棟で広さは十畳ほど。奥の天井がドーム型の天文台になっており、手前側が山岳部、奥が地学部の部室になっていた。どうも地学部と山岳部の雰囲気が悪いので、変だなと思っていたら、春にやめた部員五人の何人かが地学部に入ったとのことだった。

やめた彼らにしてみれば、嫌な上級生がいる部室になど行きたくないはずだが、何せ、そこは屋上で、授業のないときや放課後を過ごすのに居心地のいい場所だった。

私の一年下、高校に入ったばかりの一年生も五人ほど入り、私は新入部員ながら、彼らの一つ上の登山経験者という位置で、いい気分のスタートを切ることができた。

それまで、剣道、バレーボール、テニスと何をやっても中途で逃げてしまう根性なし。好きな数学以外の勉強はほとんどせず、あとは小説を読むのと下手なギターを弾くくらいしかやることのなかった十七歳の私は、居場所ができ、集団に属せたのがうれしかった。

これで、自分もまともな高校生になれる。そんな気分で、昼過ぎ、授業も出ずに一人、部室でのんびりしていたとき、永田さんが現れた。

五月の連休明けのことだ。三階建ての校舎の奥にある階段を駆け上がり、出口を右に回ったところに部室の入り口がある。いつも空いているドアから入ると、住宅の食卓を倍にしたような実験室の払い下げのテーブルがあり、その周りにベンチや椅子が無造作に置かれている。私が奥の方で、部員が置きっ放しにしていた『嗚呼！花の応援団』を読んでいたら、日差しの強さで真っ白に見える入り口から、男がすーっと幽霊のような挙動で入ってきた。

着古したワイシャツに、下はジャージーのズボン。銀縁の眼鏡はハンカチで拭いたりしないのか、随分と汚れていて、髪は一九七八年当時は珍しくもない肩あたりまでの長髪。おしゃれというより、単に床屋に行かず、伸び放題にしているふうだった。と言うのも、何日か風呂に入っていないのか、髪の毛の表面がじとっと光り、ぺったりと額についていたからだ。メガネには落下防止のためのメガネバンドがつけてあった。

古びたサブザックを背負ったまま、男は少し驚いた顔をした。というか、初対面の人に会ったときの緊張からか、おじけづいた顔をして、すぐ脇の壁の方に体を傾け、天井を見ながら、「あ、俺、OBの永田って言うんだけど、山岳部のやつ、いる?」と言った。よく通る声だった。背は私よりやや低い一六三センチほどで、ひどく痩せている。なのに、太く低く、よく響く声だ。

「あ、僕は二年生なんですけど、最近入ったばかりで……、藤原って言います」。こちらも少し緊張して応じると、「えっ」とうれしそうに目を開いた。そして、堰を切ったように語り始めた。

「なんだ、そうなのか、へえ、入ったばかりなんだ。いや、見ない顔だから地学部のやつかと思ったよ。で、山はやったことあるの、そうか、へえ。俺さあ、いまチュザック（TUSAC）にいるんだけどぉ。チュザックって東大スキー山岳部のこと、Tokyo University Ski Alpine Club の略でTUSACって言うんだけどぉ、きょうはちょっと上高の様子、見にきたんだ。

チュザックってすごくってさあ、すげえシビアなんだ。岩なんかもバンバン登るし、この前の新訓（新人訓練合宿）は乗鞍だけど、みんな頂上まで駆け上がって、すごい速くってさあ……」

立て板に水というのか、こちらの「はい」「はあ」という相槌も待たずに、ひとり延々としゃべり続ける。

こんな人をどこかで見た気がした。懐かしいような感覚だった。私のいとこにひとり彼のような男がいた。話し出したら止まらない。例えば相撲の話や野球選手の話、自分の幼いころの嫌な経験を語り出すと、微に入り細を穿つように物語る。いとこは講談師のように語ったが、永田さんはどちらかと言えば、少しは聞き手の反応を気にする方だった。「本当かよぉ」「げえ、マジかよぉ」などと必ずこちらの言葉に応えながら、ひとり講釈を続ける。そんなタイプだった。

この珍しい人物とすぐに意気投合した。いや、魅せられたと言ってもいい。

私はその当時、級友や山岳部の他の先輩、教員ら多くの人たちと出会っている。そんな中、永田さんは特別な重みを持ち、いつまでも私の中に残っている。彼は何かが違っていたのだ。普通という言葉はあまり使いたくないが、普通の人ではなかった。それが十七歳の私に強い衝撃として残ったため、のちのちに会っていく人々を含めても抜きん出た存在感として、記憶に残ったのだ。

でも、それほどの衝撃を感じたのは、あなたが十七歳だったからではないか、と言われれば言葉に窮する。そうかもしれないし、そうでないかもしれない。これから彼を書いていく中で、自ずと答えが出るだろう。なぜなら、私と同じように、「なんだ、この人は」「強烈な野郎だ」と感じた人が、私のほかにもずいぶんいたからだ。

「田端の壁」初登攀

その日の午後は一年生たちとトレーニングするつもりだったので、着替えようとしたら、「えっ、トレーニング？　じゃあ、俺もやるよ」と永田さんは躊躇なく加わった。

その日以来、永田さんは週に一度ほどのペースで部室にやってくるようになった。私とその下の一年生たちに自分たちが行った山の写真や報告書、計画書を見せ、「とにかくすごいんだ」と自慢げに語り続けた。

主なトレーニングは不忍池でのランニングだったが、高校のある上野の山の北の縁、谷中墓地にもよく出かけた。墓地の端っこ、山手線の線路へと落ちる段丘に石垣があり、そこで岩登りをするためだった。と言っても高さ三メートルほどの石垣で、皆でそこを運動靴で登る。いまでいうボルダリングのようなことを、永田さんが教えてくれた。ルートは四、五本あり、線路沿いに日暮里方面へと向かったところにも別の石垣があり、そこは「日暮里（側の壁）」と呼ばれていた。日が暮れると、「ここでよく缶蹴りしたんだ」と永田さんが言いだし、墓地の中で、私たちは缶蹴りをした。

　その年の秋も深まったころ、永田さんから私の家に電話があった。土曜の夜だった。

「あ、藤原？　明日さあ、ちょっと暇できたんで、『田端の壁』に行こうと思ってんだけど、一緒に行かないか。すごい石垣でさあ、谷中や日暮里よりもずっと高いんだ。絶対登れないけどなあ」

　翌朝、山手線の田端駅前で待ち合わせると、永田さんはビブラムの登山靴を履き、麻の太いロープを肩にかけていた。私は谷中での経験から、石垣は運動靴、しかも、かなり小さめのものがいいと思い、中学時代に履きつぶした月星のズック靴をリュックに詰め込んでいた。

　田端駅から西に少し歩くと、地中深く掘り込まれた大きな塹壕《ざんごう》のようなバス通りがある。永田さんが言う「田端の壁」は、そのバス通りの西側にそそり立つ石垣のことだった。

早朝、黒々とした壁を見上げた私は少し怖気づいた。三メートルの高さの谷中や日暮里と違い、一〇メートルもあり、傾斜もかなりきつい。こんなの、登れるわけない。そう思っていると、永田さんはずんずん歩きだし、石垣が低くなる辺りから公園脇の上の道へと登り、高さが最大になるところまで行くと、麻のロープを垂らした。日曜の朝なので人通りは少ないが、石垣の下にはバス停がある。見ると、そこに黒いコート姿の中年男性がやってきて、ひとりバスを待っていた。

「ちっ、人がいるなあ、まずいなあ」。聞いてみると、永田さんはこの石垣に何年も前から通い、一度は通報され、警察官に注意されたことがあったという。男性は私たちを見上げたが、さして気にするふうでもない。安心した永田さんは来た道を戻り、壁の下に立った。

私は一〇メートル上のガードレールのところで、すでに教わっていた腰がらみで永田さんを確保《ビレイ》する役だ。何度も挑戦している永田さんは前半の五メートルくらいまで難なく登ってきた。上からの確保なので、永田さんが落ちてもその場にぶら下がるだけだが、私にとっては初めてのビレイなので、きちっと軍手をはめてはいたが、麻のロープを握る手が汗ばんでくるのがわかった。

「こっからが難しいんだ」。そう言うと永田さんは手を振りかぶるように伸ばしながらじわじ

永田東一郎さんが通い詰めた「田端の壁」の石垣は当時のまま残されている

わと上がってきた。息が荒く、はあはあ言っている。私がいる頂点まであと二メートルというところでさらに息が上がり、石垣の細かなシワに登山靴のつま先を必死の思いでかけている。すると、ロープがぐっと私の腰に食い込んだ。「クソぉ、ダメだ」。永田さんは足を滑らせロープにぶら下がった。当たり前なのだが、永田さんが下まで落ちず、ぶら下がったことが私には不思議で、ロープの威力というものを初めて知り、これなら安全だと安堵した。永田さんはぶら下がったまま少し休むと、また登ってはぶら下がりを四度ほど繰り返し、ついに諦めた。

次は私の番だった。永田さんと確保を交代し、持ってきた小さめの運動靴に履きかえると、下に下りていった。永田さんに教わったブーリン結びでロープを腰に巻く。谷中や日暮里で登っていた要領で慎重に靴先を石垣の岩のうねりやシワの部分にのせていくと、意外なほどするすると永田さんが越えられなかった地点まで登ることができた。上を見上げると、永田さんが「おお、速いじゃないか、頑張れ、そっからが難しいぞ」と声をかけた。永田さんが登れないところを自分が登れるわけがない。そう思いながらも、もしかしたらと思ってジワジワ体を上げていくと、ついに指がかかるホールドがなくなった。ああ、落ちると思いながらも、足先だけを頼りに立ち上がろうとすると、意外にもすっと立てた。すかさず右手を伸ばすとちょうどいいところに指先がひっかかった。そのとき、永田さんがグイッとロープを引っ張ったので私は安心し、そのまま左足を腰のあたりにある岩のヒダまで上げ、終了点のガードレールの柱を右手でつかむことができた。

「うへえ、お前、やったなあ、すげえなあ、初登攀《とうはん》だぜぇ」。永田さんが太い声を上げるので、私はうれしくなった。自分は岩登りがけっこうできるんじゃないか、センスがいいんじゃないか。自信が溢れてきて、舞い上がる気分で永田さんの方を見直すと、少しうつむき加減になって、ロープを巻き始めていた。

そして、首をひねりひねりこう言い出した。「おっかしいなあ、なんで登れたんだよぉ。おっかしいよなあ。俺、もう何年も前から来てんのに、藤原、おっかしいよ」

はあ？　と思った私は一応謙遜し、「まぐれだったんすかねえ」と言うと、「え？　うん、ビギナーズラックっつうかなぁ、おっかしいなあ、絶対おかしいよ」と独り言のようにつぶやいている。唇もかすかに震えていた。

「それに最後、ちょっとあやしかったぞ。最後、ザイルを俺が引っ張ったからなあ。あり得ないんだけどな。なんでだよ、おかしいよ」

私たちは、すぐ近くの自販機でコーラを買い、近くの童橋《わらべはし》公園で、永田さんが持ってきたクリームパンを半分ずつ食べた。「うち、来るか」と言うので、二人で山手線脇の道を歩き始めた。

すでに日は高く、田端から西日暮里、日暮里にかけての線路沿いの道は、晩秋なのに日が当たり、暖かだった。

永田さんが母と二人で暮らす鶯谷の同潤会アパートをそのとき初めて見たが、私は「うわっ」と心の声を上げてしまった。昔の団地のようなその建物は、雨のせいでどの壁も黒ずんで、雨だれが前衛芸術の絵画のように無数の蛇模様をつくっていた。古いドキュメンタリーか黒澤明の映画で見たような、戦後間もないころの風景がそこにあった。貧民窟というものがもしあるとしたら、ここがまさにその舞台のように思えた。

永田さん、こんなところに住んでたんだ。しかも、お母さんと二人で。

そんなことを一瞬思ったが、私は何も口にしなかった。ただ、永田さんという人に少し近づいた気がした。同情ではない。何か、この人の本当の姿の一部に触れた気がした。

そんな私の考えにまったく気づいていないのか、永田さんは「こっちだよ」とスタスタと階段を昇っていった。ドアを開けると玄関から狭い廊下にかけ、雑誌や本、新聞の束《たば》が足の踏み場もないほど積み上がっている。迷路のような束の脇を入っていくと、三畳か四畳ほどの部屋があり、白熱電球がぶら下がっていた。周囲の土色の壁に白黒の山の写真がいくつも貼られている。

玉簾の向こうから、初老の女性がにっこりしてこちらをのぞき、少し恥ずかしそうに「いらっしゃい、お友達？」と優しそうな、細い声で言った。「これ、俺のお母ちゃん」。それだけ言うと永田さんはまた同じ言葉を繰り返した。

「ちぇ、おっかしいなあ。登れるわけないんだけどなあ」

永田さんは、私がこの家についてどう思っているか、母親をどう見るか、そんなことにはまったく頓着していなかった。頭の中は「田端の壁」が登られたことでいっぱいだった。

私は彼の三年も後輩だ。長じて、三年など大した違いはないとわかるが、十七歳の目から見ると、彼はずいぶんな大人、おじさんとも思えるほど年上だった。その人がこんなに悔しがっている。同じ年回りや彼よりも下の先輩たちは、たった一、二歳の違いなのに、余裕を見せたり、物分かりのいい兄貴のような態度を取ったりする人がけっこういた。

彼らなら少し大人ぶって本音を隠し、「よくやったな」と三つ下の初心者を誉めこそすれ、ここまで露骨に感情を見せることはないはずだ。でも、永田さんは良く言えば子どものように素直で純粋で、悪く言えばエゴの強い人。ただただ悔しい、おかしい、こんなことはあり得ないという思いをそのまま出してしまう人だった。思ったこと、感じたこと、自分のすべてを誰彼構わずさらしてしまうのだ。

こんな人は初めてだ。変わった人だ。そう思いつつも、私はそこに惹かれた。

それから四十年以上の時が流れ、永田さんが死んだと聞いたとき、私は一瞬、「田端の壁」を思い出した。石垣の上の悔しそうな彼の顔が浮かんだ。そして、ひどく後悔した。どうして永田さんともっとつき合ってこなかったのかと――。

永田さんを書きたいと思うのは、あの田端からこの方、必然だったのだ。あんな人、いるようで、なかなかいないからだ。

第二章

強烈な個性

南硫黄島の「事件」

話を聞いて回るうちに、永田さんのことをかなりおかしな人、強烈な個性とみなす人が多いことに気づいた。何も私だけではなかったのだ。

ここからは彼の足跡を単に時系列で追うのではなく、各時代に現れるこの人の破天荒さ、特異さを精査していく。永田東一郎とはどんな人間だったのか。

永田さんの東大スキー山岳部の先輩に山本正嘉さんがいる。鹿屋体育大の運動生理学が専門の教授で、学生時代にインド・ヒマラヤのシブリン（六五四三メートル）に、三十七歳の年には自身を高所研究の材料に、チョー・オユー（八一八八メートル）に登頂している。単著『登山の運動生理学とトレーニング学』（東京新聞、二〇一六年）は登山者の間で広く読まれている。

話を聞くと、すぐに見解が一致した。

まずは「田端の壁」のエピソードを紹介し、「なんとも強烈な人でした」と持ちかけると、山本さんは「まさに、そうですね」とうれしそうに応じた。

「概論的にいうとあれですよ、藤原さんがおっしゃるように他のみんなもそう思っていますね。強烈な個性でした。それに、後輩からすると非常に頼りがいがあるし、面倒見がいい。緻密だし丁寧だし」

このあたりは私の印象と少し違う。私は三年後輩だったが、頼りがいがあり面倒見のいい先輩という印象はない。永田さんが私を鼓舞し、議論をふっかけてくることはあっても、優しく見守る年長者ではなかった。むしろ、私に対抗意識を燃やしているところがあった。

「僕ら上級生に対しては反抗っていうんじゃないけど、個性が強すぎて、『お前、何言ってんだよ』って感じのことがけっこうありましたね」

この感じ方の方が私に近い。永田さんは上下関係や年齢差というものをあまり意識しない人だったので、私のことを同輩くらいの目で見ていたのかもしれない。だから、山本さんの見方に、そのとおりだと思ったのだ。

山本さんが永田さんと一緒に山に行ったのは、全員が参加するスキー山岳部の合宿を除けば、南硫黄島探検だけだった。それでも熱く語れるわけだから、よほどそのときの印象が強かったのだろう。

南硫黄島探検は一九八二年六月に、環境庁（当時）が企てた国の調査だった。奥富清・東京農工大教授を隊長に、学術調査隊十八人が「日本最後の秘境」といわれた島に上陸し、植生や野生生物を調べた。

島は断崖絶壁に囲まれ、上陸するのも、切り立った内陸を歩くのも容易ではない。このため、東大スキー山岳部の五人がルート工作隊として加わった。東大隊のリーダーは当時、工学部を卒業し千葉大医学部に入り直していた安田典夫さんで、メンバーは永田さんのほか山本さん、その年の二月に永田さんと共に北海道の利尻で遭難まがいの壮絶な登山をしている藤田正幸さん（故人）、そして永田さんの一つ下の医学部生、千葉厚郎さんだった。

八二年当時、留年を繰り返していた永田さんは、まだ駒場の教養学部にいたが、入学から数えて大学五年目だった。このため、千葉さんを除けば若手ＯＢクラスの編成と言える。

千葉さんはあとから来る本隊に同行したので、先発隊の四人がまず、準備のために父島に入った。そこでちょっとした事件が起きた。

「永田はよく先輩に食ってかかって、理屈でやり込めても聞かない頑固なところがあって、ある晩、問答無用とばかりに殴られたんです」

八二年五月末のことだ。先発隊のうち安田さんと藤田さん、永田さんの三人は到着早々、島の小さな飲み屋に繰り出した。日本酒もだいぶ回ってきたころ、それまで楽しげにしていた永田さんが突然、繰り言を蒸し返した。目指していた南硫黄島とは、なんら関係のない話だ。

「安田さん、なんで俺をシブリンに連れてってくれなかったんですかぁ。俺、行きたかったたん

永田さんたちが探検した南硫黄島の全景

ですよ、なのに、なんで連れてかなったんですかぁ」

話はかなり前のことだ。シブリンはインド・ヒマラヤにある、「怪峰」と呼ばれた六五四三メートルの山だ。ガンジス川の源流のガンゴトリ山群にそびえ立ち、すぐ近くのメルー（六六〇〇メートル）と並んでひときわ目立つ山、というより岩峰である。メルーはその近くにそびえる岩壁の山だ。通称シャークスフィンの直登に挑んだ記録を、米国のジミー・チン監督が映画化している。

実は一九八四年秋、私は氷河をはさみシブリンの正面にあるスダルシャン・パルバートという山に遠征している。そのとき、毎日毎日青空に映えるシブリンを眺め、「あれを東大隊が登ったのか」と感心した。だが、あまりに見すぎたため、文字通りシバ神のリンガ（男根）がそそり立ったような姿にげんなりしたのを覚えている。

その怪峰に八〇年夏、当時二十六歳の安田さんを筆頭に、父島の飲み屋にいた藤田さん、そして山本さんらTUSAC隊の五人が遠征し、北稜の新ルートから三人が頂上に立った。父島で酔った永田さんは、なぜそこに自分も連れて行ってくれなかったのかと言い出したのだ。

「要するに、少ししつこい男なんですよね。連れて行かなかったことをずっと恨んでるんです」

現在精神科医をしている安田さんが遠征を計画したのは七八年か七九年のことだ。永田さんは七八年の入学だから、当時まだスキー山岳部の一年目か二年目である。

東大教養学部がある駒場キャンパスの部室で、永田さんは安田さんに直訴した。が、安田さんは「冬山を一回行ったくらいの人間を連れていくわけにはいかない」と即座に断った。「それでもしつこく『連れてってくれ』と言ってましたが、無理だろうって思ったんです。三年か四年ならもちろん連れてったんです。でも、結果的に永田の場合、シブリンに行けなかったのがバネになって、K7に行けたんですから」

K7とは、のちに永田さんらが初登頂するカラコルムの、これまた難しい山だ。しかし、安田さんにからんだとき、永田さんはK7どころか、まだ一度も海外に出ていなかった。「なんでなんですか」と言う彼の気持ちもわからないではないが、父島で蒸し返すことはない。

「もう終わった話なんですよ。なのに、永田はしつこいんです」

東大隊がシブリン登頂に成功した八〇年当時、永田さんはいつもサブザックにその緑色の遠征報告書を収めていた。そのころ、北海道にいた私は、帰京し日暮里の飲み屋で落ち合った永田さんが、大事そうに報告書を取り出したのを覚えている。「どうだ、TUSACが行ったんだ、すごいだろ」。どんなもんだいという顔だった。自分が行けなかったのに自慢するのである。

二〇〇〇年発行の東京大学スキー山岳部七五周年記念誌『輝けるときの記憶　山と友Ⅱ』に、

永田さんは多くの原稿を残している。その中の一編「回想　K7前後」でも、シブリンに行けなかった悔しさを書いている。シブリンから二十年、K7から十八年が経った二〇〇〇年発行の本でも触れざるを得なかったのだ。

〈七九年、二年生だった私はシヴリン参加の希望を断られていた。未熟な二年生の参加は認め難かったのだろう。シヴリン隊は、箱崎のバスターミナルでの出発式も華々しかった。正直羨ましくて羨ましくて仕方がなかった。驚いたことに隊員五人全員が彼女を連れてきていた。「遠征に行くと彼女ができるのか」〉（表記原文ママ、以下同）

聞いてみると、「全員が彼女を連れて」というのは事実ではない。でも、永田さんの目にはそう映ったようで、この話を後輩たちに「悔しくってさあ」と何度も語っている。

安田さん、藤田さん、永田さんの三人が父島で飲んだのは、シブリン成功の二年後、永田さんがシブリン参加を断られてからすでに三、四年がすぎていた。学生時代の三年はかなり長い。あれこれと濃密な体験が詰まっているのに、永田さんはそこにこだわった。

永田さんがいた一九七八年から八六年ごろの東大スキー山岳部は、先輩後輩の上下関係がそれなりにあった。

「上下関係と言っても、みんな仲間みたいだったから、彼はこっちを先輩だとも思ってないん

1982年６月、南硫黄島探検のときの23歳の永田さん

ルート工作の末、南硫黄島の頂上に立った（右から）永田さん、藤田正幸さん、安田典夫さん。永田さんは山ではいつも一眼レフの大きなカメラを手にしていた

ですよ。だから、言ってもしょうがないこと、面倒臭いことを言うんです。僕も酒をかなり飲んでたんで、『うるせー、黙れ』って言って、結果としてそうなったんでしょう」

「表に出ろ！」とどちらかが言ったのか、安田さんと永田さんが店の前で喧嘩を始めた。そこに、やはりシブリンに行っていた藤田さんも加わり「乱闘」となった。

父島に入った先発隊四人のうち山本さんだけはひとり宿舎で寝ていた。すると、顔中血だらけの永田さんが戻ってきて、「二人に殴られました」と訴えた。

しばらくして安田さんが宿舎に戻ると、山本さんにこう告げた。「どうしてもあいつとは意見が合わない、何言っても言い返してくるから、もう殴っちゃったけど、これから三十日も一緒にいるのは耐えられないから、山本、お前が面倒みてくれ」

山本さんは翌日から永田さんの面倒見役となった。

「大学山岳部なんだから、お前、ある程度は上下関係ってことも考えろよ」と言ったが、永田さんの中にはそういう考えはまったくといっていいほどなかった。場をわきまえるという考えのない人だった。

永田さんはその晩のことを詳しくは書き残していない。普段日記はつけないが、南硫黄島や利尻、K7など大きな遠征の場合、ノート一冊にびっしりと細かな日録をつける。その一冊、「南硫黄島日記」にこうあった。

〈5月29日、昨晩、酒を飲んで路上乱闘した。その結果、全身傷だらけで、今日はろくに行動できない。午前中、梱包《こんぽう》作業。午後は皆はバイクででかけたが、僕はずっと寝ていた。むなしい一日だった。

朝起きて、昼活動し、夜は早く眠る。3食規則正しく食べ間食はしない。テレビもラジカセもなく、そのかわりに美しい自然が心を慰めてくれる。毎日風呂に入り、清潔な服を着ている。東京でのだらしない生活を思うと、全く立派な生活状況である。山登りではないので、全般に余裕があり、全く健康的である。

実は少々寂しい。歌謡曲も聞きたいし、彼女に会いたい気もする。生活に余裕がありすぎるのかもしれない〉（引用は一部略、以下同）

「彼女」とは、永田さんが中学時代から片思いをしている元同級生のことで、つき合っている相手ではない。この話は永田さんの恋愛話として、のちの章で触れる。

翌五月三十日、〈山本さんと岩場とヤブを直登。なかなか愉快。人の気配がなく、原始の気分満点である。山本さんの探検精神と、絶妙のルートファインディング力に導かれてまんじゅう岬の頂上に立つ。山本さん発案の海岸線歩きは他の海の遊びと違って登山と共通するものがあり非常に面白い〉と無邪気に喜んでいる。

永田さんはこのとき、山本さんが自分の「面倒見役」になっていることにまったく気づいていない。しつこく人にからんでいく割に、他人が自分をどう見ているかにはひどく鈍感なのだ。永田さんは二十二歳。スキー山岳部に入って五年目である。右も左もわからない一年目ではない。もう十分、組織に馴染んだ年である。だが、上下関係や場の空気が読めない点に変わりはなかった。のちに建築家になり、この気質が仕事をもらう上で一つの障壁となっていく。

それでも、永田さんは彼なりに上下関係について勉強したふしがある。ルーズリーフの手書きの文章に、中根千枝の『タテ社会の人間関係』の感想文がある。七九年九月二十九日の記述なので、永田さんが山岳部二年目のときのものだ。

〈序列意識のあたりを読んでいると、今の自分のまわりを比べてみて、自分の住んでいる社会はそんなにひどくはなく、社会は進歩しているのだなどと考えてしまう〉

「序列意識のあたり」とは中根が書いた「序列意識なしには暮らせない日常」の項のようだ。海外と比べ日本に根強い上下関係が日常生活に入り込み、〈私たちは序列の意識なしには席に着くこともできないし、しゃべることもできない〉と説いている。一例として、序列よりも能力で左右されるはずの作家や俳優までが、「受賞はうれしいが、先輩をさしおいて私のごときものが受賞するのは」といった挨拶すると紹介している。

永田さんが言う「自分のまわり」、つまりＴＵＳＡＣには、中根が書いたほどのタテ社会はないと思っていたようだ。本が出た一九六六年当時よりも日本社会は進歩していると――。


山本正嘉さんの永田評に戻る。永田さんが二十三歳のときのことだ。

「僕が結婚したばかりだから、一九八三年、多分、永田がＫ７に行く前の年です。板橋区の新居に妻と住み始めたころ、永田が急に、山本さんのとこで新婚生活も見たいし、酒飲ませてほしいと言って、もう一人の後輩と来たんです」

山本さんは、あれこれ準備し、ごちそうを作り、酒もいろいろと飲ませた。そこまでは良かったが、飲むほどに永田さんがおかしなことを言い出した。

山本さんは詳しい内容を覚えていないが、やはり山の話だ。

「つまらないことを、あーだこーだ言い出して、僕が、そうじゃなくてこうじゃないのと言うと、山本さんは間違ってる、と言うんですよ。で、そのうち僕も頭にきて、お前のそんな話を聞くために呼んだんじゃないって叩き出したんです」

永田さんは虚を突かれたような顔で新居を後にしたらしいが、安田さんのときのようにしつこく食い下がりはしなかった。

「普通なら、結婚生活は楽しいですか、くらいの話をするじゃないですか。このご馳走、おいしいですね、ありがとうございます、とかね。そんなことより、議論しちゃうんですよ。自分がいちばん正しくて、人の意見は気に食わないみたいになっちゃうんです。僕のような少し上の者から見ると、万事がその調子なんですよ」

山本さんと山の議論をするのはいい。しかし、そこには結婚したばかりの女性もいるのだ。なのに気が回らない。その後も山本さんとのつき合いは続いたが、当然ながら、家に招かれることはなかった。聞いて回ると、似た事例がいくつもあった。家の人に愛想ひとつ言えず、終いには泥酔して畳の上に吐いたこともあり、「あの人はもう呼ばないで」と出入り禁止になった例がけっこうある。

「くだらないぞ、そんな生き方」

しつこい人にありがちだが、なじる人でもあった。私が大学を六年半かけて卒業し、住友金属鉱山に就職する直前、こんなことがあった。

上野駅で待ち合わせた私たちはアメ横脇の一杯飲み屋に入った。その辺りは八〇年代半ば、今ほど賑わっておらず、うらさびれていた。上野浅草界隈がダサいと敬遠されていたころで、酒も一合一五〇円ほどで飲めた。油まみれの小さなテーブルで向かい合った私が、就職すると言うと、永田さんは目を丸くした。「げぇー、お前、勤め人になるのかよぉ。どこだよ、それ、え? 財閥系じゃねえか。長いものに巻かれろかよぉ」

実は私も最初は就職する気などなかった。講座の教授に「君、就職はどうするんだ?」と聞かれ、「いや、しませんよ」と答えたら、「旅費も出るから、形だけでも東京の入社試験に行ってくれないか。どうせ受からないから」と言われ、行ってみたら合格してしまった。そのころの理系の就職はけっこうこういう例があった。企業の側がつき合いのある大学教授に頼み、教え子を送り込ませる。私の専門の資源工学、昔でいう鉱山学の中でも採鉱学という分野は全国八つの国立大学と早稲田大にしかなく、そこから集まった専門の七人のうち、私だけが受かってしまったのだ。

就職する気のなかった私は教授に「入りたくないので」と断ったが、私は元来気が弱い。「まあ、君、こんなことは滅多にないんだから、ちょっとだけでも働いてみたらどうだ」と説得され、直接、企業の人事部に電話し「いやあ、そんな気ないんで」と断ったら、「うちとしては困るなあ。まあ、とにかく入ってみたらどうだい。仕事っていうのはやってみないとわからないもんだよ」と言われ、結局、折れてしまった。

ヒマラヤに行き続けるといった強い意志はなかったが、少なくとも、アルバイトで貯めた金で海外の貧乏旅行をしたいと思っていた。就職などすれば、一気に「社会人」となり、目の前のすべての扉がガタンガタンと閉じられてしまうと思い込んでいた。

そんな沈んだ気分のときに、永田さんに「くだらないぞ、そんな生き方」と言われ、私はカチンときた。そのころ、永田さんは小さな設計事務所で働きながらも、芸術家然とした口調で建築家への夢をあれこれ語っていた。

「お前、見損なったぞ。情けないなあ。人生、日和ってんじゃないか」。永田さんは私が最も言われたくないことを、ズバッと、しつこく言う人だった。

八三年当時、山本さんの新婚家庭に行き、追い出されたのは、「山本さん、結婚なんかして、本気で山、続ける気あるんですか」とか何とか、言わなくていいことを言ったのではないか。あるいは、K7行きの準備をしていた永田さんは、決めかねていた山本さんに、行きましょう、行かないとダメですよと、くどく誘ったのではないだろうか。

言ってもいいが、言い方がある。永田さんは自分がどう見られているかには疎くても、人の痛いところをズバッと突く才能があった。それも言われたくない言い方で。

永田さんは山本さんや安田さんだけでなく、かなり年長の先輩を仰天させている。山本さん宅を訪れる少し前、八三年のゴールデンウィークのことだ。

大学六年目だった永田さんはOB登山に初めて参加した。二十年先輩の共同通信の記者、中村輝子さんや安田さんら総勢五人で越後中里から入り、柄沢山から荒沢山、足拍子岳に縦走する計画だった。

入山の晩、テントを張ってみなで酒を飲んだとき、永田さんがまた安田さんと口論になった。「どんな内容ってほどでもないんだけど、競争心なのか安田に食ってかかって、からむんです。それでみんながしらけちゃって、『もう寝ようや』とテントでシュラフに入っているのに、『おい、安田、出てこい』って言ってテントをたたいて騒いで。私は安田と間違われて、テントごしに肩をバンバンたたかれましたよ」。中村さんの述懐だ。

前の晩、ひとりで大騒ぎしたのに翌朝になると、二日酔いで青い顔してシュンとおとなしくなっていたという。「永田ってやつが、とにかくひどかったよ」とOBの間で、しばらく語り草になった。みなが「まあまあ、いいじゃないか、寝ようよ」と言っても、永田さんだけ寝ないで大変だったと。

「上から見たら殴られてもしょうがないやつというイメージで、酔いどれじゃないけど、破綻しているところがあったと思うんですね」。そう山本さんは言うが、話していて、すごくうれしそうだ。どうしようもないやつだけど好きだった、という感じだろうか。

上に議論をふっかけ、思ったことをそのまま言う。そんな永田さんの性格はどこから来たのか。彼の生い立ちを探らねばなるまい。

両親はすでに亡く、一人っ子で兄弟はおらず、幼い永田さんを知るのは母の弟、一九四五年生まれの小西弘《ひろむ》さんだ。以下は長く工務店で建築の仕事をしてきた小西さんの話をもとにした両親の来歴だ。

永田さんの母、旧姓、小西邦子さんは一九二八（昭和三）年十二月、東京は足立区の本木《もとき》町に生まれた。永田さんの祖父に当たる邦子さんの父は、中小の建設会社の役員で、母は専業主婦だった。邦子さんには十七歳下の実の弟、弘さんがいただけで、他に兄弟はない。もう一人、四つ下に弟がいたが、一九六五年ごろ、腸閉塞で亡くなっている。

一家は戦後の一九五一年、邦子さんが二十三になる年、足立区から荒川区東日暮里に引っ越した。祖父はその四年後の一九五五年、五十歳で役員を退き東日暮里に従業員十五人ほどの小さな工務店を興す。祖母はその三年後の五八年に病死し、祖父は八五年に八十歳の長寿を全うした。

母、邦子さんは何不自由ない裕福な家庭に生まれ育ち、豊島区目白にあった「お嬢様学校」川村女学院を卒業すると富士銀行の足立支店に勤めた。

私は邦子さんに何度か会っているが、いつも穏やかな笑みをたたえ、永田さんと暮らしていた同潤会アパートに電話をすると、「あら、東一郎ですか。ちょっとお待ちくださいね」と細いがほんわりとした声でつないでくれた。

下町育ちが荒っぽいというわけではないが、例えば、上野高校出身の歌手、小椋佳さんや荒川区の尾久で育った小室等さんにそれぞれの母親の話を聞いたことがあるが、いずれも早口で声が大きく、「おい！　何やってんだい！」とけっこう、荒っぽいところがあった。それに対し、邦子さんは実におっとりしていた。

邦子さんの婚期は当時としてはやや遅く、三十歳になる五八年、永田さんの父、九つ年上の新太郎さんと結婚している。新太郎さんは当時三十九歳だった。永田さんは五九年一月二日に生まれており、「結婚してすぐに東一郎が生まれた気がするんです」と言う小西弘さんの言葉を鑑みれば、結婚は五八年の暮れか早くて後半だろう。五八年は祖母の亡くなった年でもある。

その年に慌てて結婚したようだ。

永田さんが生まれたのは豊島区池袋三丁目にある祥雲寺近くのアパートで、父が独身時代に住んでいたところらしい。その後すぐに埼玉県浦和市の庭つきの借家に引っ越し、六六年ごろ、荒川区東日暮里のアパートに引っ越している。

父、永田新太郎さんは大正八年、一九一九年生まれで、生地は埼玉辺りとみられるが、小西さんにも不明だ。「結婚式にご両親が出てらっしゃらなかったから、家族はみな亡くなってい たのか。あまり詳しいことは話さなかったですね」。戦争に行った世代だが、そんな話は一切しなかった。

仕事は建築関係だった。「昔は華やかな仕事と言われた建築屋の営業です。のちに私と邦子の親父の工務店に移って、そこでも営業をやっていました。姉が結婚した当時、私は中学生でしたが、新太郎さんはずいぶん頭の切れる人だと思いました。だから、東一郎は父譲りですね。新太郎さんは、家庭教師ってわけじゃないんですが、ちょこちょこ教えてくれて。措置って言葉があるじゃないですか。その読み方や使い方を瞬時に教えてくれて、この人、ずいぶん頭のいい人だなと思いました。それ以外にもいっぱいあったんだけど、忘れました」

永田さんの反逆的なところは、幼いころからあったのだろうか。

母、邦子さんに抱かれる1歳のころの永田東一郎さん

「長じて頑固で負けず嫌いで、悔しがるところはありましたね。でも、父譲りなのか、おとなしい子でしたよ。三つぐらいのとき、われわれ大人が座る椅子にちょこんと座らせると、微動だにしない。普通なら騒いだりするんですが、いつまでもちょこんとお人形みたいに座ってるんですよ。おとなしい子だなあって、三歳なのにねえ。それが強烈な思い出です。実におとなしい甥っ子。それは一面かもしれませんが」

永田さんの幼少期の写真はほとんど残っていないが、小西さんが私にくれたアルバムが一冊ある。

厚さ三センチ、四つの花瓶をあしらった群青色の布装丁の厚紙二十三枚で組まれた立派なアルバムだ。表紙を開くと「昭和三十四年十月　新築落成記念　東京都民銀行三河島支店」と墨で書かれている。永田さんが生まれた年の秋に銀行から贈られたものらしい。

ページを開くと最初に乳児の永田さんを抱いた邦子さんが映ったモノクロ写真がある。右奥に置き時計の載った食器棚があり、左奥にはビニール製のペンギンの人形が二つ。一九五七年に始まる南極地域観測隊の活躍で広がった「南極ブーム」で売り出されたものだろう。実際、永田さんが生まれた五九年一月、第三次越冬隊が前の年に現地に置き去りにした犬十五頭のうち、兄弟犬のタロとジロを確認し、大ニュースになっている。

人形の後ろの壁に半紙が貼ってあり、「僕は東一郎と言います。よろしく御願いします。正月二日午前八時」とある。父か母のどちらかが命名の際に墨で書いたようだ。

永田さんが生まれた一九五九年一月は、敗戦から十三年がすぎ、「経済大国」日本と自ら呼ぶようになった始まりのころだ。「もはや〝戦後〟ではない」という言葉が流行語となり、二年半がすぎていた。これは、五六年七月、経済企画庁が経済白書「日本経済の成長と近代化」を発表し、その結語でうたわれた言葉だ。のちに「もう戦争など振り返るな」といったニュアンスで曲解されることが多かったが、白書が語った意味は違う。

戦後復興による投資や需要による経済の浮揚力はほぼ使い古された。回復を通じての成長は終わり、これからの成長は近代化によって支えられる、という意味での「戦後ではない」だった。

五九年の国民総生産（GNP）は前年比で一七・五パーセントも増え、この時点で戦後最高を記録し、翌六〇年も一四パーセントと高い水準を保ち、高度成長期に突入したころだ。社会では五九年四月に皇太子（現上皇）が民間の女性、正田美智子さんと結婚し、ミッチーブームが起き、一極集中で東京の人口が九〇〇万を超えた。

好景気で収入が急激に増え、国民に「中流意識」が広がり始めたのもこのころだ。その結果、

「三種の神器」といわれたテレビ、電気洗濯機、電気冷蔵庫の普及率が一気に増えた。

その一方、五九年は社会運動や炭鉱現場などでの労働争議が広がった年でもある。戦後十四年がすぎ、米軍の占領からの解放を求める左派が勢力を増し、翌六〇年には安保闘争が国中に広がっていく。

米大統領の訪日が阻まれ、安保阻止の五八〇万人デモが起き、全学連と警官隊による衝突で東大生、樺美智子が亡くなる。さらには社会党委員長、浅沼稲次郎刺殺事件も起き、社会が騒然となる政治の季節だった。

五九年一月、永田さんを見下ろす二羽のペンギンは、戦後日本の国際復帰のみならず、日本の高度成長、激動の時代の象徴ともいえる。経済と政治の躍動。そんな時代に永田さんは生まれた。

アルバムを繰ると、一人っ子の永田さんが両親から愛されていたことがよくわかる。初めてのベビーカー、初めての浴衣、ハイハイ、つかまり立ち、三輪車と、成長の様子が父母とともに記録されている。家のちゃぶ台の上に所狭しとブリキ製のバスや救急車、白バイ、電車など十五台ものおもちゃをきれいに並べ、満足そうにしている二歳ごろの永田さんがいる。次には幼稚園、小学校の遠足の写真などが続く。

赤ん坊のころから永田さんの目は実に賢そうだ。カメラの方をじっと見据えた目が黒々と輝いている。

いつまでも椅子に座っているおとなしい子という叔父が抱いた印象は、別の見方をすれば、物怖じせず依存せず、一人でもしっかりと立つ強さ、頑固さとも思える。

自由すぎる校風

荒川区立第三日暮里小と日暮里中学の同窓生によると、幼いころの永田さんは自分が間違っても、決して譲らない頑固さがあった。

小学校低学年からつき合いがあった勝呂希枝子さんによると、永田さんは小学生のころ、言いたいことを言いすぎて、級友とよく喧嘩になった。中学に入っても性分は変わらず、自分が絶対正しいと思い込み、相手が理解できないと顔を真っ赤にして自己主張を続けた。

「なにムキになってんだよって、よく言われていました。穏やかな子にはそうでもないんだけど、理屈っぽい相手だと、とことん言い合ってたかな。彼の建築物もそうでしたけど、やっぱり性格が尖ってたんですね。建物をあんなふうに尖って設計して、みなその設計に喜んでいないという話を聞いたとき、すごく納得しました。『俺の考えは絶対合ってるのに、なんでみんなわかんないんだ』と思っていたんだろうと思いますね」

日暮里中時代からの友人で今も東日暮里に暮らす画家、斎藤龍弘さんによると、永田さんはとにかく意固地だった。

中三の冬、教室の自分の机に小さな穴を掘るのが流行った。そのうちクラスの一人がかなり精巧に机に穴を掘り、そこをロケットの発射台にして、輪ゴムで飛ばせるように工夫した。それを面白がった永田さんがいじっているうちに壊してしまった。「ごめん」と謝れば何も問題はなかった。ところが言いそびれた永田さんは、壊れて落ち込み永田さんに文句を言った級友にこう言い返してしまう。

「どうせ、こんなちゃっちいの、すぐ壊れるんだろ」

すると怒った友達が、永田さんに掴みかかり顔を殴りつけた。

「校内暴力が問題になっていた時期だから、暴力事件がどうのこうのってホームルームにまでなっちゃって」

先生の前でその子と永田さんが事情を説明すると、次第に永田さんが悪いというムードになっていった。「僕は殴られたんだ。非難されるなんておかしい」と永田さんが言い出し、結局一時間も二時間も話は続いた。

「東一郎ってそういうとき、絶対に譲らないんだよね。ひと言、俺が悪かった、と言えばいいのに言えない」

言わなくていいことを言ってしまい、引けなくなり、謝ることができない。二十二歳、父島で殴られたときと同じ困った面を、永田さんは中学時代から持ち合わせていた。

頑固な面はあったが、上下関係に無頓着なところは、中学時代の永田さんにはまだ見られなかった。もともとあった性格をより際立たせる「触媒」の役を果たしたのが上野高校だった。

高校の一年先輩で、永田さんが建築家になるまで何かと面倒を見てきた建築写真家の小川重雄さんは彼の気質、人格形成に「上野高校の影響が絶対にあると思う」と断言する。「もし彼が白鴎高校に進んだら、ああいう人間にはならなかっただろうし、別の人生を歩んでいたと思う。上野高校には制服はないし、校則も試験もない。出席もとらないし、学年末のレポートだけでオーケーで、とにかく自由な気風でしたから」

ここで言う白鴎高校とは御徒町に近い旧女子校の都立高校のことだ。当時、都立高校の受験は学校群制度の下にあり、白鴎高校（旧東京府立第一高等女学校）は上野高校（旧第二東京市立中学校）とペアを組んでいた。いずれも、戦後の米占領下の一九四七年に公布された戦後民主教育の要、教育基本法と学校教育法の下、四九年四月に男女共学の新制高校となった高校だ。
学校群制度（補足解説参照）は一九六七年から八一年まで都立高校の入試に取り入れられた。永田さんは上野高校を受けたのではなく、足立、台東、荒川、中央の四区で構成される五学区の五十二群、つまり「上野・白鴎」を受けて合格し、校長らによるくじ引きで行き先が決まった。上野高校に入ったのは、くじ運、無作為、たまたまだった。

もし行き先が白鴎だったら、「別の人生を歩んでいた」と小川さんはみているわけだ。白鴎高校は当時、制服や校則に加え、中間、期末といった定期試験があり、遅刻にもそれなりに厳しく、授業でも教師が出欠をとる規律のある学校だった。一方の上野高校は自由、別の言い方をすればいい加減な学校だった。

教員によって授業はまちまちで、大半は出席をとらなかったが、とる教員もいた。多くは受験勉強を教えなかったが、予備校講師の副業をしながら受験参考書を執筆していた化学教員もいた。定期試験はないが、授業中に小テストを頻繁に課す英語教諭は気迫があり、人気があった。

「自由な気風」は伝統でもあった。個性を伸ばせ、自主的に行動しろ、協力し合えと、校長や教員たちが校訓の「自主協調」を説いていた。実際、この高校には戦後間もないころから居続ける教諭が結構おり、何かにつけては縛りの少ない高校生活を奨励した。

そんな校風に加え、永田さんが入学した七四年当時は、高校紛争（補足解説参照）の影響が色濃く残っていた。

教育ジャーナリスト、小林哲夫氏によると、上野高校は六九年に激化する高校紛争の数少ない「勝利校」の一つだった。勝利というよりも、学校と生徒側が意見を交わし和解した、という方が正しい。学生運動に理解のある校長が生徒心得、クラス別時間割を廃止し、生徒自らが取り組む「自主ゼミナール」を導入した。

六八年から七二年まで校長をつとめた森杉多《すぎお》氏の著書『戦争と教育――ノモンハン・沖縄敗残兵の戦後』（近代文藝社、一九九四年）に紛争時の様子が詳しく書かれている。

六七年に起きた「サンダル事件」がきっかけだった。それ以前から私服は認められていたが、学校側がサンダルの着用を禁じたため、多くの生徒がこれに反発し、対立は六八年三月の卒業式で高まる。一部の生徒が式で学校批判の声明文を配り、この文書が対立を強めていった。生徒たちは大学生の指導の下、校内に中核派、革マル派、民主青年同盟（民青）の支部組織をつくり、六九年には卒業式を粉砕しようとし、マスコミや警察が押し寄せた。

その年、六九年の夏休みが明けた九月、生徒は校内の教育改革を求め、米ＧＨＱの指導でつくられた新制高校の看板、生徒会、ホームルーム、クラス別授業、定期試験を廃止に追い込んだ。全校集会は活動家の手で討論の場に変えられ、校長ら教員側は授業のあり方を大幅に変えていく。

上野高校が早くも六九年十一月に授業内容を変えたのは、森校長ら教員たちの寛容さからだった。森氏は沖縄戦で十五、六歳の少年兵を使い、山野で彼らを見失い、また同じ部隊の将校が中学生兵を率いて突撃死させている。教員だった将校も多く、〈学校教師はなぜ軍部に、徴兵年齢以前の子供を戦場に出すことはできませんと言えなかったのか〉と森氏は著書で悔いている。

六九年当時、上野高校の活動家が成田闘争のデモなどで逮捕されるたびに、森氏は彼らを引き取りに警察に行き、そのときの心境をこう綴っている。

〈どう考えてみても活動家生徒の主張のほうが正しいと思うのだった。国家は自分の誤った都合により、戦争の時は高校生を戦場に駆り立てて戦死させ、国家が必要を感じない時は、やがて国家を担う学生・生徒の正しい主張を弾圧する。国家の独善ではないかと思った。安保反対、沖縄無条件返還に、私は沖縄戦を戦った一人として賛成であった〉

六九年の十一月に始まった自主ゼミの研究テーマはこんな内容だった。学習指導要領で決められた学科、例えば現代国語は、「丸山真男の思想」「大江健三郎研究」「サルトル研究」など、生徒たちが決めたゼミ形式をとった。古典は「枕草子」「論語」を一年かけて読み込み、倫理社会は「ヘーゲルの精神現象学」、世界史は「ワイマール共和国からナチズムへ」、数Ⅲは「行列と行列式」など、教科書から離れ、より細かなテーマに取り組むようになった。

永田さんが入学したのは、この授業改革から四年半がすぎた七四年四月だった。入学時だけ学生服を着る者もいたが、新入生は上級生を真似てすぐに私服になり、水泳の時間は水着がカラフルで、ビーチのような色合いだった。

成績表も試験もない分、レポートが大変で、一年の現代国語は一人の作家もしくは一作品についての長文レポートを年度末に出さねばならず、地理も教員の講義とは別に、選んだ国の地誌をまとめる作業を強いられる。要は生徒に受験とは一切関係のない本を読ませる課題が多かった。自由主義、個人主義をうたい、受験勉強など自分でやれという教員も少なくなかった。

時折、白鴎高校の友人に会うと、みなきちっと制服を着て、「ああ、明日から中間試験だ」と憂鬱な顔をしていた。永田さんは「彼らと自分とではまったく別の世界にいるように感じた」とのちに私に語っている。

そんな受験勉強をまともに教えない学校で、どうやって大学に入るのか。中には根津の谷を挟んだ反対側の山、駿河台にある予備校の高校クラスに通う者もいたが、永田さんは大方の生徒と同様、独学だった。

職員会議もない学校で、生徒会もないため、運動会や文化祭は自主的に集まった有志が実行委員となり、生徒集会で決議することが多かった。

永田さんの三年後、七七年に私はこの高校に入ったが、その年、こんなことがあった。生徒有志が呼びかけ文化祭をするかどうかを決める講堂での集会で、一人の生徒が壇上でマイクを握り、同級生の女子のことをあれこれ言い出した。「僕が先日、学校帰りに湯島に行きますと、Aさんがあるところから出てくるのを見てしまいました」。卑猥な話をするムードになったとき、Aさんが「やめてください！　やめてください！」と叫び、場内が騒然とした。にもかかわらず、その生徒は「みなさん、どこから出てきたと思いますか？」と言い続け、会場に憤怒と緊張が広がった瞬間、一人の生徒が「お前、何やってんだ！」と怒鳴り上げた。度肝を抜かれた生徒は「ああ、すみませんでした！」とあわてて壇上から降りた。

教師が数人講堂にいたが、黙ったままだった。基本、集会に口を挟まないという原則に従っていたのだ。

学校主導の催しはほぼなかったため、中学時代のように教員に縛られることはなかった。教員は研究室で茶菓子をくれ、面白い話をしてくれる人だった。ひと言で言えば、人に迷惑をかけない限り何をしてもいいという特殊な環境だった。

永田さんは七八年、東大に入り駒場キャンパスに通いだしたころ、教養学部の授業で当たり前のように定期試験があり、出席表が回ってくることに驚いたはずだ。「これじゃあ、中学に逆戻りじゃないか」と失望したことだろう。気楽に教授室を訪ねても、教授の方が怪訝な顔をし緊張する。上野の先生とはずいぶん違うと思ったのではないか。

永田さんが特に自主性を発揮したのは山岳部での活動だった。年間活動から登山の細かな計画、報告書作成まですべてを自分で決めた。トレーニングもアイデアマンの永田さんがあれこれ考え、屋上にあった部室の上から校舎四階分の高さを麻のロープで懸垂下降する訓練を始めた。またランニングのあと、校門から入らず、周囲の壁を登って部室に戻るといった壁登りや、校門近くのイチョウの大樹の木登り。土曜日の午後、炊事訓練と称して、屋上に登山用のストーブを持ち出し、煮炊きをした。どれも子どもっぽいが、それに口出ししない寛容なところがこの学校にはあった。

「七〇年代後半から八〇年代前半の都立高、特に上野高校では、何でも許される雰囲気があった」と同校出身の芥川賞作家、磯﨑憲一郎さんは言う。「それが、どう転ぼうが何とかなるという世界への信頼、楽観主義を私たちに植えつけた面はあると思いますね」

教師との上下関係が緩い分、生徒同士も同じだった。先輩が後輩をからかうことはあっても序列を押しつけることはなかった。「てめえ、馬鹿野郎」「ふざけんじゃねえぞ、この野郎」と口が悪くアクの強い部員が多かったが、序列意識というものが皆無に近く、口の利き方もタメ口に近かった。

「とにかくよくしゃべり、冗談ばかり交わし合うことはあっても全体に和気藹々としていて、永田が先輩に向かって歯向かうなんてことはまったくなかった。というか先輩が彼を押さえつける場面などなかった」。同期の吉川智明さんは言う。

そんな環境で永田さんはのびのびできた分、長幼の序や、先輩を立てるといった慣習を学ばないまま大人になった。

山本正嘉さんに「ある程度は上下関係ってことも考えろよ」と言われても、きょとんとしていたのは、その意味がわからなかったからだ。

「永田はああいう性格だから、設計事務所に就職したときも、上下関係なんかで随分苦労したんですよ。サラリーマンになれるタイプじゃないよね。東大の先輩に反逆児に見られたのも、彼にしてみたら普通に意見を言ったのにという気分だったんじゃないかな。十六歳くらいで植えつけられたものは大きいと思うよ」。吉川さんの弁だ。

私は永田さんほどひどくはなかったが、高校を出るとやはり人間関係で苦労した。大学に入った直後の連休の十勝合宿のとき、スキーをかついで乗り込んだ列車で、座席の前の先輩たちにペラペラ話をしていたら、その一人が「こんなやつが入ってくるようになったんだなあ」と非難めいた口調で言った。

そのときは何のことだかわからなかった。「知床に行きたいっすねえ」「そのうちタクラマカン砂漠とかラップランドなんにも行きたいんですよ」といった話が気に障ったのかと思っていた。だが、いま思うに、新入部員なのに下町言葉でひとりしゃべり続ける態度が面白くなかったのだろう。

就職して住友金属鉱山に入ったときも、入社早々、鹿児島の事業所の会議で「私が思うにはですねえ……」と聞かれもしないのにしゃべり続け、上司の一人が遮ったので、「いや、そうじゃなくてですねえ、私が思うのはですねえ……」と続けたら、いきなり別の課の課長に「何が私だ！　黙れ、お前は」と怒鳴られ驚いたことがあった。

あれはなんだったのかと考えてみると、おそらく、事業所長、課長クラスの会議で、彼らが口を開く前に、いちばん下っ端の私が長話をしたのが問題だったのだろう。序列意識は私にもなかった。

永田さんを周りに合わせない「自由人」とみなす仲間が多いのは、もとからの気質もあるが、十六歳から十八歳までの高校生活の影響が確かにありそうだ。なぜなら、高校生の永田さんを縛るものは何もなく、序列を教えてもらえなかったからだ。だが上野高校は、八〇年代の後半には都教委のテコ入れで次第に規律が厳しくなり、自主ゼミは消え、制服のある標準的な学校になる。自由な時代は永田さんがいた前後のわずか十年ほどだった。

通常ならそんな高校を出ても、日本社会にある暗黙のルールを身に着けていくものだ。私は自分をごまかしながらが少しずつ、社会のルールに自分を合わせていった。でも、それが不得意だった永田さんは最後まで変わらなかった。いい意味で盤石、微動だにしない人だった。

◉補足解説　学校群制度

東京都が日比谷や西、戸山など特定の進学校に成績優秀な生徒が集まるのを避けるために導入した制度。例えば二学区の戸山高校の場合、青山高校と組んで二十二群をつくり、合格者は二校に均等に振り分けられた。中学三年生は志望校ではなく、群を選ぶ形だった。

都立の群制度は一九六七年から八一年まで、十四年間続いたが、下がり気味だった都立高校の難関大学進学率が落ち込み、今に続く都立凋落、私立躍進の原因となった。このため、再び一つの高校を受験する形に戻された。

こうした学校群制度の発祥は一九五〇年の京都府で、蜷川虎三・京都府知事が始めたものだった。高校進学率を上げるのが目的でそれなりの成果を上げた。それ以前は難関校に受験生が殺到し受験倍率が上がり、高校に進まない不合格者もいたが、群で生徒を募れば倍率が下がり、進学者が増えるという仕組みだ。

一方、東京都の群制度は目的も理屈もちぐはぐだった。東京都教育長だった小尾《おび》乕雄《とらお》氏が六十歳の退官の間際に一斉通達した新制度で、進め方も主観が強く杜撰《ずさん》だった。

小尾乕雄著『教育の新しい姿勢』（読売新聞社、一九六七年）をもとに六七年の「小尾通達」を論じたブログ「mokohei の読書記録帳」によれば、この教育長の目的は受験競争の緩和による、「まともな人間」形成にあったようだ。小尾氏が描くシナリオはこうだ。

六〇年代当時の子ども達は小さい世界に閉じこもり、他人や社会のことを考えなくなった。それは子どもではなく家庭教育、宿題、塾、サラリーマン教師、学歴評価などが要因だ。これを解決するには学校群制度の導入が必要――。

戦後、高校進学率が高まり、受験戦争と言われて久しいころである。長く教育者だった小尾氏が、子どもが子どもらしくなくなったと思うのは自然なことだ。その原因を家庭や学歴評価に求めるまではいい。だが、その解決に群制度を取り入れるのは、一足飛びもいいところだ。

確かに、群制度で従来日比谷に集中していた受験生が、三田高校や九段高校に、戸山志望者が青山高校に回されれば、受験倍率も合格者の学力もフラットになる。

だが、小尾通達は都立高校にしか及ばない。同じ都内でも国立大の附属高校や開成、麻布、武蔵、さらには都立受験者が当時は「落ちどめ」として受けていた海城、巣鴨、豊島ヶ丘といった私立高は圏外にある。その結果、群制度が続いた六七年から八一年の間、大学受験を見れば明らかに私立躍進となる。当時の私立と公立の授業料は雲泥の差があり、裕福かつ教育熱心な家庭の子に有利に働く結果となった。

小尾通達の最大の問題は、受験戦争の緩和を目的としながら、大学の受験制度になんら手をつけなかったところだ。入り口を緩くしても、出口がきつければ何にもならない。群制度導入後も各校の主な教師たち、親たち、そして社会そのものが東大合格者数の増減で一喜一憂する状況が改まらない限り、都立高校だけをフラットにしたところで、あなたは一体何をしているのですか、という話だ。

だが、当時の高校生はそれをさほど問題にもせず、ランダムに決められ学校に黙々と進んだ。

私は五十二群を受け上野高校に決まると、私立をやめ即座にこの高校を選んだ。授業料が安いこともあったが、「下町のとにかく自由な男女共学校」と教師や級友から聞いていたからだ。

合格発表を白鴎高校に見に行くと、そこに合格者の番号と「上野」「白鴎」と高校名が書かれていた。帰り道、中学の同級生らに会うと「上野になったよ」「俺、白鴎だった」と言い合った。不思議なものでみなそれぞれの結果に満足していた。その当時は大学進学にさほどの落差はなかったが、白鴎に進めばきちんと受験勉強を教えてもらえるという評判が行き渡っており、「ここならちゃんと教えてくれる」と満足し、上野になれば「まあ自由だし、制服ないし」と、それぞれがいい心地になれたわけだ。合格早々の十五歳は三年先の大学受験を睨んではいても、さほど深刻ではない。

では、群制度の下、同じ学力で入ったはずの上野、白鴎の入学者はその後、どうなったか。大学合格者という旧来の価値で計れば歴然としている。

浪人生も含まれているので単純な学校比較にはならないが、上野の場合、東大合格者は一九六〇年から六八年まで二十五人から四十四人の間を上下している。六九年には全共闘の闘争で受験がなく、群制度導入の最初の入学者が卒業する七〇年は十三人、翌七一年は八人に落ち込む。七二年に十六人に回復するが、永田さんが入学する前年に当たる七三年以降は常に一桁台が続く。

一方の白鴎はどうか。六〇年から六八年まではゼロから五人の間を上下したが、七〇年代は七三年の八人をピークに三人以上を維持しており、群制度がプラスに働いている。東大を含む旧七帝大と一橋、東工大で見ると、六八年に上野は七十一人で白鴎は二人。これが七八年になると、上野は十一人で白鴎は十六人。私大の早慶のべ合格者は、六八年の上野一五二人、白鴎三十九人が、七八年には上野六十一人、白鴎六十二人とほぼ同数となる。

大学合格の数字を見る限り、群制度は白鴎を伸ばし、上野をひどく落ち込ませた。上野の減少分を白鴎がカバーしたわけではない。群制度前なら上野に入ったはずの受験好きの子どもたちは私立に逃げたのだ。同じ時期、私立高校が難関大学の合格者数を一気に伸ばしている。だが、これはあくまでも大学合格者の違いである。数字に現れない別の基準、例えば序列意識や個人主義について、両校生徒の考え方はずい分と違ったものになっていた可能性はある。

◉補足解説　高校紛争

七二年のあさま山荘占拠事件で社会を騒がせた連合赤軍に高校生がいたように、六〇年代後半から七〇年代前半、全共闘を中心とした大学闘争、社会運動に高校生も参加していた。全体で言えば少数だが、中核派や革マル派、ブント（共産主義者同盟）など新左翼のセクトに属する者もおり、社会変革、大学解体を目指した。そんな権力への抵抗が高校に飛び火したのが高校紛争だった。突然始まったのではなく、五〇年代からの原水爆禁止運動や六〇年の安保闘争のころから高校生は動いていた。

小林哲夫氏の『高校紛争』は十二人の逮捕者を出した都立青山高校を筆頭に、全国各地で起きた生徒と高校、警察、機動隊との闘いを詳しく伝えている。

同書の表「封鎖、校内乱入などによる処分者、処分内容」に以下の高校が名を連ねている。カッコ内は退学や訓戒など処分された生徒の数だ。札幌南（八十六）、青山（十五）、北（二十八）、志村（七）、日比谷（五十）、東京学芸大附属（三十四）、立川（四）、駒場東邦（四）、桐朋（十一）、平塚江南（二）、清水谷（二十三）。その下に紛争は荒れたものの、処分者を出さなかった高校として、上野、小石川、竹早、都立大附属、川崎が並ぶ。高校紛争は生徒たちが同じ活動をしても、校長など学校側の対応のあり方で、結果に大きな違いが出た。

第三章

下町育ちの〝講談師〟

母仕込みの一人っ子

永田さんの母方の叔父、小西弘さんは甥っ子をこんなふうに懐かしむ。

「東日暮里の同潤会アパートに行くと、東一郎が机に向かっていることが多かったですね。母親が意外に教育熱心というか、教育ママじゃないんですけどね」

永田さんの母、邦子さんは穏やかさの一方、芯が強く、何であれ目の前のことに挑戦するのが好きで、勉強も好きだったという。「私から見てもずいぶんバイタリティーのある姉さんだなと思っていました」

結婚前、富士銀行に勤めていた二十代のころ、当時の行員の間でお札を勘定するスピードを競う行内の催しがあった。札束を揉んでならし、お札を扇みたいに開いて数えていくものだ。最初のころはまったくダメだったが、一番になると決意し、仕事のあとに何度も練習し、あっという間に優勝した。それからは一番の座を譲らず、何年も続けてメダルをもらった。

「負けず嫌いで、年を取ってからも詩吟をやり、歌うのも好きで同潤会アパートのサークルに入ってやってました」

邦子さんは一九五八年に結婚すると、すぐに富士銀行を退職した。永田さんを出産したのもあるが、当時は寿退社と言われ、結婚した女性は辞職するのが慣例だった。

それでも、邦子さんは永田さんが物心つくころには、花王石鹸の墨田区にあった工場でパートとして働き始めた。「パートで入ったのに頑張り屋で、最後は婦人部長というのかけっこう上の方になって、割に出世したようですね。ここは東一郎と違いますが、ひとつっとこに長くいるのが好きなんじゃないかな。長続きする性格で、定年まで花王石鹸にいて、そのあとはビルの清掃の仕事を年になるまでしてましたね」

永田さんはそんな働き者の母に幼いころから勉強をみてもらった。東大を目指したのも、母親の教えが大きい。

家が近く、小中学校が一緒だった勝呂希枝子さんによると、永田さんは小学生のころからよく勉強し、成績も抜群だった。六年生になると、四谷大塚進学教室に通い、家に近い私立の難関校、開成中学を受験したが、結果は不合格だった。

永田さんが勉強するよう、邦子さんが上手に促したようだ。それでも最初は四谷大塚に行くのを嫌がっていた。近所に遠くの塾に通う子は一人もいなかったからだ。そのころ、邦子さんは希枝子さんの母と親しく、彼女の家に来ては希枝子さんに「ねえ、一緒に行ってやってくれない」と頼んだ。

また、永田さんに本を読ませるため、まずは希枝子さんに貸したこともあった。「この本、東一郎が読まないから、希枝子さんが読んで、面白いって言ったら東一郎も読むかしら」と言っていたそうだ。

「よく家に遊びに行きましたけど、本当に一人っ子の東一郎君を育てるのに一生懸命なお母さんという印象ですね。東一郎のために良いことならなんでもするという」

当時、荒川区の日暮里辺りの小学生が四谷大塚進学教室に通うのは珍しかった。

「クラスでは東一郎だけだったんじゃないかな。だいたい、私立中学を受けるやつなんていなかったしね」と中学の同級生、斎藤龍弘さんが言う。

東京の山の手で中学受験がブームになったのは一九六〇年代の後半である。私は三学年下だが、山の手ではないものの、板橋区の上板橋に住んでいたころ、六年生のクラスの五人ほどが四谷大塚の週末塾に通っていた。一九七一年、小学四年の年に私は家族とともに足立区の北のはずれに引っ越したが、四谷大塚に通う者はクラスに一人もいなかった。都内でも中学受験をする層はそれだけ地域差があり、荒川区で永田さんは珍しい存在だった。

永田さんは勉強ばかりのガリ勉タイプではなく、よく遊ぶ子どもだった
「一緒に野球やってて、土曜日、学校が終わって家でご飯食べて、荒川の土手に野球しに行く

んだけど、夕方、帰るとき、土手のふもとに肉屋さんがあってコロッケがおいしいの。お腹がすごく空いてんだけど、食べちゃうとバスに乗れない。東一郎とか、けっこう誘惑に負けて買っちゃって、よく荒川の土手から家まで走って帰ってたね」

斎藤さんによると、永田さんは中学のころから東大を視野に入れていた。日暮里中学では中学三年になっても、受験のムードはなかなか広がらず、多くは二学期に入っても平気で遊んでいた。永田さんも中二のときに作った山岳同好会の仲間と三年の二学期までよく日帰り登山をしていた。

それでも平日は、遊んでいても日が暮れると「俺、塾行くから」と途中で抜けていくことがあった。周りは「なんだあいつ」などとは思わず、むしろ友達の中に受験を頑張る子がいることを誇らしく思っていた。

「高校は開成と東京教育大附属を受けて、滑り止めが都立の五十二群で、結局上野高校に行ったけど、そうなっても東大を目指したわけだから、みんなある程度彼を誇りに思ってたと思うよ」

日暮里中から東大に行くのは珍しく、一つのニュースだった。「二期上の人が教育大附属から東大に入ったけど、我が中学校で多分その二人だけだったと思うね。一浪して受かったら、自分でも、東大一浪だから東一郎だって言ってた。そのときから、大学八年まるまる使うのも決めてたみたいだね」

受験勉強を教えない自由すぎる校風の上野高校でも、永田さんは真面目に授業に出ていた。高校の同級生の下山幸男さんによると、授業を熱心に聞き、欠席も少なかった。

「上野高校では好きな授業はちゃんと聞いても、面白くない先生だとみな授業に出ず、校庭で野球をやってたりしていたんです。教室から見えても、先生も注意しないんです」

永田さんはそういう仲間には加わらず、真面目に教室にいた。「ですから、一年のころから、本当に東大を狙っている印象でした。とにかく頭が切れて、話すことにも重みがあったので」

高校山岳部の先輩、小川重雄さんは、父の死が永田さんをより発奮させたと言う。

酒が原因で父、新太郎さんが五十六歳で亡くなったのは一九七六年一月九日、永田さんが上野高校二年の冬だった。その夜、弔問のため、小川さんは同潤会アパートを訪ねた。

「線香をあげにいくんで初めて彼のアパートに入ったけど、普通の住宅スケールより造りがひと回り小さくて、多分、入居には年収の上限とかあったんでしょうね。狭い部屋の畳で正座していた永田は、いつもの永田という感じだったかな」

四畳半の部屋に安置された父の亡骸を前に、永田さんは神妙な顔をしていたが、泣いてはい

小学校低学年のころ、家族旅行で行った小諸城址に立つ永田さんと父、新太郎さん

なかった。小川さんの顔を見ると、割と淡々とした表情で、「きょうはすみません。ありがとうございます」と母、邦子さんと一緒に頭を下げた。上野高校に制服はなかったため、学生服は着ておらず、普段着のままだった。

永田さんはその当時、小川さんの両親が営んでいた、近所の台東区根岸にあった食料品店で雑用や売り子のアルバイトをしていた。父が亡くなった直後、永田さんはバイトを再開したが、小川さんの目には、父の死で「絶対に東大に入ってやる」という闘志を強めたように見えた。

山岳部の一年後輩、吉川一弘さんは永田さんの父が亡くなった日、永田さんと一緒にいた。冬合宿の二日後、屋上の部室に集まり、谷中にあるもんじゃ焼き屋で空腹を紛らわせた。すでに日も落ち、暗くなった谷中の坂道で「じゃあね」と言って永田さんは日暮里方面へ帰っていった。その晩、永田さん本人か山岳部の仲間から訃報が入った。

「僕もお線香上げに鶯谷の同潤会アパートに行きました。お葬式はやらないようなことを言っていて、そういう家もあるんだなあって。あと、今でもこんなアパートが、こんな境遇の人がいるんだって驚いたのを覚えてる。永田さん、お母さんと並んで座ってたのかな」

「こんなアパート」とは、私が初めて目にしたときと同じ印象だ。コンクリートの壁を雨の染みがモザイク状に伝ったボロボロの同潤会アパートのことだ。

写真に映る永田さんの父はとても真面目そうな人に見える。痩せ型で目の鋭いところは永田さんとよく似ている。カメラが好きだったというから、永田さんが幼いころの写真はほとんど、父が撮ったものだろう。

乳児の永田さんを抱く父は背広を着てきちんとネクタイをしめ、頬を緩めている。一九五〇年代にアメリカで流行したブロータイプ、上の部分だけ黒縁のメガネをかけ、カメラを見つめる。群馬県の赤城高原の一枚と、永田さんが小学一年のときに行った唯一とみられる家族旅行、小諸での写真数枚に父が映っている。棒立ちのものが多い。それでも、邦子さんと並んだ写真、おそらく幼い永田さんが撮ったものだろう、その中では右手を上げたり、Yシャツを脱いで腰に両手を当てたり、軽くポーズを決めている。カメラを構える永田さんに何かを指図をしているのだろう。動作から、息子を微笑ましい気持ちで見る父の思いが伝ってくる。

父の写真は上半身が多いが、小諸の写真に一枚だけ足元まで写っているものがある。その靴は相当履き込んだものに見える。最初は黒かったのだろうが、色がはげてしまい白っぽくなっている。

永田さんの幼少期を収めたこのアルバムが不思議なのは、家族で出かけた写真が乳児から七歳へ一気に飛んでいることだ。その間を埋めるのは学校の集合写真ばかりだ。島崎藤村の歌碑や千曲川のほとりで写した家族旅行のカラー写真がこのときとばかり、二十枚も貼られている。

永田さんが城跡の石垣に登り満足そうにしている写真もある。それ以前の父と永田さんとの写真は、乳児のときを除けば一枚しかない。浦和にいたころの借家の裏庭で、父は幼稚園生の永田さんの後ろに立ち、息子の両肩に手を置いている。寝起きなのか、顔がむくみやつれている。

その後、家族で出かけることはなかったのだろう。几帳面に写真を並べたアルバムは、小諸旅行を最後に、残り二ページを空白のままにして終わっている。

酒好きの父親

父、新太郎さんが五十六歳で亡くなったとき、永田さんは友人らに「心臓発作だ」と話していた。だが、実際は酒の飲み過ぎだった。はっきりとした病名はわからないが、叔父の小西さんは肝硬変だったと言う。長いこと肝臓を患っていたが、病院にかからず、最後まで飲み続けた。

父は酒が好きだった。結婚した三十九歳のころは建築会社の営業マンとしてよく働き、義弟

小諸城址の石垣を登る永田さん。将来の片鱗がうかがえる

に当たる小西さんには眩しいように見えた。ところが、永田さんが幼稚園児のころから酒量が増え、一晩で一升の日本酒を空けることもあり、会社を休みがちになった。

邦子さんの父が経営していた東日暮里の工務店に転職したのもそのころで、酒で勤めがおろそかになり、それまでいた会社にいられなくなったようだ。

永田さんが小学校低学年のころ、平日の昼、家で酒を飲んでいる父親の姿を近所の友達が目にしている。子どもたちは路地で三角ベースなどをして遊んで、喉が乾くと誰かの家に上がり水道の蛇口をひねったが、永田さんは家に友達を上げたがらなかった。

永田さんは小学校四年の春、千葉県の全寮制、荒川区立湊養護学園（平成十三年閉園）に夏までの一学期だけ預けられた。東京湾を挟んだ千葉県南部、房総半島にある区内の虚弱児を入れる施設だった。当時は環状七号線のスモッグがひどく、喘息になった子も健康回復のために入れられた。

永田さんはこの湊学園で、のちに上野高校山岳部で再会する親友の吉川智明さんと出会っている。「荒川区の子ばかり集まってて、一応、名目は虚弱児とか体が悪い子を療養させることになってたんだけど、家の事情で来る子もけっこういました。うちの場合、父親がギャンブルばかりしてて家計が大変だったので姉と僕が入りました。永田の場合、彼は言ってなかったけど、お父さんのお酒じゃないかな」

このころ、父は四十九歳だった。五十を前に酒量がさらに増え、母は息子を一時的にでも父から離そうと、九歳の永田さんを施設に入れたのかもしれない。

一、二カ月に一度、学園には両親ら家族が面会に来たが、吉川さんが見た限り、永田さんの父が来ることはなかった。

父、新太郎さんは家に酒がなくなると台所の下にあったみりんまで飲んだ。小学校の五年になると永田さんは、父の姿を見られたくないため、近所の子どもたちともあまり遊ばなくなった。父は当時、永田さんが机の引き出しにしまっていた宝物、東京五輪記念の一〇〇円硬貨まで売り払い、酒代にしてしまったという。

別の級友が覚えているのはこんな場面だ。

小学校六年のころ、永田一家のアパートに行くと、日が高いのに、新太郎さんが一升瓶を手にコタツで酒を飲んでいた。酒乱ではないが、表情が普段と違っていて、部屋の隅で永田さんが恥ずかしそうにしていた。いたたまれない様子だった。後日、お酒を飲むお父さんが嫌いだと話した。

やけ酒ではなく、本当の酒好きだった。外で飲むのではなく、ひとり家で飲む。「日本酒一辺倒で、本当に酒が好きでしたね」と叔父の小西さん。「まあ、営業ですから、家にいないときは外で泥酔して帰ってくるっていうね。仕事だと言ってましたが、飲む方が好きでね。まあ、姉、邦子を叩いたって話は聞いてませんが、迷惑はかけてますね。結局、飲んじゃうと、あれです。次の日、会社休んじゃうんですよ」

給与も減る。永田さん一家が借家から同潤会アパートに移ったのは中学三年の春だが、世帯収入が減ったためのようだ。

引っ越して二年が過ぎた冬、父は死んだ。葬式も出さなかったのは、母の矜持か、すでに身内からの援助もなく、弔問も少なかったからだろう。

父が記念硬貨を酒代に換えたころ、永田さんは母に言われて四谷大塚に通っていた。

父の遺体を前に淡々としていた永田さんが、小川さんが言うように、東大への闘志をいっそう強めるのは、ごく自然なことだ。

高校三年のときは東大の一次試験に受かりながら、二次で落ちた。浪人したものの、お金がなかった。定期的に予備校には行けず、現役で大学に受かった友人に予備校のテキストを譲り受け勉強した。

家が貧しかろうが、父が死のうが、永田さんは山に行き続けた。浪人時代も積極的に登っている。そして一九七八年四月、東大の理科一類に受かり、すぐに東大スキー山岳部に入った。

なぜ東大を選んだのか。もし山好きであれば、ヒマラヤも視野に入れていたはずだ。当時の大学山岳部なら京都大学か早稲田、明治が強いと知っていただろう。学力もあるのなら、京大に行くのが自然ではないかという声もある。京大の場合、今西錦司や西堀栄三郎、梅棹忠夫ら南極やヒマラヤへの遠征経験のある著名なOBが目白押しだからだ。

だが、どうだろう。永田さんにそんな余裕があっただろうか。実際、上野高校から地方の大学に行く例は極めて少ない。特に京都、大阪、九州大など関西以西に行く者は稀だった。永田さんの中に、全国の大学を見渡し、山岳部の強いところ、OBの層が厚くヒマラヤや極地に遠征できそうな場を選ぼうという発想はなかったのではないかと思う。

彼が大学二年生の終わりの一九八〇年三月、上野高校の部室にやってきた永田さんに私が北海道大学に行く話をすると、「げえ、お前、東京離れるのかよお。なんでだよお」とずいぶん残念がった。備えで受けた早稲田大にも受かったため、「それなら早稲田にしろよぉ。あそこの山岳部もすごいんだぞお」としつこかった。

私は東京の親元を離れたい一心だった。まだ見ぬ北海道の山や平原、知床半島に子どもっぽく憧れていた。だが、彼にはそんな考えはまったくないようだった。そもそも東京を、特に下町の上野、鶯谷、日暮里界隈から離れる気が、はなからなかった。

実際、足立区はそうでもないが、台東、荒川、中央区から通ってくる上野高校生には彼のような「東京土着民」がけっこういた。とにかく理屈抜きで地元が好きなのである。

東京は人が集まる大都会だが、地方の集合体でもある。新潟の人が、高知の人が地元にこだわり、そこに戻るように、育った地が好きな東京人はけっこう多い。山の手人も下町人もそれぞれの理由をつけて地元を離れない人が一定数いる。風土にこだわる土着民だ。永田さんもそんな一人だった。

下町と言っても『男はつらいよ』のような人情があるわけではない。あれは映画人が作った嘘である。下町風情という言葉があるが、「谷根千《やねせん》ブーム」なのか、風情を求めて流入した人々が壊してしまう本末転倒で、そんなものはとっくにない。

では何が永田さんを土着させたのか。一つには通りの一本一本から墓地の裏道まで刻まれた記憶の積み重ねだろう。幼時、中学、高校と多感なころに見たもの、感じたものがそこに堆積している。まったく知らない地に暮らすより、裏の裏まで知っている地域にいる方が気分がいいし、楽なのだ。東京土着民の心情とはそんなものだろう。

永田さんの圏内は山手線で言えば、南は秋葉原から北は田端までの線路の東側、武蔵野台地の縁の崖下である。山手線を上野駅から乗ればわかるが、北に向かうと左側に崖が続いている。彼が好んで登った谷中、日暮里、田端の「壁」はいわばこの崖のことで、その崖の上のエリアと言えば、上野の山とそこから池之端に下りて、再び山を登った丘、御茶ノ水までだ。

やや圏外の駒込や飯田橋、九段、四谷辺りとなるとちょっと足が遠のく。自分のエリアではない。飲み屋が集まる新宿、池袋にはよく行っても、大学の駒場キャンパスに近い渋谷はどうもしっくりこない。まして、目黒、世田谷、杉並なんぞは「俺たちにゃ、一切かかわりのねえ世界」なのである。

そんな下町土着の永田さんが、わざわざ京都を視野に入れることはなかった。余計なことはしない人だ。実際、高校から学生時代にかけて読んだ本も、京都学派のものはほとんどない。

それに父が亡くなる前から、家は母の花王石鹸のパート収入と永田さんのアルバイト代だけ。奨学金をもらえるからといって、京都で暮らす道はなかった。また、いくら山岳部が名門とはいえ、受けていないことからもわかるとおり、早稲田や明治、まして学習院といった私学に入る金はなかった。

そのころの国立大の授業料は一年で十四万四〇〇〇円だが、私大の理系の平均は一九七八年春、三十三万円余りだった。私大には施設費や実験費などもあり、五十万円はかかる。いつもお金のない永田さんは、国立しか望めなかったのだ。

崖の下、東日暮里の同潤会アパートに暮らした永田さんが、崖の上にある東大を目指すのは順当なことだった。結局、圏外の西はずれ、駒場キャンパスから本郷にたどり着くまで丸五年、本郷を卒業するのにさらに三年かかるが、建築家になってからも、永田さんは死ぬまで崖の下に暮らし続けた。

地元好きの「東京土着民」

山手線の日暮里駅の脇にある階段を昇り崖の上に立てば、左側には広大な迷路、谷中墓地が広がっている。その脇、崖すれすれの小道を思いついたように石垣にへばりつきながら歩いていく永田さんが目に浮かぶ。

小道から墓地に入れば、大小さまざまな、ときに大人物のものなのか石柱に囲まれた立派な墓がある。そんな墓の、小道の隅々まで永田さんは熟知していた。墓の脇をすり抜け、イチョウの大樹を過ぎると、空襲を免れた家々が並ぶ。辺りには狭い路地が無秩序にはり巡らされて

結婚する1991年秋まで、永田東一郎さんが母と2人で暮らした東日暮里の同潤会鶯谷アパート。取り壊し直前の1999年3月撮影。写真＝毎日新聞社／アフロ

いる。

薄い木の板で建てられた黒塀や茶塀の板張りの家並みを抜けると上野高校と東京芸大が並ぶ博物館通りに出る。そこから広い上野公園を抜け、左手に行けばアメ横、右手の石段を降りれば不忍池に至る。不忍の向こうには安い飲み屋や新手のゴーゴースナック、生演奏つきのビアホールが並ぶ猥雑な湯島となり、アメ横側をすり抜ければ、一見無味乾燥ながら、所狭しと公道にまで植木を並べた職人や問屋のしもた屋が並ぶ。

冬の夕暮れ、御茶ノ水や本郷のある崖の上に隠れるように沈む夕日をバックに、永田さんはひとり歩いていく。よれよれのYシャツにジャージー姿、長髪に曇りガラスのように汚れたメガネ。サブザックを担いでふらふらと街を漂う永田さんほど、この街にフィットした人はいない。

私は彼の気持ちがなんとなくわかる。私は話しっぷりは上野高校の影響もあり、下町っぽいところがあるが、出自は違う。父親は岡山の津山出身、母親は岡山駅に近い岡山市の出身である。父親が常磐炭鉱の技師をしていたときに私は次男として生まれたが、女傑だった大叔母が経営していた中小企業に呼び寄せられ、父親は泣く泣く上京した。このとき私は一歳で、十歳の夏前まで上板橋の川越街道から少し入った手狭な住宅街で育った。父親が大叔母と決裂し、自分で考案した機械を手に独立すると、家族は東京の北のはずれ、足立区の古千谷《こじや》という沼の埋立地に引っ越した。

人のいい父親は不動産屋に騙され、都立公園の予定地に決まっていた土地に工場と家を建てた。そこが私の地元というなら、すでに都立舎人公園の盛り土の下。立ち退いた家も、沼地も街路も何も残っていない。ここが俺の故郷だと言ったとしても、面影もないのである。

札幌の学生時代や地方勤務の時代、三十代から五十代にかけ時折東京に帰ってくると、私の足は、永田さんが暮らした日暮里から谷中、上野、御徒町、湯島界隈に向いた。恋人を連れていったり、一人でぶらっと散歩をした。根津の坂道にひしめいていた木造家屋は二、三階建てのハイツやコーポに代わり、高校生のころよく見た縁台で将棋をする親父や、水撒きをしている黒塀の女主人はとうにいない。それでも、あるようでないような「下町情緒」といったものが陽炎のように空気の中に漂っている。

私はその陽炎が好きだったし、今も好きだ。永田さんもきっとそんな気持ちだったのだろう。長年馴染んだこの界隈から脱けだそうなんて気はさらさらなかったのだ。

では、東大の先に何があったのか。彼なりの人生設計があったのか。というのも、永田さんは東大に入ったまではいいが、「当初から八年いると決めていた」と友人らが証言するように、最高学府のエリートというレールに乗る気はなかった。官僚になろうとか、大手企業に入ろうといった考えは皆無だった。高校の同級生や後輩、大学の仲間たちは名のある企業に就職したが、彼一人、まる八年も学生のままだった。そのころよく会っていた後輩の私にも、周囲の仲間たちにも就職の話はまったくしなかった。

彼にとっては、東大イコールＴＵＳＡＣ、東大スキー山岳部であり、将来の道を開くステップなどではなかった。

永田さんがＫ７遠征で成功を収めた二十五歳の夏、「やりましたよ、お母さん」と報告したことを、二〇〇五年の偲ぶ会で母、邦子さんが語っていた。積極的に雑誌に山の報告を発表したのも、単なる自己顕示だけではなく、母に見せたいという動機もあったのだろう。

東大に受かった七八年三月、本郷で自分の番号を見つけた永田さんは当然ながら、公衆電話で母に報告したはずだ。「やりましたよ、お母さん」

高校二年の冬、父を酒で亡くし二人暮らしになったとき、母邦子さんは五十六歳だった。花王石鹸をすでに辞め、そのころはビル掃除の仕事をしていた。永田さんが東大を選んだのは、小学校のころから、酒代がかさむ家計をやりくりし、息子を塾に通わせた母からの刷り込みが大きかったろう。結婚して暮らした家も鶯谷や東上野、選ぶ居酒屋もスナックもそのテリトリーで、建築の仕事も墨田区など下町の仕事を好んだ。下町に土着したのは、東日暮里の同潤会アパートを離れなかった母との密着も大きかったと私は思う。

母邦子さんは、永田さんが四十六歳で死んだ八年後の二〇一三年夏、八十四歳で亡くなっている。同潤会アパートが取り壊され、改築された高層住宅の脇の低層アパートでだった。

情けない自慢好き

永田さんは銀縁眼鏡の鋭い目、ファッションをまったく気にしない点など、一見すると当時の典型的な東大生の風貌、ガリ勉ふうの顔をしていたが、東大を鼻にかけなかった。

東大スキー山岳部の三年先輩、和泉純さんは「建築事務所に入ってからは、『東大なのに意外と大したことない』と言われ、いじめられていたふうだけど、彼自身は東大を自慢するようなやつじゃない。東大出ても大したことないやつなんていっぱいいるけど、ひけらかすタイプじゃないと思う」と言う。

だが、彼も人間である。東大を意識しなかったわけではない。

一九七九年秋、永田さんは誰に見せるでもないルーズリーフの紙に、『結婚までを』というタイトルの小説の読書感想文を書いている。感想文の大半は二、三行だが、よほど感動したのか、一ページを費やしている。作者は大正生まれの藤原審爾（1921～84年）で、ハードボイルドからサスペンス、家庭小説まで量産した直木賞作家だ。当時は、山田洋次監督がハナ肇を主役に映画化した「馬鹿シリーズ」が有名だった。

〈少々感動してしまった。藤原審爾のものが欲しくて買ったその期待は裏切られなかった。前半は、貧困の苦しさが目立ち、展望もなく、暗く重苦しい印象が強く与えられ、やりきれなく感じられた。これが昭和30年くらいの話で、今や日本は（これに比べると）明らかに豊かになって、中流意識人口8割の国になっており、今は違うんだと考えてしまったり、登場する人々の無能さや、自分は「東大出身」になれるのだという意識（これは無意識の意識）のせいで、なかなか現実味が感じられなかった〉

「東大出身」になれるのだという意識。その意識から、小説の中身をあまりリアルに感じられなかったようだが、これは何を指しているのか。

すでに絶版になっている『結婚までを』の古本を手に入れ、読んでみて合点がいった。小説は小さな出版社で働く六人の群像劇だ。大蔵省のOBが経営する、同省関係の本を主に出している出版社は経営者が代わり、二人ほどが解雇される雲行きになる。結婚したいが家に金がなくできないままでいる主人公、杉子をはじめ互いの腹を探り合う社員たち。そんな一人に、永田さんによく似た三十歳前後の江見という男がいる。

江見は東大を出て大手出版社に入るも、向こうっ気の強い反逆児的な性格がたたり、社内でクビ切り反対のストをやり、あっけなく職を追われる。

永田さんが感想で漏らした「東大出身」という言葉はこの人物を指しているようだ。大学名を挙げている登場人物は他にいないからだ。

この江見は美人で絵描きの妻と結婚したまではいいが、退職し給料の安い出版社に移ると酒の飲み方がひどくなり、家に金を入れなくなる。妻は竹製の下敷きに模様を描く内職に追われ、結婚三年目ですっかりやつれている。「またお酒！　いつもあんなに呑んでんだから、今日ぐらい、酒のいきおいを借りずに話したらどう？」と息巻く妻との間で夫婦喧嘩が絶えない。

この本を読んだときの永田さんはまだ二十歳だ。だが、そこに何かを感じたのだろう。こんなのは現実ではないと否定したくなったのだろう。江見の姿は見事なほど、十数年後の永田さんだ。

永田さんの感想文はこう続く。

〈人間の生活というものの厳しさを痛感した。労働、仕事というのは内容の重要性にかかわらず、（つまり、例えばそれが日本にとってつまらないものだったり、あまりにもありきたりのものでも）非常にたいへんなことで、食ってゆくのは本当に難しいということ。特にそれに照らして自分の甘さがよくわかった。もう僕の年では働いている者も多いし、結婚した中学時代の友さえいるのに、僕は登山などにうつつをぬかして、精神構造は中学時代から全く進歩がない〉

もうひとつ、これも永田さんには示唆的だが、本の中の「前衛者より普通の人間こそが歴史を築き得る」という言葉が心に刺さったようだ。

二十歳の永田さんはこう思っていたのだろう。自分は東大に入った。それで自分の将来は安定すると思ったが、現実はそんなに甘くない。江見のように東大出身でもひどい生活を強いられ、酒に溺れる人間もいる。とんがって前衛を気取っている人間など、一見威勢は良くても、歴史を築き上げることなどできないのだ。自分はまだまだ甘い……。でも、これは所詮小説だ。娯楽にすぎない。現実はそうでもないんじゃないか……。

少なくとも、二十歳の永田さんは、「東大出身」を意識していた。

元妻の三浦和多利さんから見ると、三十代以降、仕事がうまくいかなくなってからの永田さんは、東大出身という意識を強めていた。

「なんで仕事がうまくいかなくなったかというと、やっぱり、どこに行っても東大を自慢してしまうのもあるし、それで周りから顰蹙を買ってた面もあるんじゃないかなって思います」

永田さんが自慢好き、自分の実力に人並み以上のプライドを抱き、それを隠さなかった人だったのは確かだ。

二十代前半、永田さんは肩から下げたサブザックにいつも、古い登山雑誌や地図、青焼きの計画書をぎっしり詰めていた。根津の喫茶店で向かい合うと、その一つひとつを取り出し、自分の山登りを実にうれしそうに語った。語ったというより、あのころの言い方ではアジテーション、アジっていた。要は自慢していたのである。

「おい、ドウドウセンって知ってるか。谷川の赤谷川にあるすごい滝で、誰も登ったことないんだ。すごいんだぞ。その滝つぼは誰も見たことないんで、俺と名久井ってやつと二人で大量のロープを持って、この前行ったんだ。すごいだろ」と言って、雑誌『山と溪谷』の記事を見せる。

「南硫黄島、すごいんだぞ。全然、登れないんだ。島全体が完全な壁になってて、ここしか取り付けないんだ。岩がすっごくもろくってさあ、上陸も大変だったし、死ぬかと思ったよ。でも、この壁登ったの、俺たち、初めてだったんだ。ほら、写真、これ見てみろよ」

「壁、そんなに立ってないっすね」と私が言おうものなら、「ゲェー、お前、全然わかってないよ、すっごい難しんだぞ。五級の壁だぞ。しかも脆いし。そこ、おれ、山本さんと開拓したんだ。山本さん、シブリン行ったすごい人なんだぜ。だけど壁は俺の方がうまいからさあ、トップは俺がやったんだ。シブリンがまたすごくてさあ……」

永田さんは山の話になると、入れ込みようが尋常でなかった。私の登山フィールドは北海道だったため、永田さんが好んだ北アルプスの剱岳や谷川連峰は射程外だった。なのに、永田さんがあまりに繰り返し熱っぽく語るものだから、耳タコとなりアカタン（赤谷尾根）、北方稜《りょう》線《せん》、大タテガビン、ドウドウセンといった言葉が呪文のように吹き込まれ、生涯忘れない音になってしまった。

永田さんは講談師になったら大成していたかもしれない。そう思えるほど、同じ言葉を低音で繰り返し、人の耳に残す人だった。

自慢するのは、永田さんならではの純心さからきている。東大の先輩、山本正嘉さんは「それが彼の良さだったと思う」と言う。「とにかくクライミングが好きだったから、高校の後輩にも仲間にも容赦なく言うし、相手も当然わかると思っている。そういう純な思い込みがあったんじゃないですか。自分が行っていないのにシブリン遠征を自慢するところも、偉いっちゃ偉いですね」

自分だけでなく、所属している組織まで自慢するのは「二十四時間闘うサラリーマン」にも通じるところがあるが、若干違う。

「本当に山で燃え尽きるような思いをしちゃうと、自分の抑制が効かなくなるのか、変わっちゃうんじゃないかな、人生観が。もう、こんなに輝けるときは二度と来ないんだ、とね。永田なんかそういうナイーブなところがあるから。永田の二つ上の藤田正幸は永田と同じ年に亡くなったけど、永田ほど破綻してはいないけど、何でもかんでも、絶対そうだと確信持って言うんですよ。僕は断言するヤツが嫌いなんで、よく喧嘩してました」

断定調や確信というと、永田さんがその著書『乾いた山』に感銘を受けた登山家、原真さんを思い出す。山本さんも「似ていると言えば似てますね」と言う。

私は二十代から三十代にかけ、よく原さんにお目にかかったが、著名な登山家たちをいくつかの精神疾患で分類し、あれは典型的な躁鬱型、あいつはパラノイヤだと断言していた。また、冬山の遭難者が相次いで無線でＳＯＳ発信した件を聞くと、「そんな連中は、皆死ね、と言いたい」と痛罵した。

永田さんは原さんのような刃物のバッサリ感はないが、思い込みの強さ、深さはよく似ている。

「人の意見を聞かないし、曲げない。プライドが非常に高いから、つまらない山には行かない。クライミングの全盛期って、俺は天才だっていうぐらいに思ってないとできない。でも、永田はそれを言っちゃうところがあった。それでも、周りからはけっこうかわいく見られるのも彼の資質でしたね。彼だから許していた、みたいな」と山本さん。

なかには例外もある、黙っていたりすると尊大に見え、女性とのコミュニケーション力がないので、山仲間の恋人や妻らに嫌われる。「永田さんってまともに挨拶もできない変な人だった」といまだに言われている。相手が女性の場合、人の目を見て話せず、まともに自己紹介もしないため尊大に見えてしまう。シャイと言えばシャイだが、社会性のなさの表れだ。

自慢好きは鼻持ちならないと思われがちだが、後輩たちは永田さんだけは嫌な感じがしなかったと口をそろえる。それも人徳だったのか。

私の印象を一切話さずに、後輩の神沢章さんに「永田さんってひと言で言ってどんな人でしたか?」と聞いてみたら、すぐにこう答えた。

「天才肌、いや、自分は天才だと思っていた人でしょうかね。だけどそれをなかなか、世の中が認めてくれないと思い続けていた人、という気がしますね」

実際、山では天才の直感というより、堅実かつ綿密なプランを立てる秀才だった。努力家なのでよく調べ、よく訓練をした。それを踏まえた上で、自分が一番だと思っていたふしはある。よく一緒に岩を登ったザイルパートナーの後輩、名久井恒司さんは永田さんのたたずまいを思い出し、「永田さんは自分が一番上手いっていうか、自分がトップクライマーだといつも言ってましたね」と懐かしむ。

他人ができることは当然できると思っていた。少なくともTUSACの仲間ができることは全部できると思っていて、東京近郊の岩のゲレンデに数人で行って、永田さんだけが登れることがよくあった。

田端の石垣を高校二年の私が登ったことを、大学一年の永田さんが異常なほど悔しがったのは、その裏返しだったのだ。俺が登れないのに、なんでこいつが登れたんだ、おっかしいじゃないかと。

でも、永田さんのプライドもほどなく突き崩される。永田さんが活躍した七八年から八四年にかけ、クライミングの世界は目まぐるしく変化した。登山靴で登ったクライマーは、運動靴、EBシューズ、ラバーソールと年々靴を履き替え、ボルダリングの流行、人工登攀ルートのフリー化、グレードの付け方の刷新と、旧来の登り方は通用しなくなった。

ＴＵＳＡＣでは一年生でもすぐに上手になる部員が出てきて、永田さんは確かにオールラウンド、季節を通してなんでもできるという点や冬の氷雪混じりの岩場ではトップだったが、夏のクライミングだけでみれば、少しうまい程度だった。

自慢好きの永田さんについて、多くの後輩が嫌味を感じないのは理由がある。「いくら自慢げに言っても、永田さんは弱みがいっぱいある人で、むしろ弱い部分の方が多いとみな知っていたので、どうってこともないんですよ」。名久井さんの言葉だ。

体が虚弱に見えるし、筋力が特段強いわけでもなく、走るのは速いほうだったが圧倒的に強いわけではない。突き指などとにかく小さなケガをよくする。約束には必ず遅れ、いつも謝っていて、よく忘れ物をする。冬でも薄着で、よれよれのＹシャツか着古したラグビージャージ。メガネを落としてレンズを割り、片一方だけレンズの入ったメガネをかけ、「メガネ割っちゃってさあ」と舌打ちする。歯が悪く、家計の事情で歯医者に行かなかったのか、よく歯が痛いと顔をしかめる。

仲間たちに「永田さんのどんなイメージ、像が浮かびますか」と聞くと、「酔いつぶれている姿」が圧倒的に多かったが、「歯が痛くて顔をしかめている姿」と言う人もけっこういた。

私が高校三年のとき、永田さんと東大の五月祭に行ったことがあった。そのときも最初から最後まで「歯が痛くってさあ」と言っては、新今治水を慎重に奥歯に塗っていた。学食の端っこの席で永田さんはいちばん安い「素《す》ラーメン」を、時間をかけてすすった。生姜焼き定食を食べていた私が「ラーメン、ごはんより硬くないっすか。ごはんの方がいいのに」と言うと、「いや、米のヌメっとした感じが、歯に響いて、痛いんだよ」と言い、のびきった麺をゆっくりと噛んでいた。

弱々しい小動物のように哀れで、情けなかった。そういう人が「俺はすごいんだぞ」といくら言っても、というのは確かにある。自慢好きだが、押しつけがましさがない。ああ、自慢話を聞いてほしいんだなあ、と思わせるところが永田さんの良さだった。

第四章

東京大学スキー山岳部

試練の夏合宿

原稿を書いていると、チラチラと永田さんのイメージが浮かんでくる。新宿ゴールデン街にかつてあった店「ナマステ」のカウンター席で酔いつぶれている姿や、歯が痛くて顔をしかめている情けない顔。「本当かよお」と、こちらの話に目を丸くして聞いている前のめり感。そんな中、よく登場するのはこんな光景だ。

滝しぶきの下で唇を震わせながら永田さんが寒さに耐えている。ザイルを握りしめ、誰かを確保しているのか、ザイルを巻いているのか。場所は、岩のゲレンデを除けば私が一度だけ彼と行った奥多摩の日原川だろう。当時、いちばん安かったエバニュー社製「滝谷」の青いヘルメットからしぶきの水がポタポタと垂れている。朝まだ早く気温は上がらない。そんななか、ガタガタと震えながら、永田さんはザイルワークに勤《いそ》しんでいる。

私は沢登りを始めたばかりの高校二年生だった。そのずぶ濡れの姿を珍しいものでも見るように見ていると、永田さんは上目遣いにこちらを見やり、なんとも言えない笑みを見せた。不敵な笑みと言うか。歯をガタガタ言わせながら笑みをたたえ、「ふん、こんなの平気だぞ。大したことないぞ」と言っているような強く、鋭い視線をこちらに投げつける。

叔父の小西弘さんは三歳のころから我慢強い子だったと話していた。その我慢強さが表情に表れたのか。いや、何か負けじ魂のようなものもあった。難民キャンプで物を盗み、大人に押さえつけられても、歯を食いしばり睨み返すような子どもがいるが、それに近い顔だ。

永田さんは情けないところもあったが、追い込まれ、過酷な状況に置かれても、最後の最後まで弱みを見せないようなところがあった。

同じ日のことだったか。こんなことがあった。

奥多摩の唐松谷の大滝を登っていたときだ。一九七八年八月末、東大に入ったばかりの永田さんの発案で、上野高校山岳部のOBと現役たち十数人が日原川の奥にある、檜尾小屋跡にテントを張り、三泊の沢登りを楽しんだ。毎日、三つほどのグループに分かれ、別々の沢を登った。小雨が降る最終日は全員で行こうとなり、十人ほどで唐松谷を登った。

核心部は高さ一五メートルほどの大滝だけである。そこをまず永田さんが登り、あとに続く仲間を彼が上からロープで確保して、一人ずつ登らせていた。滝の途中、水をかぶるシャワークライムがあり、沢登りに慣れていない人にとっては少し怖気づく登りだった。何番目だったか、永田さんの一つ下、当時浪人生だった吉川一弘さんの番になった。そのシーンを鮮明に覚えている。

吉川さんは滝の途中で足を滑らせてしまう。上では永田さんがロープで支えているため、下まで落ちることはないが、ロープにぶら下がった勢いで吉川さんの体は斜め左下に一メートルほどずれ落ち、滝の水を頭からかぶる。下で見ていた私たちは「落ちたー」と叫び、上にいる永田さんに伝えた。

　すると、下が見えない位置で確保していた永田さんが大声を上げた。「一弘、どうしたー、しっかりしろー」。そんな言葉だった。励ましでもあるが、私には叱咤に聞こえた。吉川さんは「はい！」と叫び、また登り始めるが、同じ場所で滑り、ロープにぶら下がり頭から水をかぶる。そのたびに永田さんは「一弘、がんばれー！」と大声を上げる。夏とはいえ、沢の水は冷たい。吉川さんは全身をぬらし、震えながら再び登り、また落ちる。それを繰り返していた。下にいた私は吉川さんに同情し、もう下ろしてあげればいいのにと思っていた。登り切ったのか、下りたのか。記憶は定かでないが、シャーという滝の音をバックに、永田さんのよく通る低い声が耳に残っている。

　屋根と柱がわずかに残る檜尾小屋のベースキャンプ。夜も更け、焚き火を囲んでみなでウイスキーの水割りを飲んでいると、永田さんはペースが早く、最後は水で割らずに飲んでいた。そして、唐突に「わーっ」と雄たけびを上げたかと思うと、焚き火の上を何度も飛び越えた。

酒を飲んだ永田さんを初めて見た私は、それを熱血漢、血沸きおどる人、面白い人だと肯定的にとらえた。そんな人が、滝の冷たい水をかぶる後輩を叱咤している。ずいぶんと厳しい人だと思った。

吉川一弘さんもそのときのことをよく覚えていた。「最後は登り切ったんじゃないかな。下で見ていた先輩たちに『がんばれ』と励まされていた記憶がある。でも、あんなことは初めてで、それまでは滑ったとしても一回で、あんなに何回もはなかったと思う」

そのころ吉川さんは浪人中で、勉強のプレッシャーもありちょっと参っていた。自律神経失調症の薬を飲んでいて、そのせいか滝の中で上にも下にも行けず水をかぶったときはかなりきつかった。「僕は運動神経も良くなかったし、体力もなかったから、山ではよくすっ転んだけど、あのときは本当にひどかった」

厳しかった永田さんを、吉川さんは変だなと思った。「ある意味、大学山岳部に入って変わった部分じゃないかな」。永田さんが高校二年から浪人時代までの三年間、一緒に山に登ったが、あんなに厳しい面を見たのは初めてだった。滝を登れない吉川さんに「どうしたー」と叫ぶようなことは一度もなかった。永田さんの叫び声に、吉川さんは意外な感じがした。

「確か、東大のスキー山岳部の夏合宿の話だったと思うんだけど、歩かされてつらいと、わざと転ぶんだって。わざと転ぶと、立ち上がるまで休めるからって言ってた。そんなこと、僕ら高校のときはないから、へえって思ったけどね」

吉川さんから見て、一年先輩だった永田さんは、穏やかで優しい人だった。

吉川さんは、永田さんの同期で同じ中学出身の同姓、吉川智明さんに誘われ、上野高校に入るとすぐに山岳部に入った。一九七五年四月のことだ。屋上の天文台にある部室で座っていると、永田さんが年間活動計画や装備のことを丁寧に説明してくれた。吉川さんはそのとき先輩後輩という感覚がよくわらかず、「俺、永田って言うんだ」と言われ、その日からしばらく「永田君」と呼んでいた。「みんな先輩なのに、永田君とか秋田君とか、上級生に君づけで話してたんです。普通は先輩の場合、さんづけで言うじゃないですか。でも僕は口の聞き方も知らなくて、自分では親しみを込めて」

永田さんはまったく気にせず、その呼び方を受け入れていた。しばらくたって、何かの機会に別の先輩に注意され、先輩をさんづけで呼ぶようになったが、永田さんは笑顔で「本当は違うんだぞ」と言いながら、長いこと君づけを許してくれた。

そんな永田さんが山で怒鳴ることなどなかったので、吉川さんは「大学山岳部に入ってから人が変わったのかな」と思った。実際、永田さんはこの奥多摩の沢登りの直前、大変な経験を

高校時代、「厳しさ」のなかったころの永田さん（手前）。
すぐ後ろが吉川一弘さん。奥多摩で1976年6月

していた。

一九七八年七月十五日から二十九日、大学一年の永田さんは東大スキー山岳部（TUSAC）の夏合宿に参加している。この年の剱岳合宿は四年の和泉純さんをチーフリーダーに三人の四年生から八人の一年生まで計二十二人が参加している。三十数年後の二〇一〇年代には部員が枯渇し休部状態に追い込まれるが、まだ隆盛を極めていたころだ。九日間、剱岳の三ノ窓をベースキャンプに岩登り、岩稜、雪渓歩き、雪上訓練をした末、三パーティに分かれ、六日間かけての縦走に向かった。

永田さんはこのとき、後立山連峰を北上し日本海の親不知まで歩き通した。「つらいとわざと転ぶんだ」と後輩の吉川さんに話していたのは、この過酷な縦走のことだろう。

永田さんは四人パーティの一人だった。同じルートを行く別の五人パーティのメンバーだった二年先輩、当時三年だった山本正嘉さんは、追い抜いたり追い抜かれたりしながら、後輩の永田さんを見ていた。

「こいつ、すごいやつだなという印象がありました」

永田さんのパーティのリーダーはのちに数理物理などの研究者となる横田光史さんだった。

「横田さんは僕の一つ上なんですけど、とにかくめちゃくちゃシゴキまくって。僕は三年生で、もう体ができててなんとか行ったけど、永田は一年で、とにかく永田だけじゃなく、みんな幽霊みたいにバテちゃって」

みな東大の一年生である。ついこの前までは受験生でさほど体を鍛えていない。そんな十八、十九歳の若者たちが山の歩き方も知らず、二〇キロもの重荷を背負わされ、白馬から日本海まで延々と行軍させられる。しかも先輩にどやされながら。そのつらさは相当なものだろう。

永田さんは身長が一六五センチに満たず体重は五〇キロを少し上回る程度。痩せていた。縦走時の写真を見ると、フェミニンというのか、なよっとした男に見える。きゃしゃな体を傾け、憔悴しきって、確かに幽霊のような顔だ。その春までの浪人時代の一年、上野高校山岳部の仲間らと計十二回、二十一日間、山に入ってはいたが、体はまだできていない。

それでも永田さんは行動中、一度も弱音を吐かなかった。「つらい」とか「もうダメです」とひと言も言わず、黙々と歩き通した。

「這いつくばってても弱音を見せなくて、こいつ、偉いやつだっていう印象が残っています。他のメンバーはもう心が折れていて、その感じがはっきりと目でわかるんです。目がもうダメになってるんです。距離は長いし、水がなかったんですよ。リーダーの横田さんが『あそこまで行ったら水場があるからがんばれ』って尻を叩くんですが、そこに水がなくて、けっこうメンタル的にやられる縦走だったんです。でも永田はくじけなかった。めちゃくちゃ根性あると思いましたね」

山本さんはさらっと言ったが、根性という言葉を聞くのは久しぶりだった。新鮮な響きだった。「めちゃくちゃ根性ある」。永田さんが後立山であえいでいた一九七八年当時、運動系の人間にとっては、これ以上の褒め言葉はなかったし、私も登山をするなかで常に抱えてきた言葉だった。暑い夏、急坂であえいでいるとき、真冬、胸まで埋まる雪のラッセルでもがいているとき、「おい、根性出せよ」と声に出さず自分に言い聞かせる、そんなおまじないのような言葉だ。

ところが、どういうわけか一九八〇年代中ごろから、少し恥ずかしい言葉になり、あまり口にすることがなくなった。テレビで『巨人の星』や『柔道一直線』を見て育った永田さんや私の世代にとって「ど根性」は当たり前のスローガンだったが、『天才バカボン』を経て、『じゃりン子チエ』『クレヨンしんちゃん』あたりで、脱力系が幅をきかせるようになり、「根性」は笑いの対象になっていった。八〇年代から九〇年代、バブル崩壊を経て、運動を嫌う書斎派が行動派をからかうときに使うキーワード。そんな印象もある。体罰や精神論にからめられ、忌

1978年7月、後立山から日本海への縦走途上、唐松岳頂上に立つ永田さん（左端）。背景は剱岳

み嫌われもした。でも、巷でどう使われようと、根性は登山をする上で、今もなくてはならない大事な要素だ。

リーダーだった横田さんはどう見ていたのか。当時のチーフリーダー、和泉純さんと、鼎談という形で話を聞いた。

「山本君のパーティは五人でこっちは四人。同じルートを前後しながら歩いていたんです。最後は無理させちゃったなって反省してますね」

一日目は行動時間が短く、稜線のおかしな地形のところに無理してテントを張ったら、雨はないがひどい雷が来た。二日目は五竜岳まで行き、鎖場のある急峻な岩場、キレットの手前で泊まったが、そこでも雷にやられた。三日目はかなりの長時間行動となり、パーティはその日からけっこう無理な行軍をしている。

「避難小屋に入ったら水がなくて。山本たちは先に行って水があったらしいんだ」

四日目、最後の日は日本海まで抜けることになったが、朝から飲み水も炊事する水もなく、メンバーたちは脱水症状に陥った。「永田なんかどうにか僕が後ろから押しながら歩いていて、登りになると、これ大丈夫かなと思ったんだけど、最後、白鳥山のあたりで急に復活したんです。鬼気迫るものがありました」

何かを超越したかのように急に頑張りだし、前を歩くようになった。

「あれは何だったんでしょう。彼は何も言葉は発していなかったけどね。どうにか親不知に下りてスイカを買ったのを覚えています。超しぶとい感じで、最初は四人の中で一番弱ってたんだけど、最後は回復してね。ああ、やり過ぎたなと思ってたから、その後も気になっていました、彼はどうなるのかと」

どうなるのか、というのは心配ではなく期待だった。四年だった横田さんは大学院進学を控えていたため、その後、永田さんと山に行くことはなかった。「まさか、のちにK7を登るとまでは思わなかったけど、アルピニストとして、僕なんかよりはずっといいところに行くんだろうと思いました」

夏合宿全体のリーダーだった当時四年の和泉さんは永田さんの動き、振る舞いを見て、「新入部員のなかでもこいつには残ってほしい」と思った。剱岳周辺の標高差約二九〇〇メートルを一日で登って下りる、東大独自の訓練「雪渓周遊」のときだった。「割としんどそうにしているんだけど、最後まで頑張り抜く。だいたい最初の夏合宿なんかで下級生がいろんな意味でどのくらいできるかわかるんだけど、そのとき、僕はもう四年生だったから、永田が残ってくれるといいなと思ってね。夏山が終わると何人かは必ずやめちゃうから」

根性がある。しぶとい。言葉にすればそれだけのことだが、やせっぽちの永田さんはその点では人一倍優れていたことになる。

当時、東大にシゴキはあったのだろうか。それを聞くと、横田さんは、なかったけど、と言いつつ、こう答えた。

「夏山合宿の位置づけが、これは僕の解釈かもしれないけど、一年生を積雪期に行動できるようにすることなんです。できない人は連れて行かない。遅いと後ろから手で押してみたりもしたけど。荷がいちばん重いのは二年生で、リーダー層は若干軽め。積雪期になると完全に平等でした。特に難しいところに行くとき、一年生は軽荷で、上級生がダブルボッカをするような感じです」

七〇年代の終わりから八〇年代にかけ、私は丹沢の大倉尾根でシゴキをしている大学生を見たことがある。ユニフォームのような黒いカッターシャツ姿で、石を積み込んだキスリングを背負って、「一、二、一、二」と掛け声をあげてボッカ訓練をしていた。周りには軽荷の先輩らしき人が数人いて、「ほら、頑張れ」と声を上げていた。

重荷や暑さで登山を始めたばかりの新人を精神的に追い込むシゴキをなぜしていたのか。ひ

1981年12月、奥穂高岳を目指す途上、涸沢岳西尾根にテントを張る東大スキー山岳部の仲間たち

どい例だと、先輩が後輩に暴力を振るい、死亡事故まで起こしている。裁判で加害者に有罪判決が下された例に東京農業大学ワンダーフォーゲル部による六五年五月の「死のシゴキ事件」がある。

一九六五年五月十五日から十八日にかけ、「新人錬成山行」で奥秩父の笠取山から雲取山を経て奥多摩へ縦走した際、ＯＢの監督ら上級生十八人が、新人部員二十八人に暴行を加え、一人が死亡し二人が重傷を負っている。

傷害致死や傷害で八人が逮捕される刑事事件となり、裁判では当時会社員だった監督の懲役三年執行猶予三年をはじめ、計七人に有罪判決が下され、上級生の六人は退学か無期停学になっている。シゴキは、上級生が二年生に対し、一年生に暴力を振るうよう強いており、上等兵や班長が初年兵に制裁を加える日本軍のやり方をそのまま取り入れた感がある。

暴力を振るうことはないが、一九七〇年代まで、一部の山岳系サークルや社会人山岳会では、鍛錬を理由に、他のスポーツ同様、新人に負荷をかけるシゴキがみられた。

永田さんが大学に入った七八年は、ＧＨＱが導入させた新制の高校教育が始まってすでに二十五年がすぎていた。ほぼ一世代分である。それは新制が名目だけでも推し進める自由、個人主義がある程度浸透し、体罰や精神論を重んじる戦前教育がようやく退けられはじめた時代でもあった。山岳のみならず、あらゆるスポーツの現場でシゴキがもはや馴染まなくなっていた。

ちなみに、私が八〇年に入った北大山岳部にシゴキや重荷を背負うボッカ訓練はまったくなかった。徹底的な軽量化をはかり、夏や積雪期でも樹林帯で泊まる場合、薄いテント一枚で、ポールは持って行かなかった。立ち木や流木で代用するのだ。夏は沢登りのため、焚き火で煮炊きをし燃料も持っていかなかった。冬はテントが重くなるので、稜線など雪が深い場所では雪洞を掘るかイグルーを作った。

このため荷の重さは二週間の山行でも、二〇キロほどにしかならず、同じ重さの共同装備をジャンケンで分配した。一年生で足の遅い者がいれば荷を軽くし、リーダーがいちばん重くなった。パーティのスピードを重視してのことだ。

沢が中心のため、水は持たず、稜線に泊まる際は、リーダーら慣れた者が標高差で一〇〇メートルほど沢の源頭に下り、漬物用の大きなビニール袋を水で満たし、リュックに入れて担ぎ上げた。どんな稜線でも少し下りれば水は出てくるので、東大隊のように水なしの行軍など考えられなかった。厳しい上下関係も集団によるトレーニングもなく、体力のない人間は山でどうしても遅れるため、自主的に走り込んでいた。

一方、東京周辺にはけっこう厳しい部もあって、「確か東京のどこかの私大の山岳部では六〇キロを背負わされているとか、なかには椎間板ヘルニアになってやめちゃったやつがいたなんて話を聞きましたね」と東大の和泉純さんは言う。東大にひどいシゴキはなかったが、永田さんが夏にヘトヘトになったように、経験者であってもかなり精神的に追い込まれた。

当時、東大ではトレーニングが週に二回、教養部と部室のある駒場の周りを二周か三周、三キロほど走っていた。これは関東の大学山岳部が参加する駅伝大会に備えたものだった。

永田さんが大学に入ったら、突如厳しい人になったという吉川一弘さんの見立てを紹介したら、和泉さんが「横田に感化されたんじゃないか」と答えた。横田さんは「そんなことはないだろう」と否定したが、その直後の永田さんを見る限り、東大スキー山岳部の色に染まったのは確かだろう。

「チュザックではさあ」

それまで、永田さんは六年間、山登りをしていた。十三歳から十九歳という思春期から青年期に山行を重ねている。几帳面な永田さんが書き記した「山行記録」には通し番号が打ってあり、日帰りの近郊の山も三カ月かけたカラコルムのK7も同列に一回と数えられている。それによれば、永田さんが生涯に登った登山の回数は十三歳から二十八歳までの計一五九回。その三分の一以上に当たる五十九回を東大に入る前に登っている。

いつ、山に目覚めたかは不確かだが、親友の吉川智明さんによれば、小学校四年の一学期にいた、荒川区が持つ千葉県の全寮制施設、湊養護学園（閉園）で房総半島をハイキングしたのが始まりのようだ。この時期、父の飲酒癖がひどくなり、母親は永田さんをこの施設に送り込んだようだ。推測にすぎないが、そんな時期に永田さんは自然の中にいる楽しさを知ったのではないか。

山行記録にある最初の山は、山梨県の大月市と上野原市の境にある扇山（一一三八メートル）だ。中二になったばかりの七二年四月、荒川区立日暮里中のハイキング行事の下見役として先生たちと登っている。その二日後に同じ扇山を中学二年全員で登り、夏には日暮里中の催しで北八ヶ岳でキャンプ登山をしている。

その秋、十月からは同級生らと奥多摩や丹沢に行き、中三の初夏に、自らつくった山岳同好会で多いときには十七人で奥多摩の川苔山に行っている。このころスイッチが入ったのだろう。中三の初夏から翌春までに計九回。うち一回は初の単独行で奥多摩を縦走している。卒業文集の隅に山の手描きの絵とともに、「思ったようにことが運ばないことが多かったけれど、自分の好きなことを、ほとんど自分の手でやるということはとてもよい経験になった」と書いている。

高校になると上野高校山岳部に入り、一気に登山の頻度も日数も増えるが、合宿とは別に単独行も多い。全四十四回の四分の一近く、十回も一人で山に入っている。なかには五日かけての単独縦走もある。泥酔する父がいる家にいたくなかったのか、山にひき込まれたのか。いずれにせよ、自然の中を一人で歩くのが好きだったのだ。

父、新太郎さんが亡くなる二日前まで高校山岳部の冬合宿で湯沢スキー場にテントを張り、周辺の山を登っている。

七六年一月九日の父の死から二カ月が過ぎた三月には山を再開し、谷川岳を皮切りに、このころから単独か親友の吉川智明さんと二人で立て続けに登っている。

高三の五月の連休には吉川さんと黒戸尾根から甲斐駒ヶ岳を経て鳳凰三山まで行った。永田さんは事前にルートを綿密に調べるが、高校生による初めての積雪期三〇〇〇メートル級の山行としては過激だ。このときの山は永田さんに強烈な印象を残し、のちに吉川さんと何度も語り合った。

「初めてのアイゼン、ピッケルで、甲斐駒の頂上直下は危なかったと思うんだけど、まあ登って、最後は青木鉱泉に下りたんです。若かったから休憩もせずばーっと下りたら、川があって。五月の新緑がすごくきれいで、風に葉っぱが揺れて。左右にうねる川沿いの林道を歩いたときの新緑を今も覚えてます。あれ以上きれいな新緑は見たことないぐらい。新緑の季節になると、あのときの河原を思い出すんです」(吉川さん)。

その後も吉川さんと沢登りに行き続け、高三の夏には八日間かけ単独で南アを縦走した。「受験の天王山」などと呼ばれる高三の夏である。机にかじりついている人もいるのに、永田さんは山にのめり込んでいる。おそらく、五月の甲斐駒が永田さんをまた一歩、山に近づけたのだ。

その山行で青木鉱泉から穴山駅へと下山した二人は、小武川沿いの林道で、それまで見たこともない新緑を目にした。日に日に傾きを増す春の光を浴びた新緑。もし二人が高三の五月、電車を乗り継いで同じ風景を目にしても、新緑はそれほどは輝かなかっただろう。

甲斐駒の最後の登りで怖い思いをして、その後もズブズブと潜るザラメ雪の尾根を歩き通し、丸四日かけてやっと辿り着いた下山路だからこそ、新緑は輝いたのだ。

山登りの魅力は登頂ではない。命からがら下山したときの自分の変化だ。十七歳の脳内で何らかの化学物質が弾け、初めて味わう麻薬のように、新たな世界を、新緑という形で二人に見せたのではないか。

永田さんは単独か気の合う仲間との登山にのめり込んだが、精神的にどうしようもなくなることはなかった。自分なりのペースで修行僧のように黙々と山を歩いた。そんな永田さんにとってTUSACの山登りは驚きだった。

大してスリリングでもない北アルプスの稜線をひたすら歩かされる。歩くのが遅いと、リーダーが後ろからリュックを押してくる。飲み水もない。何が面白いのか。俺たちが登ってきた山登りと全然違うじゃないか。こんなことに耐えなくちゃならないのか。バカげてないか。

きっとそう思ったはずだ。そんな永田さんが最後の最後、何かを超越したしぶとさを見せた。こいつ根性あると思わせるような顔をしたのは、なぜなのか。

東大に入った以上、より難しい登山を、いずれはヒマラヤを、という願いも出てきたはずだ。大学一年だった七八年当時はまだ一般客を集めるヒマラヤの公募登山はなく、組織にいない限りヒマラヤ遠征は容易ではなかった。

浪人で一年遅れてしまったものの東大に入り、当時の流行語のモラトリアム、猶予の期間が与えられる。教養学部の勉強や職業選びよりも、まずは自分の存在証明の筆頭、登山にのめり込むのは当然の帰結だった。永田さんが大学にまる八年もいたのは、勉強ができなかったから、要領が悪かったからと言う人もあるが、そうではない。学問や就職にかまけていては、自分が目指す山登りは全うできない。そんな思いからだろう。そのためには、しょっぱなの一年生の夏合宿でへばってやめるわけにはいかない。そんな思いだったのではないか。

だが、それは頭で考えた利得だ。それとは違う、何か身体的な変化が永田さんを襲ったのではないか。北アルプスから日本海に抜ける最後の場面で突然のように復活した永田さんは、それまでの山登りとは違う、もう一歩踏み込んだ風景を見たのではないか。吉川さんと見た新緑よりももっと深いものを……。

いずにせよ、永田さんはこの夏を機にさらに山にはまっていく。東大スキー山岳部に感化された証拠は早くも夏合宿の一カ月後、奥多摩での永田さんの叫び声に表れた。

話を高校の後輩、吉川一弘さんに戻す。

「上野高校の山岳部はシゴキなんて全然ないから、永田さんがわざと転ぶなんて信じられなかった。むしろ、シゴキの反対でみんな和気藹々、何でも言える雰囲気のクラブだったんだよね。永田さんは優しかった。厳しいなんてこと全然なかったから、大学で変わったのかなって思いました」

上野高校の仲間たちと行った奥多摩の沢登りで、永田さんは誰彼となくふた言目には「チュザックではさあ」と話していた。チュザックとはＴＵＳＡＣ、東大スキー山岳部の略称だ。

「チュザックではさあ、雪渓なんて歩かないで、かけ上がるんだ」「チュザックではさあ、四〇キロなんて平気で担ぐんだ」といった調子だ。

その年の冬前、こんなことがあった。高校の部室に来た永田さんは、リュックから冬山用の靴やその上に履くオーバーシューズを取り出し、いそいそと履き始めた。手には毛のミトンとその上にビニロンのオーバーバー手袋をつけ、「よし、藤原、時間を計ってくれ」と言うと、部室の外の屋上のタイルの上で、ものすごい速さで靴にアイゼンをつけ始めた。手袋をしたままの不自由な状態で素早くつけ終え、「これがチュザックのやり方だ。二分以内につけないとダメなんだ。どんな吹雪だって、チュザックは素早くつけるんだ」と自慢げに言い、一人悦に入っていた。

そんなもの、大学の部室や自宅ですればいいものを、わざわざ後輩の高校生の前でやってみせる。それが永田さんだった。当時、永田さんはチュザックに夢中だった。東大というより、東大スキー山岳部という組織にいることがよほどうれしかったのだろう。のちに「絶対にサラリーマンになれない」「組織に向かない」と言われ続ける永田さんだが、チュザックという人間集団、組織に憧れ、それを愛し、誰彼なしに自慢した。

永田さん（後列左端）が4年生のとき、1981年、剱岳・真砂沢の夏合宿

奥多摩の沢から下山するとき、こんなことがあった。長い林道を東日原のバス停に向かってみな歩いていた、吉川一弘さんの頭の中にはその夏のヒット曲『東京らばい』が繰り返し繰り返し鳴っていた。それを口ずさみながら歩いていた夕暮れ、突然あたりが暗くなった。夕立である。最初はポツポツとだが、降りはだんだんと強くなった。すると後ろを歩いていた永田さんが「よし、バス停まで走るぞ」と叫び、「わああ」と声を上げながら走り出した。そこにいた六人は「えーっ」と言いながらも彼を追いかけた。

雨はあっという間にどしゃ降りになった。私も必死に走り、先頭に追いつくと、永田さんは目をむいてこちらを見た。不敵な笑いだ。そんな笑みを一瞬見せたかと思うと、「これが、チユザックの走りだあ」と叫び、一気にダッシュをかけた。私も永田さんのリュックを必死になって追いかけた。追いついたのか、追いつかなかったのか。

十代から二十代にかけての成長期、人は変わる。というより、集団に染まる。永田さんが沢で見せた「厳しさ」は大学山岳部の影響だろう。あるいは、大学が一つの刺激となり、どんな厳しさにもひたすら耐える、彼の奥にあった精神力が、そのとき引き出されたのかもしれない。

第五章

生まれもった文才

読み手意識の表現者

永田東一郎さんは文才の人だ。一九八九年、私がエンジニアをやめて新聞記者になった春、新宿で会った永田さんは息せき切った表情で声を上げた。

「藤原、お前、新聞記者かよ。いいなあ、どうしてなれたんだよ。すげえなあ。お前、羨ましいよ」。当時三十歳の永田さんは大学を卒業して三カ所目の設計事務所に勤めていた。その三年前、建築家になったばかりのときは、「建築はすごいんだ」「俺はポストモダン、脱構築だからな」などとふた言目には自慢していたのに、もう別の職業を羨ましがっている。

そのあと未明まで飲み続け、酔い潰れた永田さんに、「きょう、会社でしょ。帰らなくていいんですか」と聞いても、「いいんだよ、行かなくなったって。どうでもいいんだ」と、いつものようにやさぐれていた。永田さんは行き詰まっていたのかもしれない。

そんなころ、三つ下の理系の後輩が技師をやめて新聞社に転職したのを知り、心の内を隠さない永田さんは「いいなあ」と言い募った。自分にも建築以外の道があったかもしれないと思っていたのか。

それでもその秋、永田さんは一級建築士の資格を取り独立したのだから、本職を諦めていた

赤谷川ドウドウセン　1981.8.28～30

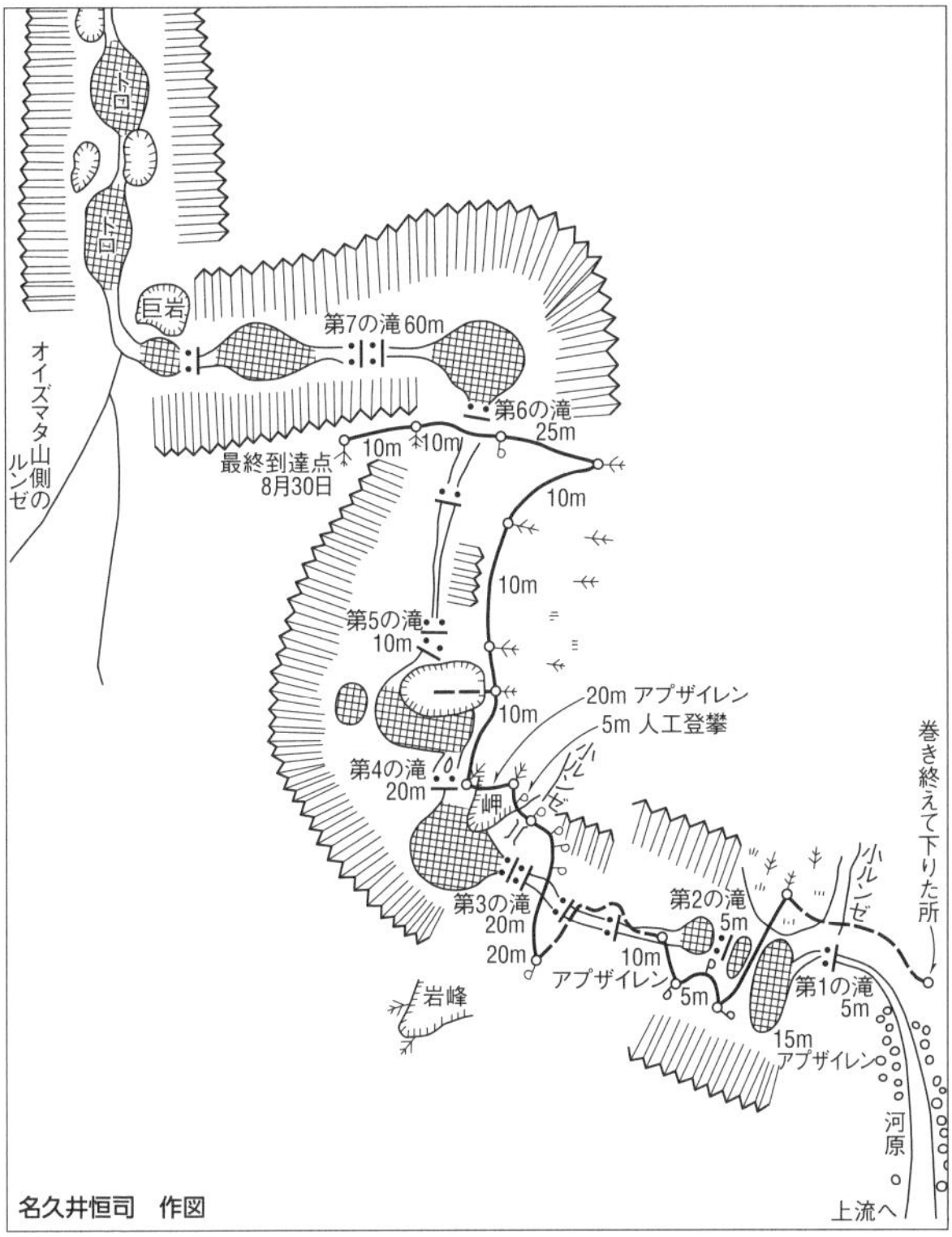
トロ
トロ
巨岩
第7の滝 60m
オイズマタ山側のルンゼ
第6の滝 25m
10m
10m
最終到達点
8月30日
10m
10m
第5の滝
10m
10m
20m アプザイレン
5m 人工登攀
小ルンゼ
第4の滝
20m
岬
第3の滝
20m
20m
10m
アプザイレン
5m
第2の滝
5m
小ルンゼ
巻き終えて下りた所
第1の滝
5m
15m
アプザイレン
岩峰
河原
上流へ
名久井恒司　作図

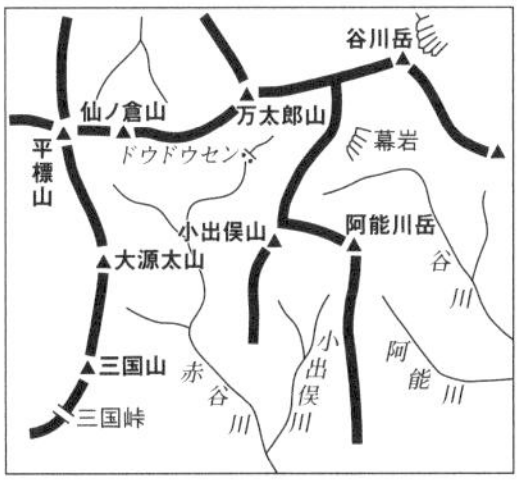
谷川岳
仙ノ倉山
万太郎山
平標山
ドウドウセン
幕岩
小出俣山
阿能川岳
大源太山
谷川
三国山
赤谷川
小出俣川
阿能川
三国峠

わけではない。「お前、記者なんかになって、文章書けるのかよ」とも言っていたことから察するに、私を羨んだのは、永田さん自身が文章を書くのが好きだったからだ。

実際、永田さんはよく書く人だった。しかも、一度読んだら忘れられないような魅力的な文章を書いた。

東大の四つ下の後輩でK7のメンバーだった神沢章さんはスキー山岳部に入る前、高校生のときから永田さんの名を知っていた。その記事に惹かれたのだ。

「名古屋の東海高校のワンダーフォーゲル部にいたとき、雑誌で谷川連峰にある赤谷川のドウドウセンの記事を見て、東大には永田っていうすごい人がいるんだと思ったんです。それに憧れ東大を受けたところもあったんです。大学に入ったら迷いもせず、TUSACの門を叩いたという経緯です」

永田さんと名久井さんが谷川連峰の「幻の滝」と言われた落差一五〇メートルのドウドウセンを初踏破したのは一九八一年八月二十八日から三十一日だ。永田さんは大学四年、名久井さんは三年だった。その記録が大きな写真入りで月刊誌『山と溪谷』（八二年二月号）に「謎の大滝を探る」と題して発表され、神沢さんはそれを読んでいた。

記録は名久井さんの名で発表されたが、その元は永田さんだった。「部内の山行報告で面白

1981年8月、谷川岳赤谷川本谷にあるドウドウセン大滝の全容を、初めて明らかにした永田さんたちパーティ

おかしく書いてあるんですが、私がそれを原稿化して出したら、ちょっとふざけすぎてると思われたのか、編集側に直されましたね」

元となった記録は確かに小気味いい。報告書なのにタイトルが「〈冒険読み物〉N&N探検隊　赤谷川沢のぼりドウドウセン調査」となっている。

〈この20世紀の人類に残された数少ない未踏の地の探査を目的として我々N&N（著者注：永田と名久井）探検隊が出動したのである。

川古温泉の先の車止めで小雨の林道に投げ出された探検隊員2人は、前夜来の「愛と友情とアルピニズム」いうテーマのディスカッションの際に用いられた精神集中用飲料の飲み過ぎのせいでフラフラしていたのだが、偉大なる使命を果さんとする意気に燃えて歩きだした〉

報告書らしくない永田さんの書きぶりは、「おお、俺はすごいことをやっているぞ」と思っている自分を「そんなに大したことか？」と冷めた目で見ているところにある。独白でありながら、その独白を語る人物をもう一人の人格が見下ろしているのだ。要は私小説の作家が、主人公の私を別人格として自由に動かしている。そんな表現が目立つ。

〈湿りきったマキは、なだめてもすかしても燃えてくれず、メタを無駄にしただけに終り、ナクイ隊員が、頭を使って考えた軽量化エッセン＝食料＝は、マルタイ＝ラーメン＝の味を懐かしむのに十分に美味で。小雨は相変わらず続いてツェルトの中まで濡らすし……、ああ、沢中ビバークの楽しさよ！　夏山の楽しさよ！〉（＝内は著者）

文章が笑っていると言えば笑っているが、過酷な状況に追い込まれた自分を俯瞰する目で、ボケとツッコミを交えたユーモアを醸し出している。のちの登山者のために残す記録でありながら、ユーモアを絶やさないのが、彼の文体の特徴と言える。

謎の滝ドウドウセンは流域面積の広い赤谷川の支流、阿弥陀沢の中ほどにある。赤谷川は谷川連峰の、東は谷川岳トマの耳のすぐ西のオジカ沢の頭に突き上げている。センとは地域の方言で滝を意味し、ドウドウはすごい爆音がすることからこう名づけられた。というが、由来を証す文献はない。

谷川連峰の南面に突き上げる沢はどれも急峻で、ところどころ垂直を超えたハング滝が続く沢もある。だが、この阿弥陀沢は標高一七〇〇メートルの稜線から緩やかにカーブしながら流れ落ちている。ところが一四〇〇メートル付近で一気に川幅を狭めたかと思うと、両岸が切り立った、岩に囲まれるドウドウセンが現れる。上からも下からも滝の全貌は見えない。ぎゅっと狭まった筒状の巨岩帯に不気味にうねりながら、落差一五〇メートル、七つの滝を連ねるのがドウドウセンだ。

昭和初期の谷川岳開拓のころから「謎の滝」と呼ばれ、永田さんらが行くまで、誰もそれを登るどころか、全容を見ていなかった。名久井さんが登山家、上田哲農のエッセイでこの滝を知り、永田さんを誘い探検が実現した。

下から登るのは難しいとみた二人は、二〇〇メートルものロープを担ぎ上げ、滝の脇の尾根を登っていったん沢底に下り滝の上に出る。そこから滝を懸垂下降で下りていく作戦をとった。そして、正味三日間で、滝つぼの形やゴルジュや釜の姿など、この滝の全貌をつかんだ。

登れないなら、下りてみようという発想が柔らかい。

〈探検隊の次なる仕事は、この未知のゴルジュの地形を可能な限り解明することである。処女のすべてを知ってしまおうというわけだ。アプザイレン（懸垂下降）に続いて左岸のかぶりぎみの壁をへつる。わずか四、五mしか離れていなくても姿が見えなければ声もきこえなくなってしまう。が、超能力者のN&Nはテレパシーで交信して無事に進む〉

〈さて本日こそは焚火を成功させんとして、マキを大量に集め終わったところで、ドウドウセンの女神の怒り故か、待ってましたとばかりに、激しい雨になる。赤谷川は焚火がきらいのようだ。

夜は激しい雨が続き、ツェルトのそばまで、あっという間に増水して、神に挑むかの如き偉大な不遜な我々の行為に警告を発しているかのようであった。などと気取っている余裕は本当はなくて、「水がそこまで来た！」と、騒いだりしていた。もっとも根がズボラなので実は結局何もしないで、平気な顔でいた。厳選された2名の隊員だったので、完璧に沈着冷静だったのである。雨は夜半にやんだ〉

「故に」や「如き」などあえて古い表現を使う一方、誰もが使う漢字をひらがなにするなど、読者の目にやさしい文字配列を永田さんは意識している。

「永田さんはさすがですよ」と名久井さんは、分厚い本を取り出した。『東京大学スキー山岳部七五周記念　輝けるときの記憶　山と友Ⅱ』である。とにかくマメに書き、座談にも加わり、事故や遭難の記録も面白おかしく書いている。

中学時代の虚無

『輝けるときの記憶』は七部構成で、永田さんがもっぱら書いたのは「世代の記録」である。一九八〇年度から九九年度までの際立った山行の報告だ。二十六篇の記録、エッセイのうち十本も書いている。題名を列挙すると「回想　K7前後」「剣岳の夏山合宿」「冬山」「一九八一年冬山合宿」「冬の利尻岳」「利尻・一九八二年三月」「初登攀とルート開拓」「剣岳小窓尾根白萩川側フランケ」「甲斐駒ヶ岳南坊主岩東壁」「南硫黄島探検記」。

原稿を書いたのが九〇年代末とすれば、永田さんが三十代後半から四十代にかけてのころだ。彼の晩年に当たる。本来なら働き盛りの歳である。建築の仕事がもらえず、時間があったのだろうが、元来、書くのが好きだったのだ。

『山と溪谷』一九八二年十月号に載った寄稿「南海の孤島は、原始のベールに包まれていた――南硫黄島探検記」の一節はこうだ。

〈いつもの登山スタイルに身を固める。この南の海の岩場を前にしても、チンネか烏帽子奥壁の基部にいるのと変わらず、やはり、あの登攀前の緊張しながらも落ちついた静かな気持ちが心を支配する。もう怖がったり驚いたりはしていられない。いよいよ僕たちの出番だ〉〈強烈な高度感と暑さで頭がふらつく。しかし、僕はこういう緊張感は大好きだ〉

なんてことのない言葉の羅列に見えるが、永田さんの文章の良さは、心に湧き出る気持ちを隠せない性格、素直さをそのまま出しているところだ。

文芸誌『海燕』『野性時代』の編集長を務めた小説教室講師、根本昌夫さんがこんな話をしていた。「文章のうまい人はもう十代のころからうまい。生まれつきなんですよ」。これは作家、内田百閒についての話だ。永田さんもこの範ちゅうに入るのか、中学時代からうまい。以下は日暮里中学の卒業アルバムにあったものだ。一ページにびっしり修学旅行記や映画『ジョニーは戦場に行った』の感想文が書かれ、その脇にこんな詩が添えられている。

〈このように／ごく殺風景なこの町の／ごく殺風景な中学校の／ごく殺風景な教室の中などで／毎日この席にすわっていて／毎日おなじ顔と話をして／毎日おなじ教科書をながめて／毎日給食などを楽しみにしている。／別に何ということもない。

たとえば僕が好きな山だって／毎日そこにいればあきてしまうにきまっている。

受験戦争だといっていた。／モノ不足だといっていた。／石油危機だといっていた。／世の中が変わるといっていた。

ところで僕は／毎日ここで／非常に変化のとんだ／非常に平凡な生活をしている／将来もきっと毎日どこかで／非常に変化にとんだ／非常に平凡な生活をしているんだろう。

別に何ということもない／時は平然と流れていく／いつものように僕を無視して

卒業まであと四十六日。〉

「ただ何となく」という詩だ。三つ子の魂百まで。作家、色川武大は、幼児体験で六、七割のことが決まると語っている。幼少期の体験がすべてだと言い切る作家もいる。

永田さんのこの詩に現れているのは素直さだろう。中学生にありがちな気取り、構え、背伸びがない。そして、底にあるのは、虚無だ。

別になんということもない。時は平然と流れていく。

永田さんは確かに熱血漢で素直で、自由で、気持ちのままに語り、動いた。でも、よくよく彼のたたずまいを思い出してみると、よく喋り、走り、騒ぐ彼の脇でもう一人の、目がすわり押し黙った永田さんがいた気がする。それは私の錯覚かもしれない。それでも、インドの線香の匂いに充たされた新宿ゴールデン街の店『ナマステ』で、相当飲んだ末、ふだんは吸わないのにタバコをせがみ、それを大きな肺活量でひっきりなしに吸い続け、薄ぼんやりとした目で、虚空を見ていた永田さんは、普段は見せない、明らかに虚無の人だった。

日々忙しく生きることに、なんの意味もない。時はただ流れていく。だとしたら、人生なんてものに意味もない。ただ、流れていくだけだ。

中学卒業時の永田さんはどうしてそんな気持ちになったのか。

これは愚問だ。中学三年のときも、おそらく、そのずっと前から、父の飲酒が理由で千葉の療養施設に預けられたころも、そして高校、大学、建築の世界と熱く走り続けたころも、心の底に虚無がはりついていたのではないか。

中学三年の詩なのに、そう思わせるリアリズム、現実感がある。

永田さんは書く人だったが、読む人でもあった。上野高校山岳部の同期、吉川智明さんは小学四年の永田さんが本にかじりついている姿を目にしている。

「虚弱児童たちを集めた湊学園に永田と僕がいたとき、月に一度、親が電車に乗って面会に来るんです。みんな、お土産が楽しみで、他の子はお菓子や衣類をもらうのに、永田はお母さんから必ず本をもらっていました。彼が本好きだったからか、お母さんがそうさせたのか、永田はいつも熱心に本を読んでいましたね」

母、邦子さんは幼い永田さんによく詩歌を読み聞かせた。このため、永田さんは長じても島崎藤村の詩をそらんじるようになった。

永田さんと気の合った同世代の建築家、岸敏彦さんがこんな話を覚えていた。

岸さんは永田さんの三つ目の建築事務所、用美強で一緒になった人だ。駿河台下のライオンズマンションの小さな部屋で二人は机を並べていた。所長が帰ったあと、よくおしゃべりをしながら残業をした。印象深かったのが文学作品の話だった。

「例えば『枕草子』や『源氏物語』の冒頭とか、僕も永田さんも覚えてるんですよ。『徒然草』だとか。新しいものだと『雪国』や島崎藤村の詩とかね。こんなものも覚えてるぞって感じで言い合うわけです」

岸さんがあれ？　と思ったのは、島崎藤村の詩「小諸なる古城のほとり」と「千曲川旅情の詩《うた》」を永田さんが暗誦したときだった。「僕が『それは別々の詩だよ。調子もちょっと違うでしょ』って言ったら、『あれ、そう？　ずっと一つの詩だと思ってたけど』って言ったんです」

岸さんは永田さんの七回忌のころ、母、邦子さんを訪ね、二つの詩のことを語って聞かせた。「永田さんの暗誦はお母さんの影響と思っていたからです。そしたら、お母さんも『えっ、別々の詩なんですか？』って言ったんです。だから、永田さんは一緒に覚えたんだとわかったんです」

そのとき、邦子さんは永田さんが小学一年の夏、家族三人で小諸に行ったことを話した。小諸旅行が家族にとって大事な旅行だったことがわかった。

「永田さん、生きていたとき、小諸の城跡の石垣の話をしてて、東京でも歩いてて石垣を見るとすぐ登り始めるんですよ。うまい人はちょっとでも引っかかるところがあると指先で登っちゃうんだよって。なんか、そのあたりが全部ひとつながりになってて、印象深かったです」

母子が一つの詩と思い込んだのには理由があった。島崎藤村の研究家、大東文化大学名誉教授の下山孃子さんによると、永田母子は昭和二（一九二七）年発行の岩波文庫版の『藤村詩抄』

島崎藤村の詩碑の前に立つ永田東一郎さんと母邦子さん

を読んでいたものとみられる。

二つの詩はいずれも明治三十三年四月、別の文芸誌に発表された。大正六年九月の改刷版『藤村詩集』でも、大正十一年の『藤村全集』でも、「千曲川旅情の歌」という総題の下、独立した詩として発表されている。ところが、昭和二年の『藤村詩抄』から、「千曲川旅情の歌」という詩の「一」「二」とされ、一つの詩として扱われるようになった。下山さんは「岩波文庫版の『藤村詩抄』は多数版を重ね、広く読まれてきましたので、おそらくお母様と永田さんはこれを読んで暗記されたのだと思います」と推察する。一つの詩だと思ったのは、決定的な間違いではない、ということだ。

いずれにしても、永田さんの文才は母の影響が大きい。叔父の小西弘さんは言う。

「教養ってほどじゃないですけど、母親の邦子は昔からよく本を読む人で、東一郎にいろいろ教えてたんです。やっぱり、ちょっと年いってから生まれたのと、一人っ子ですからね」

ジャーナリストへの厳しい批評

永田さんは中学二年で山登りに目覚め、山の本を読破していく。

「山岳文学が好きで、大島亮吉の西上州の荒船山の話なんかを諳《そら》んじるくらい覚えていた。『こいつ異常じゃないか』って感じがするほどなんです。それだけ山が好きで山を愛し、先人のこともよく調べていました」。東大の先輩、山本正嘉さんの話だ。

大島亮吉（一八九九〜一九二八年）は登山家の内田節二、槇有恒らが設立した慶應義塾山岳会に一九三一年に入会し、燕から槍、上高地へ至る北アルプス縦走をし、三年後には石狩岳など北海道の山も踏破している。一九二四年には慶大の穂高岳積雪期登攀に参加し、一年半の軍隊生活後、一九二八年に前穂高北尾根で転落死した。三十歳だった。

永田さんが暗誦できた大島の「荒船と神津牧場附近　中部日本の低い山あるきのひとつとして」の書き出しはこんな感じだ。

〈その上信国境の山上の牧場というのを、はじめて私のおとずれたのは、まったく偶然のことからだった。たしか大正七年の、まだ三月にはいってからわずかしかたたない早春の日に、ひとりで荒船《あらふね》にのぼるために、私は荒船の上州側にある三ツ瀬という山村の小さな旅宿《やど》を朝早くに出発した。

冷たい西風のつよく吹いていている、よく晴れて、雲ひとつない、表日本の冬から春のはじめにかけての特有な天候の日だった〉。

なんてことのない散文に見えるが、のちに永田さんが書く文章と照らし合わせると、こまめな読点の打ち方、簡単な漢字を全体のバランスを考え、あえてひらがなにする点で、影響を受けたことがわかる。

永田さんが晩年に書き残した文章はわずかしか残っていない。建築家になってからは、元妻、三浦和多利さんによると、日記のようなものはほとんどつけていなかった。すでに処分してしまったメモ帳にも大した記述はなかった。「頭のいい人だから、日程や相手の電話番号なんかはほとんど頭の中に入っていたんじゃないですか。あとは、借金を返す算段みたいなことは書いてありましたが、心情を書いたようなものはありませんでした」。残っているのは、山の報告書、高校、大学時代に書いたルーズリーフ（補足解説参照）、山に関するメモ書きくらいだ。

永田さんが書いた読書感想文はどれも短いが、特徴があるとすれば、読み手としてではなく、書き手として本を読んでいるところだ。俺だったらこう書くという目で書いている。

そんな目で、二人のジャーナリスト、本田靖春、本多勝一両氏の作品を批判している。

〈栄光の叛逆者～小西政継の軌跡　本田靖春　山と溪谷社　八〇・一二・一　第一刷　偉大な人間の伝記は読む者の心に力をみなぎらせる。勇気を与えてくれる。著者がジャーナリストで山を知らないせいか、掘り下げ方が浅くて皮相的な点と表現が大げさな点など不満が残るが、なかなか面白い本になっている。小西の活動力の原点を、社会的なアウトサイダーである点に

求めているのが興味深い。⑥＝10点満点で6点の意＝〈八一・四・一七〉〉（＝内は著者）

本田氏の文章を「皮相的」で「表現が大げさ」と書いている。この本は私も読んだが、進学を断念した生い立ちが山に向かわせた、という物語にしたい作者の構えを私も感じた。登山家が山にのめり込むのは、人間側の事情だけではない。山、自然の側からの大きな吸引力もある。個人の学歴や職業、名声、地位、富などとても入り込む余地がない大きな磁力のようなものが山にはある。なのに人間の側だけに着目した本田氏の記述を永田さんは「皮相的」と感じたのだろう。

本多勝一氏にはより厳しい。

〈山を考える　本多勝一　実業之日本社　七六・五・一　六刷　著者は有能で進歩的なジャーナリストだが、山にこれはあてはまらない。明解で独断的でジャーナリスティックな、実に面白い論文・随想集であるが、著者の視野は偏狭で幼稚・単純で、誇大妄想的でほとんど許し難い。スポーツの何たるかを全く理解していない点と、著者の感情的過ぎるところが特に気になる。自分の登山論を問い直すのにはいい動機になるかもしれない。⑤〈八一・二・一〉〉

『山を考える』は本多氏がさまざまな媒体に書いた山に関する十九の短編で構成されている。永田さんがこれほど痛罵したのは、どの論を指してのことかは確認しようもないが、その一つは、エベレストが登られた時点で登山のパイオニア精神が消えたという「標高至上主義」についてではないか。本の中の一編、「『創造的登山』とは何か」でバリエーションルートの開拓を「落ち穂拾い」と言い切っている。ここに立腹したように思う。なぜなら、そのころ永田さんもTUSACもこの開拓に躍起になっていたからだ。

戦後、松本龍雄氏らによって開かれた谷川岳一ノ倉沢でのバリエーションや永田さんが尊敬した小西政継氏らによるヒマラヤ開拓には触れず、そのすべてを総論的に「落ち穂拾い」と言い切ったことに反発したのではないか。

あるいは、こんな表現に永田さんは苛立ったのかもしれない。〈もし私が、登山など高校時代にはじめる前に、飛行機で山の上を自由に飛んでいたら、ことによると登山など熱中しなかったかもしれない。あんなアリみたいなことに熱中などできるものではない〉。飛行機から見た〈利尻岳となると、もう滑稽で、ふきだしたくなる。第一、あれは海から突き出ている。利尻島は島イコール山だから、池にとがった中島を置いた感じ〉。（同「北海道の山を空から見ればば」）

『山を考える』を〈誇大妄想的でほとんど許し難い〉と書いた翌年の八二年三月、永田さんはあえてかどうか知らないが、後輩を引き連れて利尻山に遠征し、西壁、仙法志稜、南稜を登り、処理の難しいキノコ状の雪の中でアリのようにもがいている。何を言っているのだ、と思ったのかもしれない。

一方、登山家による書の中で原真の作品を高く評価している。

〈乾いた山　原真　山と溪谷社　七七・九・三〇　今の僕にとっては非常に示唆に富む有益な書だ。現代の最先端を行くインテリ登山家の紀行、論説、随想集。著者のものの考え方、人間に対する厳しい見方、登山についての考え方など、一風変わっているが、非常に興味深く考えさせられる。ヒューマニズムの限界を説き、人間平等論を否定して、きつい目で、山と人との関わり合いを見つめている。紀行文なども独特の緊迫感を持っている。⑦（八一・二・五）〉

この本の著者、原真さんは北大に入り、札幌医大に転学し医者になった登山家で、その生前、私は何度かお目にかかり、記者になってからは二度ほどインタビューしている。非常に歯切れよく、道具に頼らない無酸素登頂の重要性や、速攻登山の有効性、そして、行くか下りるかの最終判断はあくまでもその現場、標高に立った者、たった一人が決めることだ、といった話を力強く、熱っぽく語った。マカルーの頂上をアタックした際、先に行っている仲間とは別に、最後の最後に、下山を決心した瞬間のことを原さんは声を振り絞って私に語り聞かせた。

永田さんはのちにＫ７を目指すにあたり、原さんの言葉をかなり意識したはずだ。彼が響いたのは『乾いた山』のこんなくだりだと思える。
〈八千メートル峰だけがヒマラヤ登山でないことは言うまでもない〉〈価値ある登山とは、自分の意志で行われた登山のことであろう。日本の山では、自分の意志で登っているつもりでいた者が、ヒマラヤに行くと、とかくそのことを見失ってしまうものなのだ。そのあたりにヒマラヤの恐ろしさがあるのだろう。結局次の一語につきる。自分自身であれ〉（同書「ヒマラヤ登山へのアドヴァイス」、一部著者略、以下同）

こんなくだりも永田さんの虚無的な部分に突き刺さったように思う。
〈人生が生きるに値するのは、意志が集中しているときだけだということである〉。そのためには、自分自身を登山で得られる限界状況へと追い込む必要があると、原さんは英作家の言を借りて説いている（同「コリン・ウィルソンの登山観」）。

そのずっと前、私が北大山岳部にいた八二年ごろ、永田さんが「北大って言えば、原真さんがいるよな。すごい人だよなあ」と言ったことがあった。当時、ヒマラヤ行きを構想していた永田さんは、『乾いた山』に現れる原さんのヒマラヤ論、集団論、人間論を熟読していたのだろう。

強烈な個性の二人が出会っていれば、かなり面白い話ができたのではないか。あるいは永田さんが一方的にやり込められていたか。そんなことを考えてしまうが、その後の永田さんが書いたものに原さんの名は出てこない。おそらく会うことはなかったのだろう。

永田さんは、今ほど誰もが知る存在ではなかった作家、深田久弥の作品に触れ、高く評価している。

〈わが愛する山々　深田久弥　新潮文庫　七六・三・三〇　十一刷　何でもない山に一般ルートから登っただけの紀行文でも、本物の文学者が書くと、興味深いすばらしい読み物になるから不思議だ。いくら偉大な山行の記録でも文章が下手な著者によるものは、特に著者の哲学が不十分な時は、スピリットが伝わらないせいか、つまらないことが多い。それに比して深田のように自然に対し、山に対し、明確な態度（愛？）を持っている者の巧みな筆は、読者を引きこむ強力な力となる。⑥（八一・一一・一）〉

論よりも文章のうまさ、良し悪しが、永田さんがその本を好きになる一つの決め手だ。表現の根底に、書く対象に対する「明確な態度（愛？）」を持っているかどうかが、決め手になると永田さんは深田久弥の文章から悟っている。

永田さんは大学四年目のころ、山に登る、山にいることで、生き生きしている自分を感じていた。一方、母と暮らしていた鶯谷のアパートでは間延びした日々を生きていた。もともと「十二時間以上寝ないとシャキッとしないんだ」と言っていたように、よく寝る人だった。でも、山に入れば、肩が上がり、緊張が全身に走りシャキッとする。

中学時代、山にのめり込んだのは、ただただ、「美しい自然や山の中にいたい」という一心だった。それが、いつの間にか、より厳しく難しい冬の氷壁に入れ込んでいる。そして、雑誌『岩と雪』に自分の名前が載ると、小躍りするように喜び、それを仲間や後輩に何度となく見せた。

でも、俺は何をやっているんだろう。発表するために登っているのか。人に見せるために、評価されるためにやっているのか。中学、高校のころは、人の目など、メディアのことなど何も考えず、ただ山にいたいという気持ちだけで登っていたじゃないか。

深田久弥の文章が彼に響いたのは、彼自身の中にあったはずの、山に対する「明確な態度（愛？）」をいぶかったからではないか。永田さんは深田の文章を読んで、この人は違う、何でもない山でも、自分が登り始めたころのように、シンプルに山を愛していると感じたのではないか。

Ｋ７をともに初登頂した後輩の神沢章さんがこんな話をしていた。Ｋ７という大きなプロジェクトを完遂した永田さんはその直後、山をやめる。そのことについて、「私もそこはすごく不思議でしたね。Ｋ７を登ったあと、よくスパッとやめられたなと思いますね」と言い、少し考えてからこう続けた。

「自分を表現できるものが見つかれば山じゃなくても良かったんじゃないかと思うんです。山のあと、建築の世界に切り替えたでしょう。いろんな雑誌に記録を出して、目立ちたがり屋ですよね。建築の世界でもそういうところがあった気がします。単なる設計士ではなく自分は芸術家だっていうプライドがあった人なのかなと思います。実際、そういう言い方をしていましたし」

永田さんは表現者になりたかった。いや、表現者だったのだ。山登りでも常に人のやったことのない珍しい探検、難しい壁を目指した。それは彼が表現することを希求したからだろう。そして、誰彼かまわず、自分の思い、感情を素直すぎるほど見せた彼という存在そのものが一つの表現だった。

私が技師をやめて記者になったとき、「すげえなあ。お前、羨ましいよ」と三十歳の永田さんは屈託のない表情で何度も言った。建築家として独立する直前だったのに何を言うのかと思ったが、それは永田さんの本心だったのだ。永田さんは山に登ること、そして書くこと、二つの表現で秀でていた。前者を諦めた永田さんには、まだ書くことが残っていた。そっちの方に行っても良かったのではないか。そんな思いが彼の中にあったのかもしれない。

表現力に加え、卓抜な記憶力、読破力、真意を見抜く洞察力。それらを備えていた永田さんがもしジャーナリストや批評家を目指していれば、きっと優れた仕事をしただろう。建築とは違い、物書きは極端に言えばたった一人でできる。どんな偏屈な人間でもなれる。もちろん編集者との関係も大事だが、建築のように施主をはじめ多くの人との関係を踏まえる必要がない。営業的なセンスがあればいいが、なくてもどうにかなる。

永田さんがそっちの道に行っていれば、四十六歳の若さで酒の飲み過ぎで死ぬこともなかったのではないか。今更言っても仕方ないことだが、永田さんの巧みな文章を書き写していると、そんなことを考えざるを得ない。

◉補足解説　高校、大学時代に書いたルーズリーフ

永田さんのルーズリーフに残っていた読書記録は一九七五年、高校一年の冬に始まる。結構厳しい読み手だ。年号があるのは読んだ年月で借りた図書館名まで書いている。

〈75・1『谷川岳鎮魂』瓜生卓造　S47年8月1日初版　実業之日本社（南千住図書館）

一ノ倉の遭難の中でも最も劇的な実話をそのまま表した話。主人公平田の心理が描かれる。新田次郎と比べるとあまりおもしろくない。〉

〈75・1『マーメイド三世』堀江謙一　1974年8月15日第一刷　朝日新聞社（南千住図書館）

ヨットによる単独無寄港世界一周の紀行文。途中まで読んだが、あきてやめた〉

〈75・1『冒険と日本人』本多勝一　1972年12月10日初版第三刷　実業之日本社（根岸図書館）

けっこうおもしろい。冒険人間が非冒険人間にいじめられるという日本の風潮（「冒険」を白い目で見る）を非難している。〉

〈75・2『栄光の岩壁』上下　新田次郎　S49年10月　八刷　新潮社（上高図書館）「孤高の人」と並ぶ新田次郎の長編。はっきりいって「孤高の人」と比べると落ちる。あの加藤文太郎の個性による一種独特のムードに匹敵するものがない感じ。非常にだらだらとしている。芳野満彦や竹田岳彦という名が出てくる。有名な登山家も多数登場。竹田岳彦が日本人として初めてマッターホルンの北壁を登頂するまでを戦中からたどっていく。山をはじめて、足を凍傷で失い、学校をやめて山にうちこむようになり、たびたび遭難にあい、人がよいためだまされたりもする。水戸の運動具店の女と結婚して、その店主となり、無理をおして、ヨーロッパに二年にわたってでかけ、ついに栄光の岩壁をかちえる、というストーリー。全体を通る一本の線というものがない。でもけっこうおもしろかった〉

散逸したのか、書いていないのか、高校一年の年の記述はここで終わり、次に読書記録が始まるのは大学一年、一九七八年の八月である。おそらく高校一年の正月、今年は読書記録を書こうと誓い二カ月で挫折したのだろう。

登山のリストだけは最後まで書いてあるが、例えばスキーやサイクリングの記録リストも途中までだし、ランニングの記録は〈76・6／26（土）谷中（6:25）—千駄木—不忍通り……寛永寺（7:34）〉と細かく書いているが、この日だけだ。別のランニング記録は週ごとに走った距離をグラフで描いているがこれも大学二年の冬、一九七九年一月に始まり、二月の最終週で終わっている。十月に同じグラフを再開させるが、やはり十一月第三週で終わっている。トレーニングの記録は英語で書かれ、さまざまなスタイルの懸垂が細かく記されているが、七日と続いていない。

よーしやるぞ、と誓い、丁寧な字や表、グラフとあれこれ凝りはするものの、長続きはしない。受験浪人の時代、一年後輩の高校三年だった吉川一弘さんと一緒に図書館で勉強しようと決め、最初は勢いがいいのだが、すぐに遅刻するようになり、吉川さんは毎回一時間以上待たされるので、結局解消した。緻密なようでいい加減、大胆なようでシャイ、偉そうなのに情けない、といった二面性が永田さんの特徴と言える。

一方、大学に入ってからの読書記録は結構続いている。以下は一九七八年に書いたものだ。

〈『日本人とユダヤ人』イザヤ・ベンダサン　角川文庫　8／3購入　右寄り保守的。観察のしかたが非科学的、皮相的なところがある。（〝日本人論〟にありがちだが）文章そのものも論理的とはいえない。現象を理論的（すなわち因果関係を明確）にみることをせず、短絡的に何もかも定義してしまう。が、なかなか面白い。もっとも、せっかくの鋭い観察も理論的裏づけ・深みがないから説得力を欠

く。明らかに『菊と刀』の方が上。内容的にも、結構今では日本人論としてよく言われることが主だ。(8/3)〉

〈『野生の証明』森村誠一　角川文庫8/9購入　がっかりした。「人間の証明」がかなり迫力があって、まあ楽しめたのに対し、今度のは中盤までぐっと盛り上がったのを後半で意外性を期待させておいて何もなくあっさり終わってしまってシラケる。もう森村誠一はヤメ!(8/19)〉

その後、エラリー・クイーンの『エジプト十字架の謎』にもがっかりし、〈思えばクリスティのものは今まで失望したことがない。クリスティだけ。推理小説はしばらくやめよう〉と書き、エンタメ小説を卒業した感がある。

永田さんは正月と夏山を終えたころに発奮するようで、読書記録もこの時期に集中している。その後きっと中だるみとなり、また再開ということを繰り返している。一文だけの記述も多い。

〈時代がズレすぎていて感動うすい〉(『蟹工船』小林多喜二、新日本文庫)、〈清らかで気持ちよい〉(『潮騒』三島由紀夫、新潮文庫)、〈大長編で、それなりに面白い。が、物足りないことも多くて不満な点もある。「歴史が見える」or「人間が見える」ところまでいかず〉(『花神』上中下、司馬遼太郎、新潮文庫)。

そして、また奮起したのだろう。一九八一年二月一日、つまり大学山岳部三年目の年末年始の冬山合宿を終えた直後、今度は「山岳図書」と題して、定規で書いたようなしっかりしたペン字で記録を始めている。

タイトルページには「1、蔵書目録　2、読書記録(非蔵書)とあり、その下に〈☆A・主として紀行・記録・随想……インタレストグレード評価つき(10段階)〉〈B・主として啓蒙目的を持ったもの〉とあり、さらに下に、〈☆Sur Signes（印について）〉とフランス語で記され、〈記録enregistrement <en>〉などと9種類の分類記号を示すなど、随分と力が入っている。

ページの裏には〈図書目録に対する81年2月1日付の序文〉がある。

〈このコメント付き山岳書目録は、僕自身と僕が気を許す山好きな友人を対象に作るものである〉とあり、目的は〈ひとことでも記録しておきたい〉のと〈登山に対して常に研究的な姿勢でいたい、僕のアルピニズムを確立したい〉ためだと記し、以下計四十五冊のタイトルが並び、その半分ほどについて、永田さんらしい辛辣なコメントが記されている。

〈『初登攀行』　松本龍雄　中公文庫　79.9.10発行　　登攀に青春をかけた男の静かながらも激しい第一級の記録集。若干退屈な感じだが、淡々と綴る内に力強さが伝わってくる。⑥（81.1.5）〉。文末の丸括弧の数字は十点満点での永田さんの評価で、日付は感想を書いた日だ。以下は同じ日付(81.1.5)が続くので省略する。

〈『垂直に挑む』　吉尾弘　中公文庫　80.3.10発行　　「初登攀行」「わが岩壁」と並び、昭和30年代のバリエーションルート開拓の黄金時代を築いた著者の記録集。他の二冊と比べ、作者の愉快な人間味が伝わって来て、おもしろく読める。⑥（81.1.5）〉

この本と〈『わが岩壁』（古川純一　中公文庫　80.8.10発行）〉の3冊には思い入れがあっただろう。長い感想を別の紙に書き残している。

〈3人ともそれぞれなかなかの人格者であるようだし（文章は吉尾、古川は拙いが）それぞれこの命がけのすばらしい遊び「岩登り」に思い悩みながらも強烈なスピリットを裏づけにしていて共感を呼ぶ。3人とも左翼系の団体に関係していることも意味深いことだ。

そして今僕自身が、20年遅れてはいるが、彼らの作ったルートに自分自身の課題を見つけて心はずませている時であることが、いちいち感動を持って読ませるのだ。〉

永田さんが大学に入り急速に岩登り、冬の岩壁登攀にのめり込んでいったのは、部内のムードやオールラウンドなクライマーが求められていた時代のムードだけではなかった。やはり、こうした本を繰り返し読むことで、動機を高めていったことが、この記述からわかる。

読書感想には厳しい漱石評もある。

〈「こころ」夏目漱石　新潮文庫　2年がかりで読んだ。一つのことを言うのにわざわざ小説にして読むのにひと苦労するような長い物語をつくる必要があるのだろうか。この話では後半、話がドラマチックに急展開する以前の前半部は果してどのくらい効果があるのか。だらだらとしていてつまらない。が、現代は深い人間の心の動きを全く無視してドラマだけが劇的に進むテレビドラマ、三文小説がはんらんしている。やはり主題が人間（の心）を取扱う以上、人間の日常を（つまらなくても）たんねんに追う必要があるのだろう。やはり、この小説は価値あるものと考えるべきなのだろう。

それにしても今の僕は白けきっていて、心に感動が起きない。それでも最後まで読めたのは真に価値ある文学だからか。たしかに、最初の1／4を読めばあとは大体先がわかるような下らないものとは違う。（1978/8/8）〉

『こころ』を読んだのは、永田さんが東大の夏合宿で北アルプスの後立山から日本海まで這う這うの体で歩き通した直後だ。大学山岳部に強く影響され、人に対して厳しくなり始めたころだ。肉体、そして自分の内面の大きな変化が「白けきっていて、心に感動が起きない」気分にさせたのか。永田さんにかかると、漱石も形無しである。

第六章

強運のクライマー

「ガーディアン・エンジェル」がついていた

永田さんと東大の仲間たちは彼らが岩登りにのめり込んだ一九八〇年代前半、何度となく危ない目に遭っている。

〈僕が山登りをするようになった最大の理由は、ただ、美しい〝自然〟や〝山〟の中にいたい、ということだったし、ＴＵＳＡＣに入ってからも四季を通じてオールラウンドな登山をしようと考え続けており、今のように岩登りばかりに夢中になるようになるとは、昔は夢にも思っていなかった。〝困難への挑戦〟〝未知の探求〟といったアルピニズムの魅力は深く大きく測り知れず、僕をどんどん引きずりこんで行き、ついには、最も自然条件の厳しい、冬期の岩登りも、自分の〝行動半径〟の中に入ってきた〉（原文のまま）

これは一九八二年一月に永田さんが書いた報告書「滝谷登攀記」の冒頭だ。永田さんは大学に入って厳しくなったと高校山岳部の後輩、吉川一弘さんが感じたのは、彼が目指す対象が単なる山から、「ムーミン谷のおさびし山」のように、とにかく天を突くほど尖《と》んがった山、岩壁に変わった面もあるだろう。そのせいで、何度も死にそうになっている。

冬の岩登りを教えた東大の先輩、駒宮博男さんと二人で行った八一年三月から四月にかけての北アルプス奥鐘山から不帰Ⅲ峰下部三角岩壁への継続登攀では、落石の嵐に見舞われた。

駒宮さんらが岩壁に取り付くため、基部の黒部川にテントを張ったとき、雪の上に無数の落石が散らばっていた。奥鐘山の岩壁から落ちてきたものだった。落石の被害に遭わないよう二人はかなり慎重にテントを張る場所を選んだ。

〈その夜のことは二〇年たった今でも忘れることが出来ない。戦争を知らない子供達である我々にとって、空襲が如何なるものであったかは知る由もないが、その夜の落石は、正に空襲のようであった〉。駒宮さんは『輝けるときの記憶』に寄せた「黒部横断」で書いている。

巨大な石が自分たちの頭上の数百メートルも上で落ちはじめ、「ヒューッ」という空を切る音がまたたく間に大きくなり、次の瞬間、地響きとともに雪面にくい込む。ときには幾つもの岩がヒューヒューとものすごい唸りをあげ、二人を襲ってくる。テントの中にいた二人は逃げることができない。どこに落ちるかわからないからだ。

翌朝、外に出てみると、テントのすぐ近くに落石が突き刺さっており、〈命があったことをお互いに喜んだ〉。

「奥鐘山は壁の部分が四〇〇メートルあり、その上に傾斜のきつい斜面がさらに四〇〇メートルあるんです。三月だけど、そんなに標高が高くないので、気温が緩むと落石が次々に発生するんです。めっちゃ怖かったですよ」と駒宮さんは語る。

当初は駒宮さんが単独で行くつもりだったが、永田さんが「どうしても行きたい」と言うので二人で行き、早々にトラブルとなる。奥鐘山の西壁をまず駒宮さんが空身で登り、永田さんが重いザックを背負い、さらに別のロープで駒宮さんのザックを引き上げる。それを五、六回繰り返し、壁を二〇〇メートルほど登ったところで、永田さんが駒宮さんのザックを誤って谷底まで落としてしまう。落胆した二人は下まで下りてザックを回収する。かなり消耗しており、天気もいまひとつなので、難しい岡山クライマースクラブ（ＯＣＣ）ルートを諦め、北西稜に転戦し、その後は予定どおり不帰東壁を登り、なんとか完徹した。

永田さんはこのときのことを「滝谷登攀記」で触れている。

〈駒宮さんと攀った15日間の山行は、結果的には失敗だったが、不帰での地獄のような登攀は逆に自分の登攀能力に自信を植えつけ、展望を開くものとなった〉

この山行が永田さんを冬の壁へと引き込んだ。駒宮さんは永田さんをこう評価する。「登攀能力は高かったです。こいつはうまいっていうのは山本正嘉なんかがそうでした。永田はうまいって感じじゃないけど、突破力がある。だから、泥臭いといえば泥臭い登り方かな。粘り強さかもしれないですね。やっぱり闘争心が非常に高いというか。おそらく山登りっていうのは単にフィジカルなものだけじゃなくて、ものすごくメンタルな要素がありますから、ちょっとでもビビったりすると登れないんですね。特に冬の場合はアイゼンの爪でぎりぎり立っているみたいなことがしょっちゅうあるので。精神的な強さを彼は持っていました」

本人の書き残した大学四年目のメモによると、鉄棒で毎日さまざまなタイプの懸垂を二十九回六セット、腕立て、腹筋五十回を二セット、握力四十回など筋トレに加え、週に三〇キロも走るトレーニングを一人でやっていた。いつまで続いたかはわからないが、結構な努力家だ。

このころ、私が東京に戻り、永田さんと上野の不忍池を歩いていたとき、池の脇のホームレスが何人もいる小さな公園にさしかかると、永田さんは鉄棒にかけより「おい、これできるか」と、片手懸垂をしてみせた。お堀端の石垣を見れば、すぐに登ってみせるところがあった。

決して、うまいクライマーではない。当時の冬の壁登りのスター、長谷川恒男氏のような大胆さもないし、のちに現れるクライミング界のレジェンド、平山ユージさんのような華麗さ、しなやかさもない。履く靴が登山靴から運動靴、クライミングシューズへと劇的に変わり続けた一九七〇年代後半から八〇年代、伝統と革新を兼ね備えた夏も冬も登るオールラウンドなクライマーだった。

三年後輩でよくザイルを結んだ三谷英三さんはこう言う。「極端にうまくはないんですが、センスがあるのか、なんやかんやしながら登っちゃう人でした」。四年後輩の神沢章さんは一年生のとき、大学五年目の永田さんを見て、「一七五センチの僕に比べ永田さんは背が低かったし、トレーニングしている印象はなく、体格も筋骨隆々という感じはなかったんですが、うまいなと思いました」。

その後、神沢さんは米国のヨセミテに遠征し、永田さんが焦りを感じるほどうまくなったが、そのころの印象はこうだった。「永田さんと冬に穂高の滝谷に行ったり、甲斐駒ヶ岳の南坊主岩東壁のルート開拓をしました。夏の乾いた岩登りでは負けないと思っていましたが、冬の厳しい条件で登るのがものすごく速かった。アイゼンでのクライミングって怖いじゃないですか。そういうのが、永田さんは強いなと思いました」

突破力に秀で、精神力が強く、登ること全般、総合力があったのだ。

冬の壁にのめり込む半年あまり前の八一年五月二十三日、大学四年目になったばかりの永田さんは、北アルプスの滝谷で奇跡的に助かっている。

大学が五月祭を開く休みを利用し、東大スキー山岳部は新人訓練合宿を北アルプスの涸沢でやった。四年目だった永田さんと宮森伸也さんは他のメンバーのように長野県側の上高地から

滝谷概念図

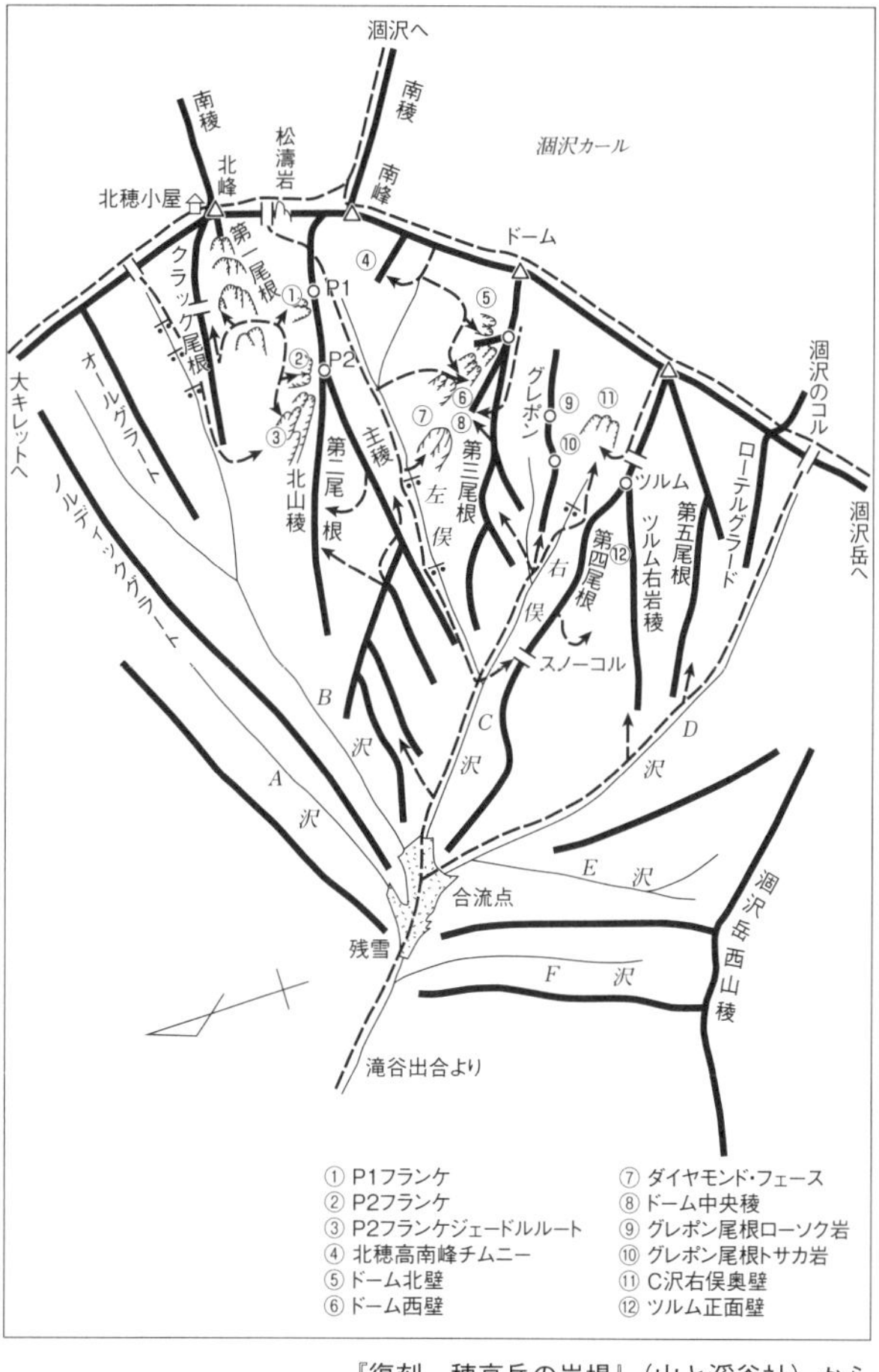

涸沢へ
南稜
南稜
松濤岩
北峰
南峰
涸沢カール
北穂小屋
ドーム
クラック尾根
第一尾根
P1
P2
グレポン
涸沢のコル
オールグラート
大キレットへ
第二尾根
主稜
北山稜
第三尾根
ツルム
ローテルグラード
ノルディックグラート
左俣
右俣
第四尾根
ツルム右岩稜
第五尾根
涸沢岳へ
スノーコル
B沢
C沢
D沢
A沢
E沢
合流点
涸沢岳西山稜
残雪
F沢
滝谷出合より
① P1フランケ
② P2フランケ
③ P2フランケジェードルルート
④ 北穂高南峰チムニー
⑤ ドーム北壁
⑥ ドーム西壁
⑦ ダイヤモンド・フェース
⑧ ドーム中央稜
⑨ グレポン尾根ローソク岩
⑩ グレポン尾根トサカ岩
⑪ C沢右俣奥壁
⑫ ツルム正面壁

『復刻　穂高岳の岩場』（山と溪谷社）から

入らず、岐阜県側から大岩壁の滝谷を登って入るつもりだった。

滝谷は谷の正面、左右を数百メートルもの巨岩で覆われた魔宮のような岩壁だ。隆起した岩は長い年月で風化が進み、ブッシュは少なく柱状の巨大な岩を積み上げたような様相を呈している。

そこにへばりつく虫の目で見れば、滝谷は盤石な岩の群れだが、空を舞う鳥の目で見れば、三〇〇〇メートル級の北アルプスが時を経てボロボロと崩れゆく最先端でもある。木々が少ない分、クライマーにとっては美しい岩壁だが、いつ地面が崩れてもおかしくない崩壊地だ。

永田さんと宮森さんが滝谷の第四尾根を登っていたとき、とんでもない事故が起きる。部分部分に雪の残る岩の壁を、四〇メートルのザイル二本をダブルにして、二人でトップを交替しながら登っていた。事故が起きたのは、かなり上部で宮森さんがトップに立ったときだ。

体が入るくらいの岩の狭い溝、チムニー状の岩を登り、テラス（岩棚）に着いた宮森さんは大きな岩でセルフビレー、自分を支える支点をとった。腰を下ろし、ザイルの三〇メートルほど下にいる永田さんに向かって声をかけた直後、予想外のことが起きた。

永田さん執筆の報告書にこうある。

〈永田は岩登り真っ最中の壁に張りついた状態。この瞬間、上でワーッと大声がして、続いて永田の横を大岩、小岩、石つぶてが大挙落下して来た。次のタイミングで体のザイルが引っ張られるのを覚悟したが、ことが終わってみると、宮森が頭から血を流しつつ永田の横をザイルにぶら下がってゆっくり上下していた〉

三〇メートル上にいた宮森さんが、一瞬にして落ちてきたのだ。

いったい何が起きたのか。四十年前の様子を宮森さんがこう述懐する。

「雪がけっこうついていた年だったんで、途中でアイゼンを履いたりして結構時間がかかったんです。僕は先に上のテラスに着いて、下にいる彼に『永田、上がってこいよ』と叫んで、支点にしていたひと抱えもある岩に、ちょっと足を置いたんです」

そのときは気づかなかったが、岩は浮き石だった。宮森さんが足で触れたと同時にグラッと揺れ一気に永田さんの方に落ちていった。巨岩にロープで身を預けていた宮森さんも瞬時に引っ張られ、身投げした形となった。

「『あっ』と言って岩もろとも落ちた次の瞬間にはもう、ザイルにぶら下がり、宙ぶらりんになってました。生きてました」

なぜ助かったのか。宮森さんは大きな岩と共に二〇メートルほど落下した。だが、その岩か、一緒に落ちた別の岩がたまたま下のチムニー（岩の溝）にピタッとはまり、同時にザイルも岩の間に運良く挟まり、そのザイルが支えとなって宮森さんはぶら下がることができた。

活劇か漫画のような話だ。

「一瞬でした。落ちた次の瞬間には、ぶら下がっていました。いや、記憶では地面まで落ちた気もします。永田はその下でチムニーを登りかけているところでしたが、異変に気づいたのか、陰に隠れたので、大量に落ちた巨岩に直撃されなかったんです。助かった僕が『永田！』って呼んだら『おーう』とか言って。あのとき僕が落ちていたら、同じザイルに結ばれていた永田も落ちて、そのまま二〇〇メートル、いやもっと墜落して、二人とも確実に死んでいました」

ケガは宮森さんの頭部軽傷で済んだが、二人をつないでいた四〇メートルのザイル二本はいずれもズタズタに切れ、残ったのは一二メートルの一本だけだった。ザイルが繰り返し切れたほどだから、永田さんに岩々がぶつかっていたら、体もバラバラの肉片になっていただろう。

残った一二メートルのザイルだけでは滝谷の下に下りられない。上に行くしかないと、永田さんは放心状態の宮森さんに確保させて、七、八メートルずつ登っては宮森さんを引っ張り上げた。

岩の溝に大量の石が落ちた直後である。登るため両手で岩を掴まねばならないが、どこもボロボロと崩れやすく、落下時の摩擦熱で岩が熱くて容易には触れなかった。しかも、まるで火

1981年8月、大事故を起こした2カ月後、永田さんは同じ北穂高岳の滝谷第一尾根で岩登りをした

事のあとのように岩場全体がキナ臭かった。

どうにかテラスまで登りきったところで日が沈み、二人はそこでビバークした。〈宮森は精神的ダメージが大きく興奮収まらず眠れず、翌日の危険な登攀を考えて眠りたかった永田を睡眠不足にしてくれた〉

次の日も永田さんが一二メートルのザイルでトップを行き、上の核心部を何とか越えると、仲間二人が終了点で待っていた。心配して稜線の反対側の涸沢から上がってきていたのだ。仲間は安心すると、「まったく、何やってるんですか」と苦笑いした。

永田さんも宮森さんも部を率いる四年目だった。

「僕はそのへんから怖くなりましたね、死ぬのが」。東京の大手建設会社の応接室で取材に応じた宮森さんは、そこまで言うと少し語気を強めた。

「いや、死んでもおかしくないっていうか、死んでたでしょう、実際問題として。死んでたんですよ」

二人がテラスで寝た晩、永田さんはどんな様子だったのか。

「もう四十年も前だから、ちょっとはっきり言うのはアレですけど、夜、チムニーの上のテラスでビバークしたとき、僕は永田に、『俺、もうやめるわ、山登り』みたいなことをずっと言っていた気がします。永田は、『うん、そうか』っていう感じでしたけど。岩にザイルが挟まって落ちなかったっていう奇跡みたいなことだったから、『もうこんなのやめるよ』って、うわ言みたいに繰り返しました。それまであんなに大きな事故はなかったですからね、僕には」

それでも、宮森さんはすっぱりやめたわけではない。事故のあとも永田さんが率いる夏の剱岳合宿や翌春の北海道・利尻山への集中登山に加わっている。大学を出て建設会社に入ってからは忙しくなり本格的な登山から離れた。一方の永田さんは、八年居座ることになる大学生活のまだ半分手前だった。同じ滝谷を、何事もなかったような顔で二カ月後に登っている。自分や仲間が命からがらになっても、割と平然としていた。と言うより、そこでさらにスイッチが入ったのか、冬の岩登りへの闘志を一気に膨らませた。

守護神か「ガーディアン・エンジェル」がついていたのか、単に強運の持ち主だったのか。その後も永田さん、そして共に登った仲間たちはよく落ちる割に、ひどい目に遭っていない。

滝谷の事後があった当時、チーフリーダーだった永田さんが集計したところ、東大スキー山岳部では一九八〇年一月から翌八一年九月までに、のべ二十五人が落ちている。ザイルのトップ、つまり先に登っている者が墜落する最も危ない事例が十九件で、ザイルを使っていないときの滑落が六件だった。後者のうち一人は乗鞍岳でスキー滑落し、岩で頭部を打ち死亡。もう一人は、のちにK7に行く千葉厚郎さんで、沢登りで滑落し重傷を負っている。

「永田さんは本当に危ない目にいっぱい遭ってます。北海道の利尻山でも何度も落っこちましたし」。そう語るのは一年後輩で、永田さんと気が合ったザイルパートナーの名久井恒司さんだ。赤谷川ドウドウセンの報告書にある「N&N」の相方である。

落石事故の八カ月後の八二年一月、永田さんは冬のクライミングのため滝谷に行き、名久井さんがクラック尾根で五メートル滑落したが、運良くケガもなく済んでいる。

名久井さんもよく命拾いする人だ。八〇年十二月には東京の岩場、越沢《こいざわ》バットレスで二〇メートル以上も墜落し、ここでも無傷で済んでいる。『輝けるときの記憶』にある、仲間たちが「とにかく文章が面白い」と言う永田さん執筆の「事故・遭難の記録」から引用する。

〈時・八〇年一二月一四日　場所・越沢バットレス右ルート

リーダー格の名久井恒司（2）＝学年＝が勝手知ったルートを楽な気持ちで行く。ランニング＝途中の支点＝もとらず一〇メートル、明らかに油断していた。容易なグレードⅢの部分でスリップ。途中ピン＝支点＝がないので墜落率二＝登った距離の倍＝、ほぼ垂直に二〇メートル以上の墜落となる〉（＝内は著者、以下同）。

下で確保していた仲間は、ザイルが引っ張られた衝撃で岩棚からズリ落ち、宙ぶらりんになったが、どうにかザイルを握りしめ止めた。名久井さんが頭を下にして墜落した一メートル下は岩棚だった。あと一メートル下だったら頭を岩に激突していた。同じルートを永田さんが別のメンバーと登っていたため、永田さんもはたき落とされていたかもしれない。

このとき下で名久井さんをどうにか止めた仲間は、自分が体につけていた登攀用の装着具、ハーネスとザイルがこすれ、ナイロン製の帯が溶けてしまっていた。

〈すぐに全員で下山したが、駅前に戻って昼食をとっていると、名久井は突然「ここはどこですか。僕はどうしたんだろう」などと言い始めて一同唖然とした〉

その八カ月前の八〇年四月、やはり同じ越沢バットレスで林道から永田さんが転落している。このとき、永田さんたちはこの岩場が初めてだったため、勝手がわからず下降に時間がかかり、日が沈んでしまった。曇天下の深い森の中で真っ暗となったが、岩登りのゲレンデだったため、誰もヘッドランプを持って来ていなかった。

明かりがないためタバコを吸っていた後輩、関根豊さんのライターで、彼が持っていた本を少しずつ燃やして明かり代わりにしながら一行はようやく林道にたどり着いた。〈本のページをケチって（前書き・目次・後書きがなくなり）タバコの灯を利用することに。先頭の永田東一郎はタバコを吸わないが、一気に吸い込み（その時だけ明るい）頭上にかざして次の瞬間ダッシュ。しかし、何と愚かだろうか。目の前のタバコの灯はかえって地面を見えなくする。林道から見事に一五メートルほど転落。半分は空中だった〉

名久井さんが永田さんを助けるため上からザイルを投げたが、〈名久井は暗闇の中、不謹慎にも笑っていた。この後は、本を豪快に燃やして町に帰ることができた。昼間20分の林道歩きに4時間かかった〉。

なぜ、永田さんが暗闇の中、突然走り出したのかは名久井さんも関根さんも覚えていないが、奥多摩の林道で唐突に「よし、走るぞ！」と言って一人走り出す人である。きっと何かが頭の中で弾けたのだろう。永田さんらしい行為だ。その結果、一五メートルも転落しながらケガひとつしていない。

歯がたたなかった「青い岩壁」

永田さんはよく言えば過激、悪く言えば不注意、いいかげんだが、記憶力だけは抜群にいい。細かなことをよく覚えており、記述も緻密だ。

一九八二年三月、北海道の利尻山で集中登山をしたときは、大遠征という意気込みがあったのだろう。スヌーピーの表紙の大学ノートに「TUSAC春山山行　利尻山記録　永田東一郎」と大きく書き、こまごまと日録を書いている。「南硫黄島」「K7」に先立つ最初の登山日記だ。

すでに書いたが、永田さんが痛罵した本多勝一氏の著書『山を考える』のなかにこんな記述がある。飛行機から見た〈利尻岳となると、もう滑稽で、ふきだしたくなる。南稜は、近づいてみると、もろいイモノの棒を林立させたようで、この小型機がぶつかれば、イモノの棒をなぎ倒してしまえそうな気がする。思えば山男って不思議なことをしているものだ〉（同書の一編、「北海道の山を空から見れば」）

空から見れば馬鹿げた行為でも、壁や岩稜にしがみつき、そこにこびりついた異様な雪の塊に苦しめられる登山者たちは必死だ。このとき、永田さんは南稜や仙法志稜にも挑み、「イモノの棒」と格闘しているが、いちばん苦労したのは「青い岩壁」だった。

日記をめくっていたら、こんな言葉があった。「名久井も一度落ちてこいよ」

一年後輩のザイルパートナーに向かって「落ちてこいよ」とは聞き捨てならない。それだけ、このころの永田さんは頭が飛んでいて、夏でも冬でも、落ち慣れていた。

利尻西壁の「青い岩壁」は一九六九年夏に初めて登られたが、積雪期には誰も上まで登っていなかった。永田さんと名久井さんは先発隊として島に渡り、「青い岩壁」に一度取り付くが、翌日から嵐のような吹雪が続く。三日間テントに閉じ込められた末、ようやく壁に向かった。利尻山は北アルプスとは雪の状態がまったく違い、岩から雪をかき落とす作業だけでもひどく消耗する。その上、岩の質が悪くハーケンもうまく打ち込めない。以下は日記から。

〈4日前の最高到達点までユマーリング＝残した固定ザイルを頼りに登る＝。ここから登攀開始。しかし第一歩でもう悩む。切れた雪面がレッジ＝狭い岩棚＝の上にキノコ雪になってのっかている。とても登れそうもない。とりあえず、雪に入る前の最後の岩にハーケンを打ち、アブミをかけて乗る、と、やはり効いていなかった。あっさりハーケンは抜けて15m墜落してしまった〉

その後もひさしのように被さった雪や、ハーケンの効かない岩をだましだまし登り、〈もう2時間も登りつづけ（というより壁にはりついていただけだが）疲れていたので、ここで切ることにする〉。

それまでバラバラと落ちてくる石や雪に耐えていた名久井さんが、重荷を背負って登ってきた。日当たりもよくなると、落石とチリ雪崩がひっきりなしに発生した。下の沢では大きな雪崩がでていた。

〈「もうこれ以上は無理だぜ」。比較的易しいはずのこの辺のピッチでこれでは、上へ行ったら

利尻山

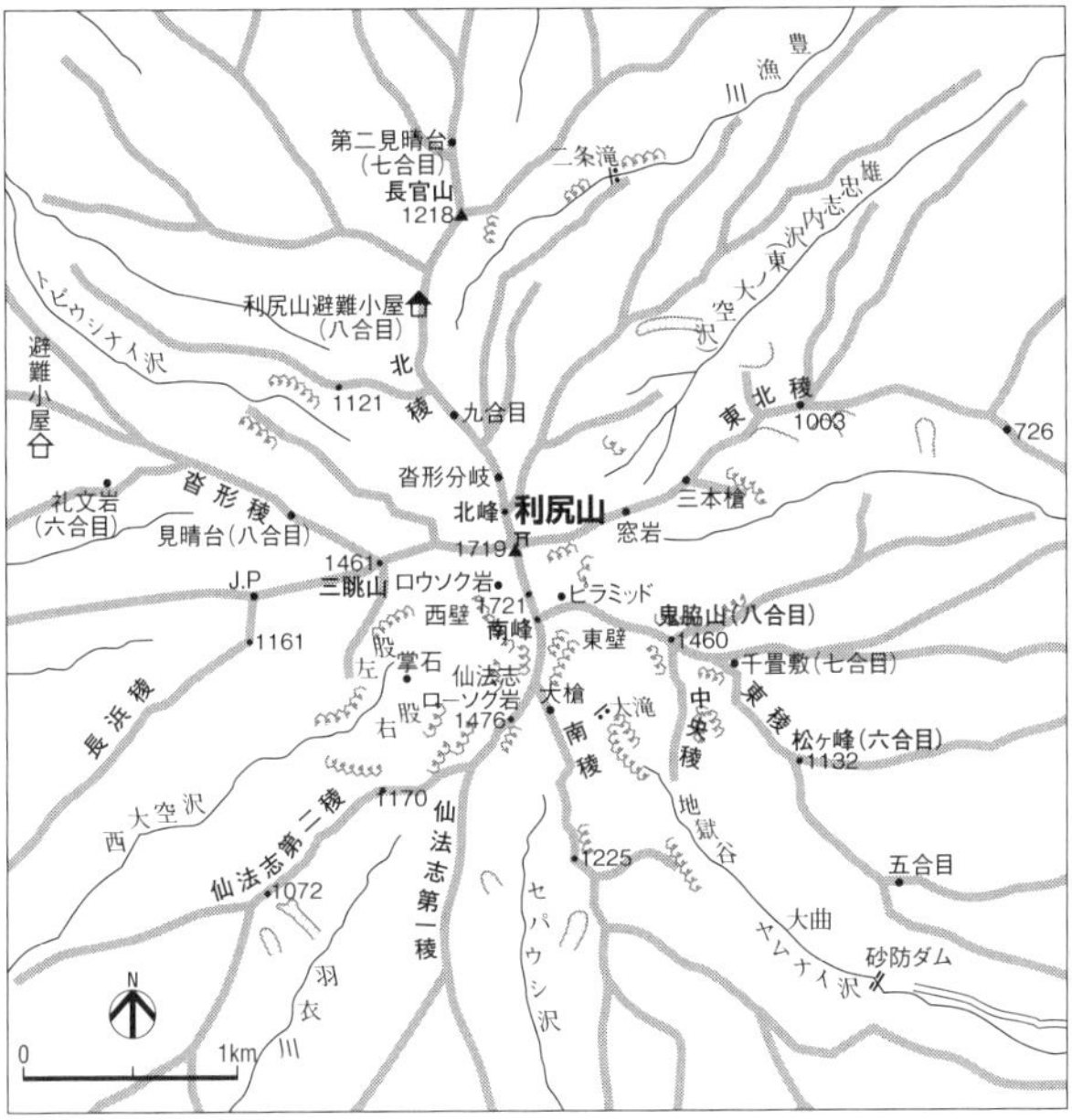

第二見晴台
(七合目)
長官山
1218
二条滝
漁
豊
川
雄
忠
志
内
東
沢
大ノ
空
沢
利尻山避難小屋
(八合目)
トビウシナイ沢
避難小屋
北
稜
1121
九合目
東北稜
1063
726
沓形分岐
三本槍
礼文岩
(六合目)
沓形稜
見晴台(八合目)
北峰
利尻山
窓岩
1719
1461
J.P
三眺山
ロウソク岩
ピラミッド
西壁
1721
南峰
鬼脇山(八合目)
1460
東壁
1161
股
左
掌石
仙法志
千畳敷(七合目)
長浜稜
ローソク岩
大槍
大滝
中央稜
東稜
右股
1476
南稜
松ヶ峰(六合目)
1132
西大空沢
1170
仙法志第二稜
仙法志第一稜
地獄谷
1225
五合目
1072
セパウシ沢
大曲
ヤムナイ沢
砂防ダム
羽衣川
N
0
1km

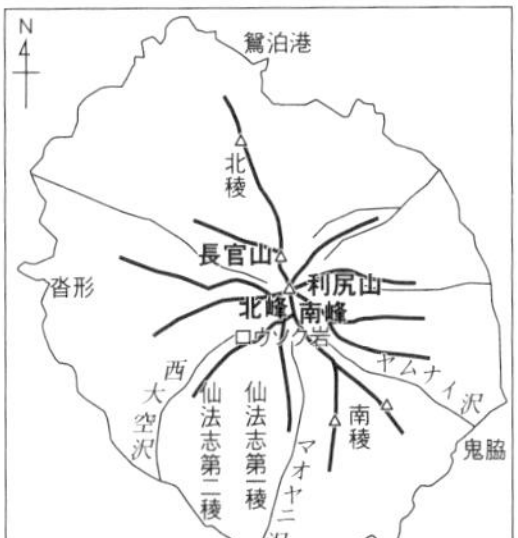

N
鴛泊港
北稜
長官山
利尻山
沓形
北峰
南峰
ロウソク岩
ヤムナイ沢
西大空沢
仙法志第二稜
仙法志第一稜
マオヤニ沢
南稜
鬼脇
仙法志崎
縮尺

登れそうもないと思った僕は〈実は朝からそう思っていたのだが〉、苦労してユマーリングしてきた名久井に言ってみた〉。

このとき永田さんは名久井さんにトップの交替を誘ってみるが、どうしたって自分が登りたい。すぐ上の傾斜が若干緩くなりそうなところまで登ることにする。

〈それまでの登攀がどんなに厳しくても、上を見上げると「今度は易しい」と錯覚してしまう。ビビりながら一歩一歩逡巡して時間をかけて登ってゆく登り方にいい加減うんざりした僕は「このピッチは過激に行くぞ」と名久井に言って登りはじめる〉

三、四歩登ると壁は垂直に近くなった。左の壁へハーケン一本を打つ。効いたか効いていないか微妙なところだった。〈「落ちるつもりで登る」気持ちでいた僕は、名久井に「さあて、そろそろ落ちるぞ」と声をかけ、じわりとアブミ＝登攀用縄ばしご＝にのる。そして、やっぱり……落ちた！　真下の名久井をアイゼンの歯で直撃。僕のアイゼンはなんと新品。歯は鋭くとがっている。名久井のヤッケをちぎり、頭を下に8m位落ちた。命がいくつあっても足りない〉

落ちた地点から名久井さんが確保する狭い岩棚に這い上がってきた永田さんは〈「どんなもんだい」という顔をして、「名久井も一度落ちてこいよ」とトップの交替をうながしたが、トップ交替の複雑な操作をするのが大変そうなので、ともかく、この5mだけは僕がトップで行

1982年3月、大学4年目の永田さんたちが挑んだ利尻山西壁

くことにする〉。

このときの模様を名久井さんはよく覚えていた。日記ではほんの数分のできごとのようだが、実は落ちるまで、永田さんはこの「五メートル」の部分に二、三時間も粘っていた。

「永田さんがあまりにも登れず、遅かったんで私も焦《じ》れてたんです。いい加減に登るか落ちるかしてくれっていう感じでした。『登らないんだったら落ちろ』とはもちろん言いませんけど、やめたらどうか、ぐらいには思ってたんです。永田さんが疲れてたら、こっちが登るぞと。結局、永田さんが登るということで押し通したんです」

岩に着いた雪は複雑で手がかりがない。触る雪が全部崩れ、上向きに雪洞を掘っているようだった。「気温は零度以上あったと思うんですが、あれだけじっとしているとさすがに寒くなって、感覚もなくなるんです。永田さんはずっと両腕を上げていたから血行も悪くなるし、精神も肉体も余裕がなかったはずです」

酒が入ると、先輩に恨みつらみを延々と言い続けるしつこい人だったが、岩場でもしつこい。

この日二人は朝の三時に、勇んでテントを出て重荷を担いで山スキーで登り壁に取り付いたが、すでに昼を過ぎていた。

この壁を登るため、二人は冬の谷川岳一ノ倉沢烏帽子中央稜、北アルプスの滝谷クラック尾根とドーム北壁、八ヶ岳の横岳西壁の大同心で猛特訓している。大同心では当時最も難しいと言われた雲稜ルート〜ドーム直上という斜度の高い壁を登った。このときは永田さんがすべてリードし、凄まじいスピードだった。

「これなら大丈夫だと利尻に来たら、天気は悪いし時間もかかるし、『死ぬかもしれないな』と、互いに言っていました」

　両者ともクライマーだ。格闘する永田さんはまだいいが、狭いテラスで何時間も待ち続け、落ちてきた永田さんに新品のヤッケを切り裂かれた名久井さんは不平を言ったのだろう。売り言葉に買い言葉。そんなら、名久井、お前が登ってみろよ。それで落ちてこいよ、とはいかにも永田さんが言いそうなセリフである。

　永田さんは登りたがり屋だ。最後までトップを譲らず、再び数メートル登った末、ついに敗退した。

「青い岩壁」のほんの出だしでいくら格闘しても上に上がれない。さすがの永田さんも「もうダメだ」と諦めた。下りながら、打ち込んだハーケン類を取り外していくが、どれも簡単に抜けてしまうことに自分でも驚く。利尻は岩の質が悪く、ハーケン類が効きにくい。

〈長年憧れ、準備万端整えて、この北の果ての山までやってきて、絶対登ってやろうと思って

いた壁だけに、落胆も尋常、一様ではないが、今や、雪崩の中で、大切な命を守って安全に下りきることで頭は一杯である〉

二人は丸一日近くかけて登った壁をわずか四〇メートルの懸垂下降で下りてしまった。何をやっていたのか、という話だ。岩の基部に着いたのは午後三時過ぎ。日はまだ高く雪崩の危険があり、そこで待機した。〈海がぼんやりとなめらかに光り、春近しを思わせる。二人とも言葉も出ない〉

四〇メートルの壁、なかでもわずか二〇メートルの部分の登攀に五時間もかかっていた。〈この壁を初登攀するのは一体誰なのだろう。そもそも人間に、生身の人間に、この危険な課題をなしとげることが可能なのだろうか。命知らずの気違いでなければ登れないのではなかろうか。我々は命の縮む思いをしたので、そんなことまで考えてしまった。しかし、登山の歴史が物語るように、いずれは登られることになるのだろう〉

沢の雪崩も静まったので、午後四時前、二人はテントの張った樹林帯へと下りていった。利尻は標高こそないが、周辺の岩稜や岩峰はどれも奇怪な形をしていて、まるで鬼ヶ島の巨大版かガウディが建てた教会、サグラダファミリアを無秩序に組み替え、そこを真っ白い雪でコーティングしたような姿をしている。

〈心を残して、ふり返りふり返り下ってゆく。この、今まで数える程しか人が入らなかったであろう風景は、もう来ないと思って落ちついてながめれば、実に印象深いものである〉

「青い岩壁」は結局、その十七年後の九九年元日、札幌登攀倶楽部の中川博之氏と伊藤仰二氏に登られた。永田さんが山をやめて十数年が過ぎ、建築家として落ち込んでいるころだ。

滑落五〇〇メートル、奇跡の生還

気合が抜け、このまま下山するところだが、永田さんと名久井さんは寒いベースキャンプで吹雪をやりすごし、二日後の三月二十日には利尻山南部の難しい岩稜、仙法志稜に向かっている。青い岩壁に比べればまだ登りやすかった。

二人は「さすがエキスパートクライマーだけのことはある」などと言い合い、すいすい登っていく。だが、雪の尾根は突如、岩と雪混じりの壁となる。その垂壁に氷が厚くこびりつき、岩の部分を掘り返すのにひどく苦労する。なんとかハーケンを二本打ち、垂直に近い壁にアブミを取り付け、きわどいバランスで立つが、永田さんが氷を登るためのバイルを握りしめ、アブミに立とうと力を入れた瞬間、〈バイルが抜け仰向けに転落。下の雪面まで落ち、ザイルに支えられて止まる。今山行なんと3度目のトップ落ちをしてしまった〉。

ここでも運良くケガはなく、二人は三日がかりで仙法志稜を登り切る。

同じ三月二十日、利尻山の東稜を登っていた東大の仲間、四人パーティも転落事故を起こした。のちに永田さんとK7に行く一つ下の後輩、当時三年生だった千葉厚郎さんが、やせ尾根から五〇メートルも転落し九死に一生を得ている。

東稜は標高九〇〇メートル辺りから尾根が狭まり、一四六〇メートルピークからは馬ノ背といわれるやせ尾根となる。ホワイトアウトで視界がなく、やせ尾根が水平になった部分を千葉さんが先頭で歩いていたら、突然消えた。

尾根が右に九十度曲がっているのにまったく気づかず、平然と直進したためだった。千葉さんは垂直に転落したあと、急雪面を滑落し五〇メートルほどでどうにか止まることができた。ケガもなかった。だが、すぐ下は急峻な沢筋になっており、そのまま落ちていたら下まで行っていたところだ。

利尻の東大隊はそれだけでは済まず、さらに大きな事故を起こす。

登ることにとにかく貪欲な永田さんは、仙法志稜を終えると、OBとして利尻合宿に途中参加した藤田正幸さんが率いる南稜隊に加わっている。ひと足早く入った永田さんは利尻に来てすでに十五日が過ぎていた。メンバーはOBの藤田さん以外は現役で、四年の永田さんのほか三年が二人、二年が二人の計六人だった。

三月二十七日、南稜の標高一二二五メートル、雪が複雑に積もったやせ尾根を六人が交替でラッセルしていた。雪があまりに深いため、一人が荷物を背負わず先頭でラッセルし、足跡をつける役をしていた。先頭にいた永田さんがラッセルを終え、荷物の所まで戻ったとき、つまり、雪の上に自ら作った足跡を往復した直後、異変が起きた。

〈三谷が大声で「久村さんが落ちた！」。呼ばれるまで全く音も気配も感じなかった。見ると、三谷の足元からこちらに五メートル以上、あるべき尾根がない！　久村を載せた一二畳大の雪面がなくなっていた。私が二回、次に重荷の四人が歩いたトレール、そして七人目の通過者、久村が立ち止まっていた場所は、雪庇の真上だった〉

雪庇とは、積もった雪が尾根から大きく横にはみ出した雪の塊のことだ。人の乗り方次第で、一気に崩れることがある。

〈超巨大サメが尾根を食いちぎったような、全く不自然な＝雪の＝切取り跡が残った。考えられないような、トリッキーな地形と積雪状況だった。自分＝が先頭を歩いたとき＝の判断ミスは間違いないが、ただ「信じられない！」としか言えなかった〉（『輝けるときの記憶』の永田さん記述から。＝内は著者）。

巨大な雪庇が落ちた脇から藤田さんと永田さんが下をのぞくと、そこには垂直の二〇メートルもの雪壁があり、その先は漏斗状の斜度のきつい谷が続いていた。さらに下は谷の両岸が突如狭くなり、先が見えなかった。谷には大きな雪崩の跡があった。

〈久村は雪崩とともに消えてしまった。声も聞こえない。ルンゼ下降による捜索は、二次雪崩の怖れがあり不可能だ。この日は、事故現場に雪洞を掘って泊まる。捜索を検討するが、頭の中の半分では「久村が死んじまった」と泣きべそだった〉

翌三月二十八日、連絡役として三年生の関根豊さんと二年生の宍戸健一さんが海岸の町、鬼脇まで下山する。残った三人のうち藤田さんと永田さんが谷に捜索に行くが、断崖に阻まれ下りることができない。久村さんが落ちた下に滝があるのを確認するのが精いっぱいだった。その翌日はひどい地吹雪で、南稜から吹き飛ばされそうになり、結局、失意のまま捜索をあきらめる。

〈次の捜索隊が入るのは何日も先になるはずだ。失望感とともに置き去りに山を去る後ろめたさがつのる。

そして、イヤでも近づく下界の町。沢から山道、林道から舗装道へと道が良くなり、ついに海岸バス道路が見えてくる。と、そこに立っている一人の男。「ウソだろ」「幽霊かよ」「足あ

久村さんが雪崩とともに落ちていった沢筋、利尻山南稜から撮影

るか」。クサいドラマじゃないが、最後はさすがに走ってかけ寄った。最速下山記録の男は、軽傷治療に鬼脇まで来て、バスを待って立っていたのだった。そして開口一番「皆さん御苦労様です」。本人は少しも悪いことはしなかったのに、なぐられるハメとなった〉

久村俊幸さんは雪庇を踏み抜き、狭い谷を豪快に滑落しながらも、死なずに済んだ。四十年前の事故をこう私に語った。

「あの現場を最初に歩いたのは永田さんなので、永田さんのせいで落ちたと言えるかもしれませんけど、誰もリスクを感じませんでした」

斜面はほぼ平らで、小さなピークの手前の鞍部だった。その小ピークに先に行っていた藤田さんらがザイルを出し懸垂下降の準備をしていた。前に四人がいたため、そこには近寄らず、久村さんは雪庇とは知らず、その上で待つことにし、荷が重いのでヨイショと前かがみになって膝に手をついた。その瞬間、足元の大きな雪面が一気に崩れた。雪庇が割れる音はしなかった。

「もう、あっという間でした。そのまま垂直に落ちて、ショックはありましたが、幸い着地したところは雪で軟らかかったんです。でも、あとから思えば二〇メートルも垂直に落ちていますから、重荷で上半身がグッと曲がったはずです。腰を痛めました。埋もれた雪が雪崩となり、ずずずと雪ごと落ちていきました。これはヤバい、何が起きたんだと思いながら、あとはスキー場の上級斜面をツルツルのレイヤーを着て落ちていく感じのスピードで」

そのたとえなら、時速五〇キロは出ていたはずだ。久村さんは雪に埋もれ視界が暗くなりながらもどんどん落ちていった。ヘルメットを持っていたが、まだ核心部の手前だったので被っていなかった。落ちながら「ヘルメットしていればよかった」「ザックで頭を守らなきゃ」と考え、身を屈め体の右側を下にして頭を手で守りながら、落ちていく。

谷はすぐに狭まり漏斗状となる。すると、そこに雪崩の雪が溜まり、体の上にどんどん積み重なっていく。

「身動きが取れなくなり、このまま止まったらやばいなと思ってましたけど、幸い、二回ほどジャンプしたんです」

斜度のきつい狭い谷を冬の競技、スケルトンのように落ちていった久村さんがジャンプしたのは、かなりの高さの滝だろう。一人の男が谷を猛スピードで滑りながら、氷と雪に覆われた滝でジャンプする。すごい光景である。周囲に動物か鳥がいたら瞠目したに違いない。

滝らしき段差でジャンプをするたびに、雪崩の下から表に飛び出し、また雪に埋まり、また跳んでを二回繰り返した。

「跳んだときは、そのまま一〇〇メートルは落ちますので、三、二とか数えながら、『いい着地した』と思いながら。で、最後の方は斜面の下まで落ちて、緩くなって地形が開けたんです。上からの雪の圧力がなくなったので、ザックを外して、バタバタしていたら雪の上に出て。最後は雪に手を突っ込んで止まったという、そういう感じです」

映画の『インディ・ジョーンズ　魔宮の伝説』の冒頭にそんなシーンがあった。あれはゴムボートに乗って斜面を下り、最後は川に落ちるものだった。そんな映画よりはるかにリアルで凄まじい話だ。

報告書で永田さんは〈標高差五〇〇メートル、距離は七～八〇〇メートル位だろうか。ほんの二、三分のことだった〉と書いているが、久村さんは「多分一分もないと思う。雪崩の幅は二〇〇メートルくらい。前の日までに降った厚さ五〇センチの雪が切れて一緒に落ちた」とみている。四十年後とはいえ、随分と冷静に話す人だ。怖くなかったのだろうか。

「ええ？　怖いですよ。でも頭の中はすごく冷静でしたね。それこそ菊池さんの事故のときに、僕一緒にいましたので」

菊池さんの事故とは、一九八〇年四月末の北アルプス乗鞍岳での滑落だ。スキーで転倒し急な雪面を滑落した菊池重良さんが頭部を打って亡くなっている。

「身を守るのがザックしかなかったし、止まったとき、もし意識がなかったら体の上に一〇センチでも雪を被ったらアウトなので、頭を打たないようにと思いながら落ちていきました。できることは限られてますけど、幸い地形が良かった。自分で雪面を切ったから良かったものの、上からくる雪崩だったら多分アウトだったと思います」

谷の中に岩がゴロゴロと転がっていたら激突していたが、連日の積雪、そして雪崩が守ってくれた。

「しばらくは何度も夢に見ましたが、社会人になってからはだんだんそれもなくなりました」。

事故がきっかけではないが、久村さんは翌年、八三年三月に卒業するとリスクが専門の東京海上火災保険（当時）に就職している。

傾斜が緩くなり、広い沢の中で停止したとき、左まぶたの上から血が流れていた。

「落下時に膝で打ったか、ピッケルで切ったのか、ボクサーみたいにスパッと切れていました。あと、落ちたときに腰を打って痛かったので、そのまま登り返すような状況ではなくて」

止まった谷底は幅四〇メートルほど。まったくの無音だった。仲間に向かい、よく通る裏声で「ヨーホイ！」と十五分ものコールを続けた。はるか上、南稜のやせ尾根にいる仲間の声が一瞬聞こえた気がした。「それでも、意思の疎通ができないので、『無事だ、下山する』と書いた紙を手袋に入れて雪面に残し、一人沢を下りていきました」

そのとき上にいた仲間たちは必死になって谷底に向け、虚しいコールを繰り返していた。手がかりが何も見つからず、谷を下りることもできなかった仲間は二晩、雪洞で暗い夜を過ごした。

雪洞に残ったリーダーの藤田さん、永田さん、そして三谷さんは暗鬱としていた。

「あとで聞きましたが、お通夜みたいだったと言っていました。私の遺族にどう伝えるかという話を藤田さんがされたとき、永田さんが、まだ死んだわけじゃない、というような話をされたと聞いています。現実問題、藤田さんはリーダーとして家族に伝えないといけないので、その手立てをいろいろ考えたんでしょう。当然ですよね」

下山してきた仲間が、死んだと思っていた久村さんを見つけ、かけ寄ったとき、一番感情をあらわにしたのが永田さんだった。「僕が下の診療所で治療を終えバス停にいたら、彼らが下りてくるのが遠くに見えました。近づいてきて、僕のことに気づいたんでしょう。走り出してきて、抱きついてくるので、こっちは腰をやられていたから『ちょっと待って、待って』という感じで逃げて。永田さんがいちばん喜んでいました」

利尻島を去る前の東大スキー山岳部の仲間たち。左端が永田さん。右下は島で親しくなったご夫妻

「お前生きてたのか、この野郎、馬鹿野郎」と涙をこらえて叫ぶ永田さんの姿が目に浮かぶ。

その春、四年生になった久村さんは永田さんと交代する形で部のチーフリーダーになった。

「チーフリーダーに決まっていたので続けてましたけど、もし決まっていなかったら、山登りを続けたかどうかはわからないですね。目に見えないリスクが顕在化した事案でしたので、相当臆病になりました。完全に死んでもおかしくない事故だったので」

そうは言いながらも、翌年の正月には西穂高から奥穂高までの縦走を久村さんはしている。

「まあ、懲りてはいないんですけど。結局、岩はザイルで確保できるけど、雪はわからないことが起きるという感覚を、利尻に行ったメンバーはみな感じたとは思いますね。雪の難しさ、わからなさです」

通常の大学山岳部であれば、一度か二度の墜落事故で萎縮し、山行を中止するものだが、落ちても落ちても続ける。当時の東大スキー山岳部は、全国の大学山岳部のなかでも最も実力があるだけではなく、恐ろしいほど過激な組織だった。

例えば、私がいた北大山岳部では一九七九年春、知床半島の縦走で猛吹雪にやられリーダーら上級生三人が疲労凍死し、一年生二人が生き残る事故を起こしている。

その翌年、八〇年春にこの山岳部に私が入ったころは、四十人ほどの部員やOBらで最終決定する個人山行計画について、かなり厳しい審査をしていた。山に行かない平日は「検討会」という名の議論を夜中まで繰り返し、ルートのみならず、リーダーからメンバーの人間性について細々と議論した。「あいつはいざとなるともろい」「追い込まれるとビビるたちだ」などと言いながら侃々諤々《かんかんがくがく》話し続けていた。知床遭難を機に北大は「とにかく死なせないこと」に力点をおいたため、全体の行動が萎縮した。

東大はなぜあれほど過激でいられたのか。「うるさいOBがいなかったから」「まあ、助かったから良かったものの」という声を当時の仲間たちは語るが、もし、久村さんが雪崩に埋まっていたら、東大だけでなく、北海道中の山岳団体による相当大きな捜索隊が組まれたはずだ。五月末まで雪崩が続くため、捜索は初夏までかかったかもしれない。

山に行かない人たちがまず口にするのは、「警察のヘリなどを使い、人に迷惑をかけて」という言葉だが、徹底的に調べる報道陣がいたら、東大隊はここでも、あそこでも落ち奇跡的に助かっていると根掘り葉掘り探られ、永田さんらは世間の非難を浴びたことだろう。二年後に永田さんらが行くK7遠征が潰れたかもしれない。

もし、人間に内臓や生殖機能と同様、一生で使い果たせるエネルギー量、あるいは運の量があるとしたら、永田さん、そして仲間たちはこの利尻でかなりの量を使ったはずだ。

のちに永田さんは結婚披露宴で「どうも、幸運をだいぶ使い果たしてしまった」と冗談半分の口調でつぶやいているが、当たらずとも遠からずではないか。

久村さんの生還後も続く永田さんの「利尻日記」はこう締めくくられている。

〈3月30日、19日間住んだ利尻をあとにする、31日、6時に札幌着。9時すぎ、藤田さん、久村は銀行で金をおろし、皆で時計台へ行く。そこを出て雪印パーラーでスパゲティとおいしいアイスクリームを食べてから駅に戻る。久村に2000円借り〉。

永田さんが生まれる五年前の春日八郎のヒット曲『お富さん』の「死んだはずだよ、お富さん」ではないが、春を迎える札幌の街で、死んだはずの後輩にうれしそうに言ったのだろう。「良かったなあ、久村、良かったなあ」。低音のはしゃぎ声でそう繰り返しながら、少し肩をすぼめ、「ところで久村さあ、二〇〇〇円、貸してくんない」。エネルギーだけはあり余っていても、常にお金に窮していた永田さんらしく、きっとそう頼んだのだろう。

第七章

K7初登頂

「普通の頂上」だった

山を目指す人は、頂上に何かがあると思うだろうか。あるいは、頂上の形にこだわるのか。ようやくたどり着いてホッとする、満たされた気持ちになる、神々しさを感じる。そのときの対象、気分によってさまざまだが、いずれも登った者の心の動きだ。実際にそこに何かがあるといった期待は持たないものだろう。

厚さ一・二センチにもなる大学生協のノート。表紙に「K7　DIARY　日記　Toichiro Nagata」と書かれた日録で、頂上を永田さんはこう記している。

〈本日、8／9、12時25分、永田K7登頂。昨日と今日で6人全員登頂に成功。ついにやった。ついに勝った。松＝松田隊員＝、千＝千葉隊員＝はもう寝ている。C5でこれを書いている。それにしても……何を書くべきなのだろう。最終段階は必ずしも円満な活動、チームワークではなかった。結構ギリギリの成功に思える。

頂上は……　やはり普通の頂上だった。

尖塔ではなくて、頂稜をつきつめて、一番高いところがそれだった。雪庇が出ていて、ザイルをつけて、それにのり、おっかなびっくり記念撮影をした。日の丸やパキスタン国旗や淡青

旗＝東京大学運動会応援部の旗＝を持って写真を写した〉

「やはり普通の頂上だった」とあるが、永田さんはK７（六九三四メートル）のピークに何を期待していたのか。そのあと、「尖塔ではなくて」とあるのは、単にピークの形がイメージと違っていたということだろうか。もっと尖《と》んがって、一人がようやく立てるような狭い頂上であってほしかったということか。

でも、それだけではない気がする。山に登る者が頂上に求めるのは、その形より、自分の内面の動きではないか。変化と言ってもいい。自分が変わること。なんの価値もない、一銭のお金にもならない行為をひたすら修行僧のように繰り返し、ときに岩肌を楽しみ、ときに重荷に苦しみ、ようやくの思いで最高点に達したとき、自分の中から何かが突き上げてくるかもしれない。そんな期待があったのではないだろうか。

日記はこう続く。

〈大声を出したり、叫んだりする気分ではなかった。長く続いた快晴の周期も今日でほぼ終わり。中村先生＝総隊長の中村純二氏＝が「天祐」と言う通り、信じられない程、よく持ってくれた天気だった。K２や、マッシャブルムは時々雲に隠れた。K７氷河を上からながめた。おもえば実に遠かった。２、３日前、僕自身、体はボロボロだった。疲れ切った。

僕が執着した工作隊を離れたとたん、昨日、登頂が成功した。ちょっと皮肉な感じだった。しかし体が疲れ切っていて、あれ以上工作隊を続けることは不可能だった。〝僕の代わり〟という感じで、武中が第1次登頂隊で登頂した。昨晩、彼は疲れ切っていた。対照的に、一度C4に下りて再び上がった僕は、今日1日中体調もよく、今も、疲れ切ってはいない。変に余裕があって、満足感や感情の高まりがない。

昨日午後、行動中（荷上中）、トランシーバーで成功を聞いた。あっけない気がした。今もしている。つまりは、ちょっと複雑な気分だ。今は。しかし、成功は成功。そうだ。それに尽きる。何だかよくわからない〉

「ちょっと複雑な気分だ」「何だかよくわからない」というのは、あまり心情は書かない永田さんが自分の心の動きを文字にしてみた精いっぱいの言葉だったのではないだろうか。

そう、K7は確かに成功した。それは仲間の力もあるが、自分の時間と知恵、熱量のすべてを注いだ結果だった。でも、蓋をあけてみれば、そこは「普通の頂上だった」。そこには、何もなかった。何も答えはなかった。

えてして、山登りはそういうもの。いや、スポーツ、勝負事、仕事もそうかもしれない。必死の頑張りでどうにかやり遂げても、満たされるのも束《つか》の間、帰り道にすっと、むなしさに襲

1984年、永田さんたちが挑んだカラコルムのK7。左は北峰

われることがある。果たして、永田さんはどんな思いだったのか。

その前の日、第一次登頂隊の一人としてピークに立った四年後輩の神沢章さんに、永田さんの言葉を紹介すると、「頂上の形」について話しだした。

「確かにそうなんです。不思議な山で、地形が複雑でどこが山頂なのか全然わからないんです。山の距離感もよくつかめず、どれぐらい近いのかも、登頂できるかもわからない。だから、誰の順番で登頂になるかがわからない。そういう焦りと不安で相当疲れていたと思いますね」

日記から感じられるのは、永田さんは自分が最初の登頂者になるつもりだったということだ。

「もっと大変だと思っていたのに、自分が下にいる間に先に登っちゃったよって、それでガッカリしたかどうかは別にして、気が抜けたところはあったんじゃないですか」と神沢さんは言う。

一九八七年三月、遠征の二年半後に発行された、カラー写真をふんだんに使った一六四ページに及ぶ報告書『K7初登頂』で、永田さんの表現はもっと落ち着いている。

〈1984年8月8日、開局していたトランシーバーから、神沢の声が飛びこんできた。「3時45分に三谷さんが登頂しました。続いて神沢、武中も登頂したところです！　どうもありがとう！」　今日が登頂日になるとは予想していなかったので、突然に興奮に襲われた感じだった。「よかった」というホッとした気持ちと、「これでおしまいか。」という何か虚脱感のよう

な不思議な気分に包まれた〉

〈ちょっとあっけない位の感じがした。ただし、自分が第一次登頂をできなかったことについては、残念だとは少しも思わなかった。「全員で成しとげた登頂」という気持ちは、全隊員に共通のものだったと思う〉

自身の第二次登頂についてはこう記している。

〈頂稜の端部にとび出し、初めて頂上を見た。胸が高まる。12時25分永田が登頂。1時間後には3人全員が頂上に立った。これで登攀隊員全員登頂が成った〉。C5へ下りながら〈ほとんど全隊員が交代で工作をした結果である。そう思うと、「皆でよく頑張ったものだ」と、ようやく感激の気分に包まれた〉。

「やはり普通の頂上だった」という表現はない。

結局、登れたのだから、誰が先に登ったかは、どうでもいいことに思えるが、意外にそうでもない。永田さんが愛読した松本龍雄の『初登攀行』をはじめ、谷川岳や北アルプスの冬季登攀を競った記録では、ルートを登り終えた最後の最後を、誰が先に登るかにこだわっている。それが理由で仲間と袂を分かった例もある。

山本正嘉さんが「若干、永田に似ている」という登山家、森田勝がK２の登山隊で、第二次登頂のアタック隊員に回され、ふてくされて下山してしまう話はよく知られている。

K７と比べればはるかに難易度の低い山だが、同じ年の八四年秋、私はインド・ヒマラヤにあるスダルシャン・パルバート（六五〇七メートル）に北大山岳部の仲間と未踏のルートから登った。そのとき、登攀リーダーだった私は、岩用のシューズで岩稜部にルートを開いて縄ばしごをつけ、頂稜部のルート工作を率先してやった。だが、ピーク直下で下山を指示され、結局、第三次登頂となった。

全員登頂で終え万々歳の結果だが、少し苦々しい気分になり、そう思う自分のエゴが嫌になり、集団登山に対する忌避感がしばらく続いた。隊長だった永田さんは立場も違うが、神沢さんが言うように、最初に登りたかったという思いはあったはずだ。

真摯で緻密な戦略家

永田さんの生涯一の偉業、今も高く評価されるK７の成功は、後輩を奮い立たせる彼の人柄もあったが、やはりその戦略が大きかった。

成功直後、永田さんは東京で会った私に、「フィックスロープ、六〇〇〇メートルも持って

最終アタック図とK７概念図

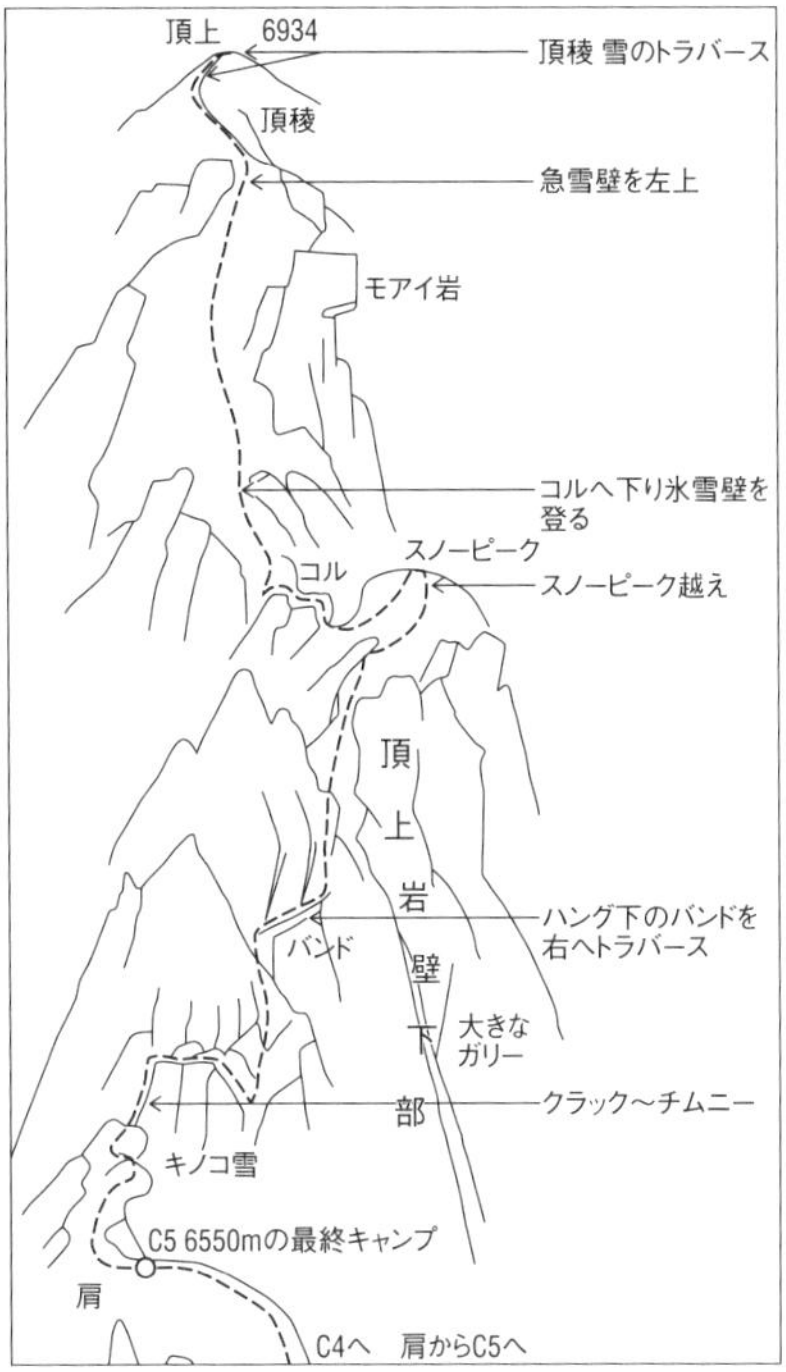
頂上　6934
頂稜 雪のトラバース
頂稜
急雪壁を左上
モアイ岩
コルへ下り氷雪壁を登る
コル
スノーピーク
スノーピーク越え
頂上岩壁下部
ハング下のバンドを右へトラバース
バンド
大きなガリー
クラック～チムニー
キノコ雪
C5 6550mの最終キャンプ
肩
C4へ　肩からC5へ

スキャンカンリ
K2
ブロードピーク
ムスターグタワー
ガッシャーブルム
テラムカンリ
リモ
シンギカンリ
アプグラリス
シアチェン氷河
バルトロ氷河
バルトロカンリ
チョゴリザ
カベリ氷河
マッシャーブルム
K7
シェルピカンリ
サルトロカンリ
K12

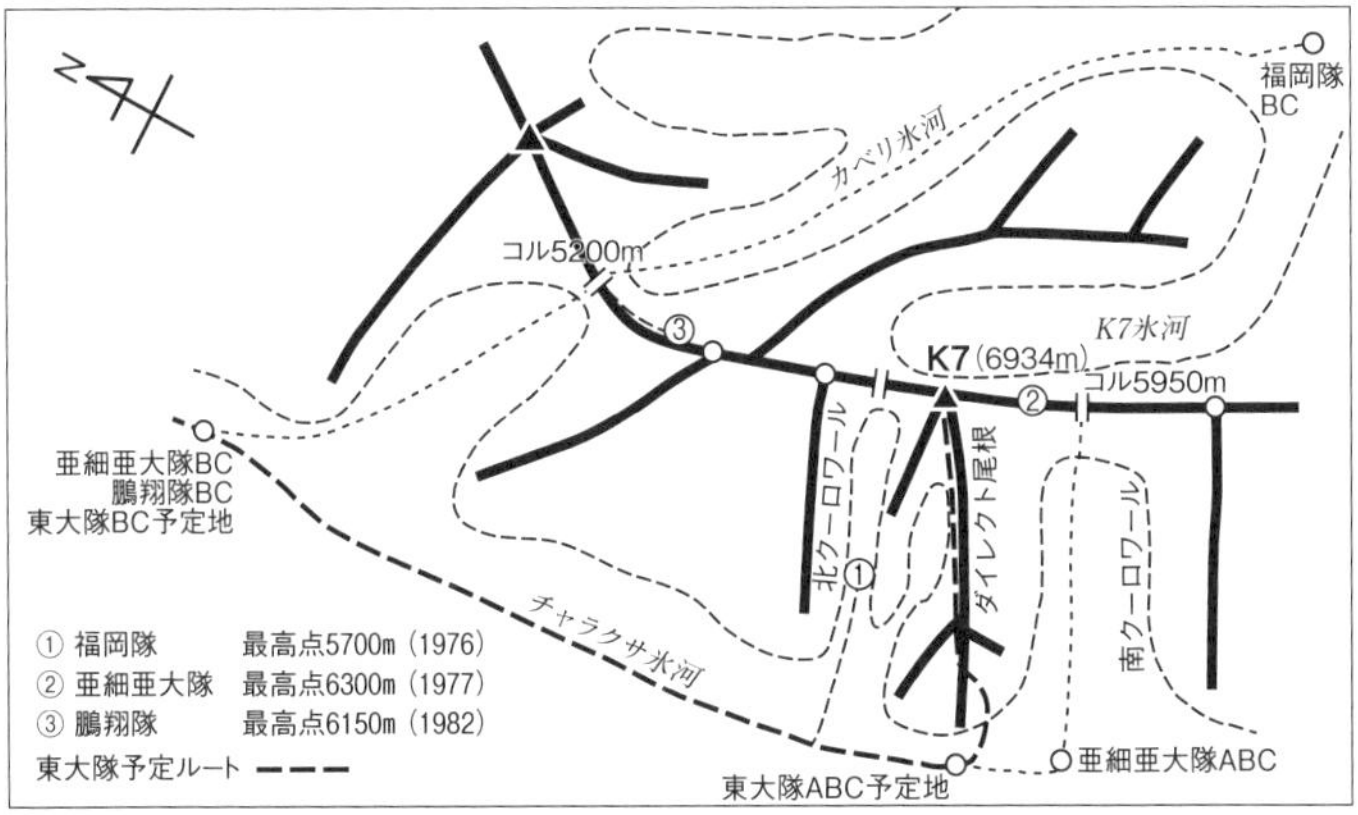
福岡隊BC
カベリ氷河
コル5200m
③
K7氷河
K7（6934m）
②
コル5950m
亜細亜大隊BC
鵬翔隊BC
東大隊BC予定地
北クーロワール
①
ダイレクト尾根
南クーロワール
チャラクサ氷河
① 福岡隊　最高点5700m（1976）
② 亜細亜大隊　最高点6300m（1977）
③ 鵬翔隊　最高点6150m（1982）
東大隊予定ルート
亜細亜大隊ABC
東大隊ABC予定地

作図　永田東一郎

いったんだぜ。信じられないだろ」と言った。半ば自慢、半ば自嘲気味の言い方だった。実際に使ったフィックス〈固定〉ロープは四九〇〇メートルだったが、六〇〇〇メートルという長さが備えの大きさを物語っていた。

ヒマラヤでは一九七〇年代後半から、同じルートを荷上げや高所順応のために上下せず、欧州アルプスのように一撃で登るアルパイン・スタイルが増えた。一方の永田さんは墜落防止のロープを張りめぐらし、何往復もする旧来の極地法を選んだ。

〈他人のやり方にとらわれずに、自分たちの頭で一生懸命考えて、自分たちの方法で試みたのが成功につながった〉と雑誌『岩と雪』で振り返っているが、手法は当初から変わらなかった。

OBたちに寄付を募るため、遠征一年前、八三年七月に作った冊子にそのことが書かれている。このときはパキスタン政府の許可がまだ下りていない段階で、目標は第一候補がK7で第二候補はオーガ〈バインター・ブラック〉2峰になっている。

安全登山のために、〈計画においては、シブリン登山と同様、余裕のあるポーラー・メソッド〈極地法〉を採り、フィックスロープをベタ張りにして前進するつもりです〉。

遠征を起案した永田さんは当初、海外経験のある隊員を募った。だが、多くから「行けない」と言われ、OBでは、その四年前にシブリンに登頂し、ネパールのアンナプルナ山群にある夕

K7へ向かうキャラバンを、永田さんは面白い構図でとらえた

ルプチュリ峰（テントピーク、五六五三メートル）に登頂していた山本正嘉さんだけが入っている。中心メンバーではなく顧問格という扱いだったが、結局行っていない。

八三年夏、永田さんは入学から六年目で工学部建築学科の三年生だった。かつてのザイルパートナーの二人、名久井恒司さんはとっくに卒業し通産省（当時）、関根豊さんも丸紅に入り、働いていた。利尻で生還した久村俊幸さんもその年、東京海上火災（当時）に就職している。

この時点での隊員は二期下の四年生で翌年工学部電子工学科の大学院に行く三谷英三さんと、四期下の神沢章さん、武中誠さんの二年生二人だった。その後、ドクターとして、OBの松田道行さん、永田さんの一期下の医学生、千葉厚郎さんが加わる。総隊長を除けば実働六人のパーティだが、永田さんが山の選定や情報入手、攻略のための資料集めまでほぼすべてを担った。

K7で永田さんの右腕的な位置にいた三谷さんがこう話す。

「自分で企画して山を探し、K7に挑んだ遠征隊の話を聞いて回り、写真を集め、タクティクスを全部永田さんが決めました。それに一、二年も費やし、確かに学校の勉強をする暇はねえわ、という感じでしたね。山に関してはすごく緻密な人です」

神沢さんも、永田さんがK7のことをかなり前から一人で調べていたと言う。

「誘われたのは私が二年生の夏にヨセミテに行く前くらいで、永田さんはそのずっと前から遠征に行きたくて、山の選定をしていたようです。僕はクライミング中心で、ヒマラヤに行くとは考えてなかったと思います」

私の取材を前に、K7の報告書を読み返した神沢さんは、永田さんのことを「すごく優れたプロジェクトマネージャー」だと感心した。建築にも重なるが、頭の中のアイデアを形にする能力のある人だったと。「私は何も考えず、単にここを登れって言われたところを登っただけで、クライミングのことしか考えていませんでした」

神沢さんと同期の武中さんは一年目のときにすでに行くつもりでいた。一年の後期にK7の話を聞き、シブリンの前例から一、二年目は参加できないと思っていたが、頼んでみると永田さんはあっさり迎え入れてくれた。

「永田さん、日常生活はルーズですけど、山に対しては本当に真摯で、膨大な資料を集め、写真を分析し、建築の設計図じゃないけど、永田さんデッサンの図が入った膨大な計画書を作っていました。渾身の戦術書で、あれが成功の主因だと思います」

散逸したと思っていたら、その計画書を三谷さんが保持していた。すべて手書きによるA3サイズで計二一ページにわたるものだ。表紙の最上段に小さく英語で「東京大学スキー山岳部カラコルム学術登山隊84」とあり、その下に大きな字で「どう攀るか、K7。」という読点つきのタイトル。英語で「NAGATA'S STRATEGY TO GET K7 SUMMIT」とあり、「STRATEGY」が横棒二本で消され、その下に「TACTICS」と書いてある。「ANALYSIS（分析）」「SIMULATION（シミュレーション）」、そしてなぜかこれだけ小文字混じりの「Tactics（戦術）」の三部構成で、シミュレーションが最も長く、これに九ページを割いている。

分析では、永田さん手描きの地図とK7の細密画、七六年から八二年までの日英計五隊の断念ルートを詳しく紹介している。「ルート工作」と題して、中央の岩稜、ダイレクト尾根とその南北の急峻な氷河を中心に危険度に応じ四グループ計十三ものルートを考案し、それぞれについて登頂の可能性を分析している。

「シミュレーション」では細かな装備、食料を一〇〇グラム単位まで割り出し、工作、荷上げに携わる六人の動きを細かく想定している。例えば、荷上げについては、標高の高さによって担ぐ重さを、三〇キロから二〇キロ、一八キロ、一三キロ、一〇キロに細かく分けて計算し、固定ザイル一三〇〇メートル分を往復するのに、過去の国内登山の実績から一ピッチ五〇メートルに登りが十五分、下りが五分とし、計八時間四十分と想定している。各キャンプへの荷上げも、トイレットペーパー六個〇・三キロ、鍋一・五キロ、ロウソク二十四個一・五キロなどと

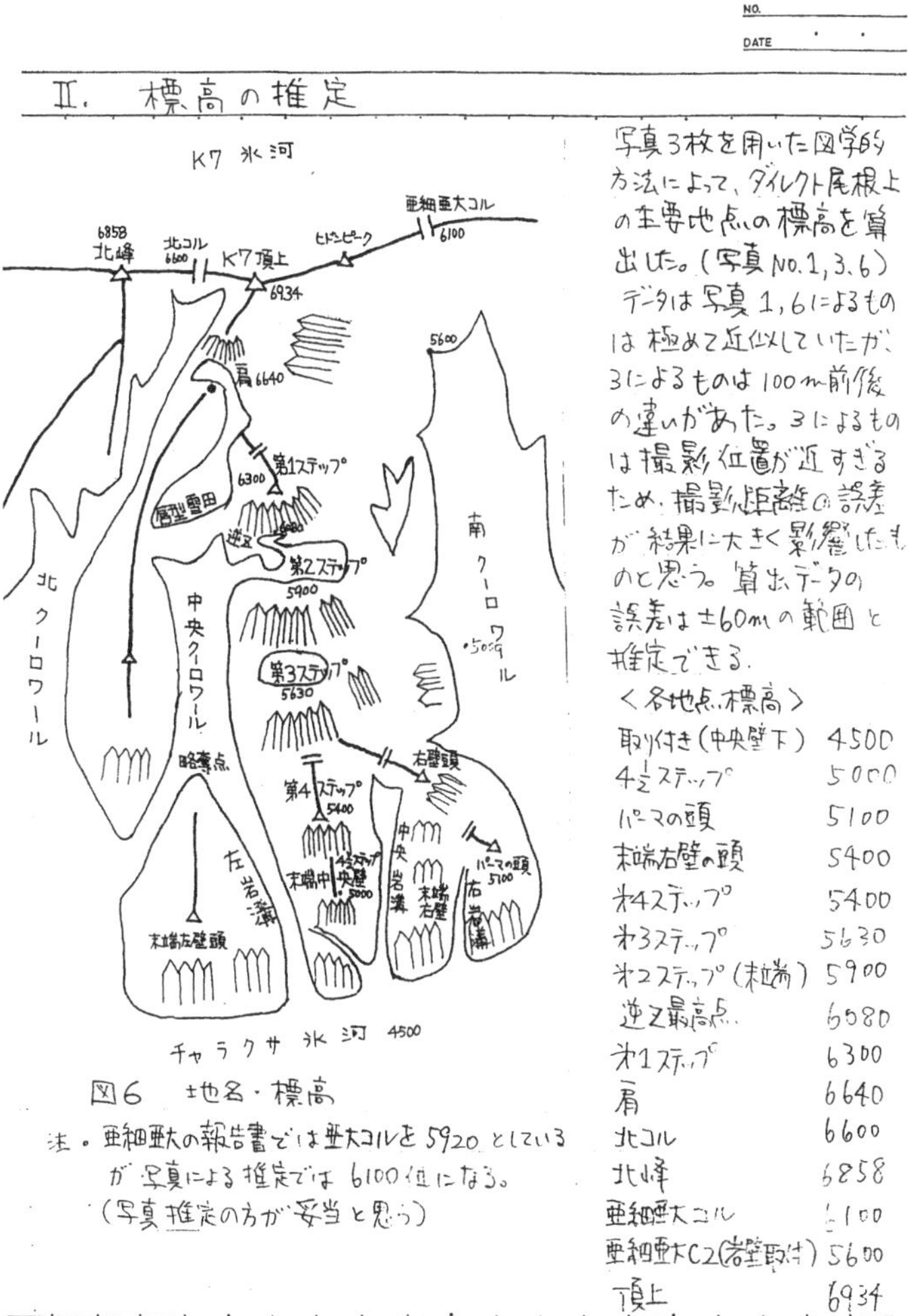

永田さんの手書きによる計画書『どう攀るか、K7。』のなかの1ページ。緻密に分析された内容がよくわかる

一つひとつの物品の数、重さを積み上げ、ABCに運ぶ総重量が八六六・一キロ、C1が六六六・四キロ、C4が八七・三キロなどと割り出し、荷上げの回数を算出している。これらの数字と人の動きから、キャラバンを除いた登攀日数を五十六日間と結論づけた。

「戦術」ではK7を含む近い山域での七〇〇〇メートル前後の山の遠征隊六隊と自らの隊のデータを表で比較している。そこには金沢大のハッチンダールキッシュや広島山の会のラトックⅢ峰も含まれ、岩壁の標高差は永田さんの隊の二五〇〇メートルが圧倒的に大きく、使う予定のザイルの長さも五八〇〇メートル、ボルト二〇八本、ハーケン二〇八本、スノーバー三十六本、ラダー一六〇メートルと、はるかに重武装だ。

まさに巨大な建造物をつくる設計者、建築家の仕事である。

一八ページ目の「実現可能性」の項でようやく永田節が始まる。

〈この計画は「可能性の上限」を多く要求される計画といえる。山は実際に取り付いてみない限り、その状態も難度も正確に推定することは不可能だし、計画を緻密に作ってみても、実際には、計画通り運営が進むということはありえない。しかし、56日の間、6人のエネルギーを費やす最終目的が未踏峰K7の登頂であり、このエクスペディションが1つのプロジェクトであることを思えば、使えるだけの資料を用い、できるだけ細かい計画を立てた上、可能性をシ

ビアに評価しておいて、現場で、根拠のない楽観主義から、重大な判断に誤りが起きないようにしなければならない〉

シビアという言葉が永田さんは大好きで、何かにつけ、シビアだなあ、シビアにやらないとなあ、とあのころよく語っていた。そして、宣言はこう続く。

〈一度、緻密な計画を具体的な根拠に基づいて作製しておけば、刻々の状況の変化に応じて、臨機応変に有効な対策を立てるのに、応用できるはずである〉

この一文など、のちに建築家となり、酒量を増やし、酒に飲まれていく永田さんに読み返してもらいたい文言だ。

「実現可能性」について永田さんは、数学的根拠に基づいた精密な計画の各項目のうち一つでも達成度が低ければ無理だと綴っている。例えば、垂直の壁をロープにユマールという登高器を使って二〇キロもの重荷をかついで一日に一三〇〇メートル登る。六人全員がこれを何日にもわたって確実にできなければ、登頂はできないと言い切っている。

〈成功するのは、あらゆる要素が、僥倖的にうまく働いた場合のみであり、素直に考えれば、この計画の実現可能性はゼロに近い。つまり「不可能な計画である」と結論できる。

しかし、このように結論づけてすましているわけにもいかない。何といっても、我々がこの山に魅かれるのは、未踏峰であること、つまり可能性が未知であること、多くの不可能のあいだに可能性を発見して自分のものにしていくことに喜びを感じるからだ。むしろ「不可能」という結論が我々の出発点である。得られるあらゆる情報を分析、計算した後に新しい可能性を捜すことができる〉

Ｋ７は重い鋼鉄の巨大な刃物が、地面を突き破り天を突き刺したような形をしている。辺りの山も尖ってはいるが、いずれも岩の上にうっすらと雪をかぶっている。ところが、Ｋ７だけは、急な斜度で雪がつかず、黒々とした巨岩となって突き立っている。しかも、その巨岩の高さは下の氷河のキャンプから標高差にして二二〇〇メートルもある。

永田さんと駒宮さんが空襲のような落石の嵐に見舞われた北アルプスの奥鐘山。その岩壁部分の標高差が四〇〇メートルなのでその五・五倍もある。日本の山とはスケールがまったく違う。ヒマラヤでよく錯覚するのは、ああ、あそこの峠ならすぐだな、あの雪面が緩くなるところまで頑張ろうと思い、いくら必死に歩いても風景が変わらないところだ。山が近づかない。目の錯覚である。

これは私自身も二十代のころのインド・ヒマラヤや二〇一九年に七三〇〇メートルで敗退したダウラギリ1峰（八一六七メートル）で体験している。目がスケールの大きさに慣れないの

永田さんたちが選んだK7のルートは、左側の雪のライン「中央岩溝」だった。手前に立つ永田さん

だ。あの岩の基部までもうひと踏ん張りだと、日本の山に慣れた目で計っても、実際の山はその数倍の大きさがある。

それが岩の壁となればなおさらだ。いくら見上げても、登っても、二二〇〇メートルの巨岩の中の自分がどこにいるか見当もつかない。這い上がる虫の目とは別に、常に鳥の目で全体を見渡さなければ、決して頂上にはたどり着けない。鳥の目、つまり的確なライン、ルートの選定だ。

この巨岩にどういうラインを引くか。永田さんは過去にこの山を試み失敗した五隊のルートに加え、あらゆる資料、写真をもとに全部で五グループ、計十三もの候補ルートを挙げている。その一つ一つについて、危険度、難易度を計る。そして、タクティクスの「ルート選定」でこう結論づけた。

〈第1候補は⑤ルートとする〉。ABC設営前後の高度純化を兼ねた四カ所での〈偵察結果を見て、④ルート、⑥〜⑨ルート、Dグループのルートとすることもありうる〉としている。

実に細かいが、ここで言う⑤ルートとは、K7の頂上へまっすぐ延びるダイレクト尾根のすぐ脇にある氷河、つまり巨岩の上部からその基部に向けてタテにまっすぐ走り下りる溝の中にある、きわめて急な氷河を登ろうという作戦だ。

この溝は「中央岩溝」と名づけられた。二二〇〇メートルの巨岩の岩壁をすべて登るにはとてつもない時間がかかる。その巨岩にある唯一の弱点、中央岩溝は傾斜が四十から六十度と岩壁よりも緩く、しかも雪面のため登りやすいと判断したわけだ。

ただ、雪面は怖い。その怖さを永田さんは北海道の利尻で十分すぎるほど味わっている。積雪があれば雪崩があるし、深く切れ込んだ溝の雪面に上部から一気に落石が発生する危険がある。

それでも、このルートを選んだのは、スピード、難易度を考え、最も可能性が高いと読んだからだ。この溝を抜けたら、巨岩の中にわずかにある雪のラインをつなぎ、「城塞」「頂上岩壁」と名づけられた花崗岩の一〇〇メートル級の岩をそれぞれ登り、頂上に達する案だった。

それ以前に挑んだ隊は難しい岩場の途中で敗退したが、永田さんは航空写真を穴があくほど見つめた末、中央岩溝を選んだ。

これがドンピシャだった。

一九八四年六月二十三日、パキスタン入国から二十三日目、登山活動三日目の永田さんのK7日記にこうある。

〈我々のルートは中央岩溝に絞られてきている。この厄介なパズルも少しずつ解けつつあるように思える。中央岩溝こそコロンブスの卵かもしれない。手持ちの豊富な資料に、この2、3日の偵察結果を加え、千葉や神沢をはじめ皆、パズル解きの楽しさを味わっている。中央岩溝

ルートは僕自身がTactics の中で初めて選択したものであり、もしこのルートが登れれば僕も鼻が高い〉

まさに、「永田さんのタクティクス」が効いたのだ。彼が思い描いたライン通り、六人はルート工作と荷上げを、彼の計画どおり、平等に交替しながらじわじわとピークに迫っていく。それでも、計画は計画、現実は現実である。永田さんは高さに応じて重量まで細かく自分で決めた荷上げに自分でうんざりしている。

登山活動二十五日目の七月十五日の日記。〈午前中、C２へ荷上げ。17、８kgで軽いはずなのに苦しい。ルート工作は苦しくて楽しいが、荷上げは単調でつまらない。ＪＡＣ＝日本山岳会＝のカンチェンジュンガ隊とか、チョゴリ（Ｋ２）の＝頂上に立てない＝支援隊とかに参加していた連中は、一体何が楽しいのだろうか。人に連れて来られなければ山に登れない人種なのかもしれない〉

他の隊の荷上げ要員に対する、八つ当たりだ。そしてこんなことを書いている。

〈しかし、人生というものは荷上げのような単調な作業の繰り返しかもしれない〉。「単調な作業の繰り返し」を受け入れているのではない。永田さんは生涯を通じて、これを最も嫌った人だ。だから、我慢すればなれたはずのサラリーマンにはならなかったし、建築家になっても創

K7上部の岩壁を微妙なバランスでルート工作する隊員

造的と思えるような仕事しかやろうとしなかった。

そんな人生訓を書いた二週間後、今度は嫌な荷上げを人に任せ、自分がルート工作を続けるようになる。上部の岩場や雪面がかなり難しくなり、六〇〇〇メートルでの高度障害もあり、登頂できないムードが広がり始めたから、という理屈だ。

七月二十八日。〈今まで長い期間、交代原則を忠実に守って後方で支援勤務（つまり荷上げ）をしていたのは、僕自身の体調管理の面から見れば失敗だったように思う。

これからは常に最前線でパーティを引っ張っていかねばならないと思う。千葉や神沢は意欲も体力も十分だと思うが、他の3人は「無理をしても絶対に」という程の意欲には欠けているように見えるし、とにかく全体的に気分が沈んでいる。

1人でも絶対にやる、という気迫を僕が見せる必要があるように思う。できるだけトップをつとめよう〉

このあたり、大学二年のときに絶賛した原真氏の本『乾いた山』が影響しているのではないだろうか。一度読んだだけで、本の大方の内容を覚えてしまう永田さんの記憶力ならあり得ることだ。原さんは「遠征運営論」の章で、永田さんが批判した本多勝一氏の『山を考える』の中の一章を引用している。

〈ある計画を何人かのグループで立てたとき、その計画が実現するかどうかは、そのグループの中に「一人でも実行する」という決意の者が含まれているかどうかでほぼ決まるといっても良い。自分一人になっても手段を選ばず実行するほどの男がその中に一人でもいたら計画は成功するだろう〉

批判したはずの本多氏の言葉が、頭の中に叩き込まれていた。そううかがえるが、言葉は所詮言葉である。永田さんは「一人でも絶対にやる」と宣言した翌日、早くもくじけている。

〈ルートは伸び悩んでいる。僕は、ルート工作はもう他人には譲らず、僕自身が絶対に行くつもりだが（といってもこれは人には秘密）、今日は余りに疲れ切っていたので、元気そうな千葉、神沢にやらせることにする〉

プロデューサーとして緻密に作りあげたな時間管理も、東京での永田さんのトレーニング計画のように出だしは勇ましいが、現実がついていかない。

〈2人は何しろ夜が遅いので、朝8時過ぎに出て行き、僕は10時過ぎに出て、武中と2人で壁の荷上げへ〉

そして、その二日後、不安に陥るが、まだくじけてはいない。

〈今まで利尻や甲斐駒で、長い、考えられる限りの準備をすべて裏切られて敗北したり、最終ピッチで、栄光を直前にして敗退せざるをえなかったり、またあの坦々《たんたん》とした敗北感を味わうのだろうか。

皆、口には出さないし、なるようにしかならないと知っているのだろうが、僕自身はまだ戦える、という気でいる〉

さらに三日後、〈僕自身が＝前線を＝譲らないので不満がでている。しかし、隊全体の成功を考えれば、これでいいのだ。僕自身のすべてをかけた遠征の中で、最大の満足を得ようとするのは意地のようなものなので、押し通したい〉。

しかし、相当疲れがたまっていたようだ。最前線を人に任せた翌日、後輩たちが頂上をきわめる。永田さんは第一登頂者になれず、次の日に第二登頂を果たす。

結果として、後輩たちに先を譲る美しいリーダーとなった。が、それはたまたまのことだった。

永田さんはその日からまる五日、毎日つけていた日記を放り出してしまう。一行も書いていない。この章の冒頭で紹介した登頂のくだりは五日後に書いたものだ。

消えた山の情熱

華々しい成功を手にしながらも、永田さんの記述は突如として力が抜ける。

登頂三日後の八月十二日。〈ＢＣで休養。本も読まず、手紙も書かず、事務もせず、昼寝と食ってばかりいた。変わりやすい天気で、夕方には雨。皆ダラダラしている。千葉あてに送られてきた「週刊新潮」を皆で読んでいる。大ニュースもなく、日本も相変わらずという印象。「Ｋ７初登頂」については皆、興奮もしていないし、感情の高ぶりもない〉

帰りのキャラバンではパキスタンの役人で遠征隊に同行した二十三歳の連絡将校、チャンゲスさんから〈You all look sad といわれた〉とある。「みんな悲しそうだね」と。

キャラバンから帰国までの二週間、永田さんの書きっぷりは、当時流行りの言葉を使えばとてもアンニュイ、物憂げだ。

〈＝Ｋ７登頂をパキスタンの＝テレビ、新聞に発表するとのことでチャンゲスを中心に大いに張り切るが取材も何もなく、ぬか喜びに終わる。当事者ばかり張り切って、周りはちっとも騒いでくれないようだ〉。その四日後、〈昨晩、来るはずのチャンゲスが来ず、きょうラワルピンディを離れるので、もう会えそうもない。別れを言わないままだった。結局、彼とは言葉のギャップはあったものの、いい友達になれた。でも、もう会う機会もないだろう〉

永田さんは何を考えていたのだろう。

いくら大学に長くいるからといっても、まだ二十五歳の無職の若者である。いつの日かまた、登山か旅でパキスタンを訪れることもある。そんなふうに考えなかったのだろうか。実際、登山をやめ、パキスタンに来ることは金輪際ないと思っていても、「もしかしたら、いつかまた会えるかもしれない」と思うのが、人情である。

そんな話をそのとき一緒にいた三谷さんにしてみると、「彼は割とペシミスト（悲観論者）だから」と即答した。「ああいうK７みたいなことをもう一回やろうとは、あの時点では私も思っていなかったですね。八〇〇〇メートルだったら俺も行くよっていう話はしてましたけど、あんまり現実的ではなかったですね。次にまた会えないだろうっていうのは、そうなんだろうなという気がします。K７を振り返ってお酒を飲んでるときだったか、そんなことを言ってましたね」

もう、これで終わり。二度と戻らないということか。「隊長として全部やってたから、燃え尽き症候群ですかね。他のメンバーとは違ってたんでしょう」

帰国前の数日、パキスタンの街で遺跡やバザールに行ってみるが、永田さんの気は晴れない。投げやりなのか、日記の字も乱れている。

〈三谷と武中はおみやげには特に熱心だが、僕は金もないし商品への執着がなく、ペシャワールの仏頭と頂上の石があればいいとも思っている。両方とも、２個はない貴重なものだ。

登山隊メンバーとパキスタンの連絡将校チャンゲスさん(右端)ら。左から3番目が永田さん。「リーダーの貫禄」からはほど遠い雰囲気だった

僕はどうも本質的には無愛想な人間のようだということが分かってきた。このところ他人に不機嫌なことが多い〉

永田さんのこのムードは何だろう。もの悲しさが行間から浮かんでくる。それは単に燃え尽き症候群だろうか。まる二年かけて取り組んだ、K7攻略という一大事業が終わり、目標が消え、腑抜けになってしまったのか。

このころの彼の日記から立ち上がってくるのはこんな言葉だ。青春の終わり。永田さんがすべてを懸けてきたもの、十三歳で始まった山への情熱が、二十五歳のこの夏、あっけなく消えた。「人間のエネルギー量」がもしあって、それに限りがあるとすれば、永田さんはK7でそれを使い切ってしまったのか。

K7日記の最後はこう締めくくられる。

〈成田着。武中父上のワゴンで東京に帰った。道のいいのに驚いた。当たり前だが街がきれいだ。上野駅から国電で帰った〉

自宅の同潤会アパートの最寄り駅は上野のすぐ隣、鶯谷だ。普段なら、どんなに荷が重くても、上野から崖の下沿いに歩いて帰るはずの永田さんが、わざわざ一駅分電車に乗っている。これも不自然だ。

登山家の和田城志さんは雑誌『岩と雪』の一九八七年一二一号の論考、「高峰登山　現代登山批判にかえて」でK7遠征をこう評した。

〈最近の記録の中で、評価できる初登頂は、アラン・ラウスらイギリス隊のコングールⅡと東大隊によるK7である。両方は山の性格も登り方もまるでちがっているが、それぞれに共通していることは、その隊の力量の最大限を要求される登山方法を用いたことだ。東大隊の諸君の能力を低くみるつもりはないが、たぶん、ヒマラヤニストとしては初心者だろう。当然、体力・技術・経験すべてにおいて、世界の強豪には劣るにちがいない。しかしK7においては、たぶん誰にも敗けない登攀をしたと思う。K7という処女峰を選んだこと。いいラインを読んだこと。「私ならアルパイン・スタイルで登ったる」という批判がでてこない、さわやかな初登頂だ〉

『劔沢幻視行　山恋いの記』の著書がある和田さんは一九七六年五月、二十六歳の年に大阪市立大山岳部の後輩、片岡泰彦氏と二人で「幻の大滝」と呼ばれていた劔沢大滝を初完登している。

後輩の名久井さんと永田さんはこの記録に触発され、谷川連峰の赤谷川にある「謎の滝」ドウドウセンを初踏破している。名久井さんは「ドウドウセンはスケールは小さいけど、大阪市立大ＯＢの劔沢の幻の大滝遡行にひどく発奮したためでした」と話している。その意味で和田さんと永田さんは少なからずの縁があるが、二人が会うことはなかった。

この和田さんの記事のコピーが永田さんの遺品にあったが、私はこの本を書くにあたり初めて目にした。つまり、永田さんはK7のあと、もう前のように自分が載っている記事をリュックに詰め、後輩に見せびらかそうとはしなかった。私に「おい、どうだ、すごいだろ。こんなにでかく出てるんだぜ」と自慢することもほとんどなかった。

K7から日本に戻ったとき、本人は自覚していたのか。あるいは決心していたのか。

永田さんは二度と登山の世界には戻らなかった。見事なほどスパッとやめた。ほんの一、二度、つき合いで行ってはいるが、K7を最後に、登山から完全に離脱した。ハイキングにさえ行かなかった。

狂わんばかりに登っていた永田さんに何があったのか。

K7の最高点にたどり着いた永田さんは、そこには何もなく「普通の頂上だった」と日記に書いている。頂上の形のことではない。何もなかったとは、自分自身に何の変化もなかったと気づいたのだろう。なんだ、それだけのことかと――。

浦島太郎が玉手箱を空けた途端、長い夢の世界から覚め、いきなり老いてしまったように、彼の中で何かがすっと消えたのだろうか。

第八章

山からの離脱

四つの仮説

永田さんはK7の遠征を終えると、それまでの情熱が嘘だったかのように、山から離れた。一九八四年秋、二十五歳と八カ月が過ぎていた。

山は酒やタバコ、ギャンブル、あるいは恋愛のように、「よし、もうきょうでやめにしよう」と決めて断つ、といったものではない。きっと、行く気がしないうちに、離れているうちに、行かなくなってしまったのだろう。

死ぬ前の数年間を人は晩年と呼ぶ。だが、死期が迫る病を抱えている人を別にすれば、誰も、今が晩年だとは思っていない。死は唐突にやってくる。そして、その人が死んでから、ああ、あれがあの人の晩年だったと周りの人が気づく。

永田さんが山から離れたのもきっとそれに近いようにも思える。本人が「もう一切山はやらない」と宣言したのではなく、自然に行かなくなったのだ。それをあとになって私のような他人が「ああ、K7が最後だったんだ」「あの人の山の晩年だったんだ」と語っているにすぎない。

彼がルーズリーフのノートに律儀につけていた「山行記録」の表は一九七二年四月の「中央沿線　扇山」で始まっている。これに〇〇一という番号が振られ、山の名の右に「四方津↓扇山↓烏沢」と短くルートが示されている。高校に入ると番号が進み、大学で一気に増え、K7は一五四番目の山行になる。「1984・6・1～9・2　K7初登頂　8人参加」と書かれている。扇山のハイキングもK7も同じ一行の扱いだ。

K7に続く一五五番目は八カ月もあとだ。「1985・4・27～29 乗鞍岳　大学尾根往復TUSAC新人歓迎山行」とある。これは大学七年目のときに部の行事として参加したのだろう。この年から永田さんは現役部員の相談に乗る監督という立場になっている。一緒に山に行くわけではない。この監督を九〇年春まで務めており、この年は呼ばれて乗鞍に行ったのだろう。もちろん酒もかなり飲んだはずだ。

一五六番は「1985・7・25～27 一ノ倉沢　烏帽子凹状岩壁　安田」とある。次の一五七番は一年以上も先の「1986・9・14～15 谷川本谷」で、これは大学を出て建築事務所で働きだした半年後で、同行者が「名久井夫妻、神沢」とあるため、後輩らとの気軽な山行のようだ。一五八番はさらに一年近くあとで、「1987・4・25 倉岳山～寺下峠」で「単独」と記されている。一人でのハイキングだが、この下に記述はないため、これが永田さんの最後の山行のようだ。

K7のあと、永田さんは四回しか山に行っていない。しかも登攀と呼べるのは一ノ倉沢の一度だけだ。これは永田さんが言い出したのではなく、先輩の安田典夫さんの誘いに乗ったにすぎない。安田さんは南硫黄島探検の際、「なぜ僕をシブリンに連れてってくれなかったんですか」と永田さんがしつこくからみ、殴られた相手だ。

「『行かないか』って言ったら『じゃあ行きましょうか』っていうことになって。核心部を彼はスイスイ登ってましたね。もう、シブリンのことはもちろん、山のことは何も言いませんでした。その後、彼は登ってないですよね。われわれの代の連中はずっとやってましたけど。登攀はだらだら続ける人とスパンとやめる人がいるけど、彼は後者でしたね」

一ノ倉沢で安田さんが撮った永田さんの写真を見て、私は驚いた。色が白く、目の力が弱い。三枚ほどの写真がたまたまそんなふうに映ったとも言えるが、そこにいる男はそれまでの彼とはまったくの別人に見える。憑き物が落ちたという言い方があるが、それまでの活力ある永田さんと比べると、幽霊のようだ。何かに魂をすっかり抜き取られたような顔をしている。

就職、結婚、子育てを機に厳しい登攀から離れる人は多く、長く外科医をしていた安田さんも仕事でやめざるを得なかった。

千葉大の第一外科にいた三十五歳ごろ、冬休みを利用し、北アルプスの北鎌尾根に後輩の山本正嘉さんと二人で行った。そのとき手の指を凍傷でやられ、指先が黒くなってしまった。「仕

K7登頂の1年後、誘われて谷川岳一ノ倉沢の岩壁を登ったときの永田さん。なんとなく目に力がない

事に戻ったらボスの教授から『山か仕事かどっちかにしろ』って言われ、冬の登攀を控えました。外科医は手がやられると半年ぐらい仕事にならないんです。手術のときの手洗いも痛くてできなかった」

今は朝三時起きで、日帰りの登山道歩きを一人でやっている。やっぱり、気持ちいいからだ。Ｋ７に行った神沢さんは今も登攀を続ける数少ない一人だ。「少しでも難しいところを登りたいという意識がずっとあり、登れないと悔しい。私はやめられないタイプです。クライミングほど楽しいことが他にはない。家庭はありますが私はどっちかというと個人主義的というか、子どもにもカミさんにもあまり口出ししないで、自分は自分の好きなことをするタイプですから。マラソンやトレイルランもやりましたが、体が動く間はクライミングをしたいなと。やっぱり登れたときのうれしさが麻薬みたいなもので、ドーパミンがどっと出て」

永田さんはなぜ山をやめたのか。仮説をいくつか立ててみたい。

一つは死への恐怖である。守護霊がついていたのか、滝谷や利尻で大事故を起こしても死ないどころか、ケガ一つせずに済んだ永田さんは珍しくＫ７で死について書いている。

八四年夏、Ｋ７のベースキャンプにいたとき、近くの山、チョゴリザに向かうフランス、グルノーブルの山岳会の六人と永田さんは交流している。七月一日、永田さんが二十五歳半のときだ。Ｋ７日記によると、フランス隊はキャラバン中、東大のベースキャンプの近く、十分ほどのところにテントを張った。永田さんは好奇心があったのだろう。彼らを訪ねいろいろと情報交換したところ、〈つい色気をおこして我がＢＣに招待してしまった〉。

八人の隊員のうち女性一人を含む六人とリエゾンオフィサーがやってきて、小さなパーティを開いた。梅干しや海苔、塩辛、鰹節、羊羹、おすましに日本茶、さらにはウイスキーまでふるまった。〈なかなか陽気な人たちだった。話がはずんだ。日本食を（無理して？）残らず食べたのには驚いた。写真を撮り、住所を交換した。なかなか楽しかった〉。

永田さんは随分満足したのか〈夜、深酒をしてしまう〉と書いており、この日の日記は〈今日は、いっぱしの国際人になれたような気がした〉と結んでいる。

そのフランス隊の事故を知ったのは、二十九日後、七月三十日だった。標高六〇九〇メートルのＣ３で降雪のため停滞した午後だった。下のキャンプとトランシーバー交信した際、総隊長で登攀には加わらない中村純二さんに、フランス隊の二人が七月二十七日に雪崩で亡くなったと知らされる。登頂に成功し、下山途中の出来事だった。

〈日本食を食べさせたりして、楽しく元気だったのに、人間の運命とはわからないものだ。１

人はフィリップ（隊長だったと思う）、1人は女性隊員だ。かわいそうだとは思うが、自分も同じような立場にいて、なかなか困難におかれているので、切実な恐怖感とかはわかない。それより、いよいよ厳しい戦いになってきた。このK7との勝負に何としても勝たねばならない〉

それまでも、しかばね乗り越えて、というわけではないが、永田さんは仲間の大事故をさほど振り返らず、淡々とやり過ごしてきた。滝谷でザイルが岩と岩の溝に挟まる偶然から、奇跡的に助かったときも、テラスでビバークしながら「俺、もう山やめるわ」とうわごとのように繰り返した仲間、宮森伸也さんの話を、脇で静かに聞いていた。そして、その後、すぐに別の仲間と滝谷を登っている。

K7では魔が差したのか、二人のフランス人が死んだ翌日、七月二十八日の日記にこんな記述がある。この時点で永田さんは事故のことを知らない。荷上げのため、岩壁にぶら下がっているときの様子だ。落ちたら一〇〇〇メートル以上も墜落し助からない。

〈相変わらずつらい＝登高器のユマールで登る＝ユマーリングだった。9ミリのロープに完全にぶら下がり、高度感と戦っていると、確かに、〃このロープが切れたら〃とか〃ユマールのバネがいかれたら〃とか、ふと「死ぬこと」を考えてしまう〉

疲れていたのもあるが、永田さんは苛立ち、少し不機嫌になっている。

一九八四年はヒマラヤを目指す登山者にとって、嫌な年だった。というのも、その年までに著名な日本の登山家が相次いで死んだからだ。

「天才的なクライマー」と呼ばれた加藤保男は三十三歳のとき、一九八二年十二月二十七日に厳冬期のエベレスト頂上に立ったあと、頂上直下で小林利明（当時34歳）と合流し、八〇〇〇メートル以上でのビバークを強いられ消息を絶った。

八三年十月八日には、当時最も実力のあった社会人山岳会、山学同志会とイエティ同人の七人がエベレストで日本人初の無酸素登頂を試み、登頂した五人のうちの二人、吉野寛（33歳）と禿博信（31歳）が亡くなっている。シェルパの一人も登頂前に滑落死した。

そして八四年二月十三日には、四十三歳だった植村直己がマッキンリーの冬季初登頂後、消息を絶っている。

永田さんはいずれの件についても書き残していない。しかも、八〇〇〇メートル峰を目指していたわけではない。しかし、誰が言い出したのか、八〇〇〇メートルに行き続ければいずれ死ぬ、という言い回しをこのころよく耳にした。当時、最先端だった無酸素で、しかも一撃で頂上を往復するアルパイン・スタイルを目指そうとしたらなおさらである。

永田さんは当時のヒマラヤ登山の動向をよく勉強していた。自分より七歳ほどの上に当たるヒーロー的な先人たちの相次ぐ死が、永田さんが山から離れる背景の一つにあったのではないかと思う。

次に考えられるのは、多くの仲間が指摘する、目標の喪失だ。

Ｋ７の仲間、武中誠さんがこう話す。「レベルを落として満足する人ではないので、あれ以上の山登りが永田さんの中にはなかったのか。八〇〇〇メートルもそれほど魅力的ではない。Ｋ７が大きすぎたのか、そのあとのやりがいが見つからなかったんだと思います。むしろ登れなかった方が良かったのかも。そうすれば何度でも挑戦する人でしたから、山をやめなかったでしょう」

それから何年もたって、建築の仕事がうまくいかず、酒にのめり込んでいたころ、先輩の和泉純さんが海外登山に誘った。山に行けば、健康を気にする。荒れた生活も改めるだろう。そんな願いから、和泉さんは安田典夫さんと一緒に、永田さんを説得した。目標はマッシャーブルムだった。鋭く天を突く威容、難しさ、高さともかなりのレベルの山である。

「また一緒に登ろうぜ、と言ったんだけど、和泉さんと安田さんが行けるような山には、もう僕は興味がありませんよ、みたいなことを言って、関心を示しませんでした」と和泉さんが言う。減らず口、言わなくていいことを言ってしまう永田さんの気質は健在だったが、「K7で自分は終わったんだと、それに近いことを言ってました。僕なんかはレベルを下げてでも、そこそこ続けている方だけど」。

K7の成功後、新たな標的を見つけだすことができなかった、ということだ。日々のトレーニングも岩場通いも目標があってのことだ。それがなければ、やる気は出ない。岩登りには依存性があり、登り続けると止まらなくなるが、一度でも離れると、そのままになりがちだ。

一年生の永田さんに精神力の強さを見出した先輩、横田光史さんもK7の延長上にあるものがなかったのではないかとみている。「最先端でさらに先端的なことをやろうとしたとき、道が見えなかったんだろうな。突き詰めるとなると、上にはすごいレベルがいる。ラインホルト・メスナーとか、あとの世代だと山野井泰史とか。そうなれるとは思えないだろうし。今以上のところに行かないともう終わりだ、引退だ、みたいなアスリート的な感覚があったのかな。普通のスポーツは記録が伸びなければ引退となる。それに近い気がする」

『山岳年鑑'85』に一九八四年のヒマラヤの動向が詳しく書かれている。その年、ネパール、中国、パキスタンの三国に入ったヒマラヤとカラコルムの総登山隊の四割に当たる六十五隊が八〇〇〇メートル峰を目指している。登るスタイルがどうあれ、高さがまだ尊ばれていた。

高さを除くと、次に大事なのは厳しさだ。八〇〇〇メートル峰周辺の縦走、短期間で頂上を落とすアルパイン・スタイル。無酸素、未踏のバリエーションルート、厳冬期、高所ポーターなし、単独といったスタイルの混合が当たり前になった。それが八四年だった。そんな中、依然処女峰を狙い、長いフィックスロープで安全を確保した極地法、包囲法を続ける傾向にあったのが、日本人隊だった。

〈ヒマラヤ・クライミングの第一線では多人数の伝統的な包囲法が完全に過去のものとなった〉と年鑑は結んでいる。

Ｋ７のように物量を使っての壮大なプロジェクトを考えようにも、ヒマラヤのトレンドを見る限り、永田さんの入り込める隙は確かになさそうだ。

最先端にいられないなら、やめる。永田さんにそんな考えがあったとしたら、それは十分理解できる。冬の岩壁登攀を教えた駒宮博男さんはそう言う。

「あるレベルを超えた山登りをしたやつはレベルを下げられません。次に登るのはあそこと決めている。レベルを下げたらもう別世界なんです。そんなにいいかげんな所に行ってどうするんだと思っちゃいますよ」

駒宮さんは永田さんのように大学に八年いたが、最後は中退し登り続けた。二十代で行った海外遠征は十回を超す。

「冬の登攀をやると、一つ登攀を終えた瞬間、次はここだとアイデアがたくさん出てきて止まらなくなる。完全なる中毒状態です。私はもともと昆虫採集からスタートして、知らぬ間に高い山に登るようになって、チョウよりも山登りが面白くなって東大スキー山岳部に入ったんです。先輩に『お前、岩登りめちゃくちゃうまいな』と言われた瞬間、スイッチが入って中毒になって、雑誌『岩と雪』のクロニクル（記録欄）に出るような登山をしなきゃいけない、という方向に行ったんです」

駒宮さんが「中毒状態」から抜けたのは病気だった。結婚しても子どもができても海外登山を続け、最後はK7と同じ年、八四年のナンガ・パルバット（八一二五メートル）だった。五回頂上をアタックしたが、ルート選択を間違え厳しい岩壁にぶつかり、標高八〇〇〇メートル付近までしか登れなかった。その後、高山病の仲間を助け下ろし、帰国したら、高度障害による劇症肝炎にかかっていた。一カ月も入院し、その秋に予定していたダウラギリに行けないとわかり、そのとき足を洗った。三十歳。最も脂がのったときだった。

その後も槍ヶ岳日帰りなどトレーニングは続けたが、起業やNPO設立、ぎふNPOセンター理事長など、コミュニティーの自給自足を究める仕事で忙殺されるうちに、ゆっくりと「解毒」していき、今は登攀をしたいとはまったく思わない。

「もっとできたという思いはあります。八〇〇〇メートル峰を三つ四つ登りたかった。今、私の人生で山登りとは一体何だったのかと振り返ると、修行だったと思います。そもそも日本の登山の発祥は山岳信仰ですから。英国の宣教師で近代登山をもたらしたウォルター・ウェストン（1861～1940年）が日本の山をいくら登っても、どの山にも修験者の痕跡がありました。だから、自分は修行していたと解釈し、やめたのを正当化しているところがあります」

永田さんはもう十分修行したと悟ったのだろうか。「もういいんだ。十分やったんだ」と五年ほどのちに建築仲間に話していたことを思えば、そういう面がなかったとも言いがたい。目標の喪失というより、十分修行し目標を探す必要がなくなったということだ。

表現の舞台消え

次に考えられる仮説は、登山表現の喪失だ。

これは目標の喪失にもつながるが、常に最先端を意識していた永田さんはいつの間にか、登る動機が、高校時代に吉川智明さんと登ったときのような、「山の中にいる、ただそれだけの喜び」から、メディアの評価へと変わっていった面もあったのではないだろうか。評価されない以上、登っても仕方がないと。K7から下山後、記者会見を開いても誰も来てくれなかったことを嘆いたのも、その傍証だ。

この本の原案、「永田東一郎伝」を新聞連載したとき、K7を高く評価した登山家、和田城志さんがときおり、便りを送ってくれた。その中に和田さんの違和感が書かれていた。

「私はモラトリアムな世間逃避型の登り方をしてきたように思う。彼も山に逃げればよかったのだ。自然は人間社会ほどややこしくないから、ごまかしが効かない。山が人に必死を強いる。初登頂も初登攀も登山者の動機を興奮させるけれど、山に入るとそれらは関係ない。無我夢中の必死だけが真実であって、言い古された言葉だけれど、結果より過程そのものが登山の目的である。だから、常に見果てぬ夢であり続けるのだ。

登山家はヤクザな生き方だが、本音は真面目な生き方にあこがれている。彼は世間を山に持ち込んでいるように見える。多分、本当の山を知らずに終わったのではなかろうか？　同じアル中でも、アルコール中毒ではなく、アルピニズム中毒だったらよかったのに。どっちみち短命だけれど。私は幸運にも、2つのアル中からお目こぼしで生きながらえている」

「世間を山に持ち込んでいる」とは、『岩と雪』など山岳ジャーナリズムにおける評価を指している。永田さんは世間の評価、つまり雑誌に記録を残すような登山にこだわりすぎたのではないか。

二〇〇〇年発行の『輝けるときの記憶』にある座談会「われらが世代」で永田さんは「黄金期」という言葉を使っている。九〇年代末の座談なので、四十歳のころ、山をやめて十五年ほどがたってからの言葉だ。

永田さんが活躍した一九七八年から八四年は大学山岳部、特に東大スキー山岳部は「黄金期」にあった。部員が多く、五月の新人訓練合宿のあと一年生を除いた二年生以上で岩登りをする際、三、四人パーティが五つも六つもでき、遠くの壁にいる仲間を見ながら競争するように登った。

〈時代もよかったんです。八〇年代初頭は、八〇〇〇メートル級の山の初登頂はとっくに終わっていましたが、インドヒマラヤが解禁され、六〇〇〇メートル峰のおもしろいところにかなり安く行けるようになった。学生でもヒマラヤへ行っておもしろいことができるようになったんです。

その推移は雑誌の盛衰を見るとよくわかります。たとえば『岩と雪』は七〇年代には季刊でしたが、七〇年代の終わりになると隔月刊になったんです。また、八〇年か八一年に『クライミング・ジャーナル』という雑誌も創刊されています〉

七〇年代末、ヒマラヤブームとともにフリークライミングが広まった。それまで登山靴で岩を登っていたクライマーは、運動靴、クライミングシューズを経て、ラバーソールに履き替え、器具を使った人工登攀で登られていた壁のフリー化が競われる。そして、人工壁ができ、ボルダリングが広まり、クライミングジムが開かれ現在に至る。

その分、永田さんらが目指した冬の岩登りを頂点としたオールラウンドな山登り、つまり総合力、精神力が求められる分野は衰退していく。ちょうど彼が活躍したわずか十年ほどで廃れてしまうのだ。

東大も組織の力量より、個人の志向が第一となり、冬山を一切やらず、室内クライミングだけか、車を降りてすぐにたどり着けるような岩場にしか行かない人が増えていく。山スキー、スノーボードと多様化し、なんでもかんでも一通りこなす人が減っていく。座談会ではそれを「個人商店」「専門商店」とたとえている。

〈八〇年代を黄金期と位置づけましたが、九〇年代は衰退の時代と考えています。つまり、スポーツ登山があきらかに衰退しているのです。『岩と雪』は休刊という名の廃刊になり、その前には『クライミング・ジャーナル』も廃刊になっています。私自身、夏の涸沢にいったとき、いるのはおじいさんおばあさんばかりで、テントも少なく、あれっ、と思ったことがあります〉

結婚してほどなく、妻、和多利さんを北アルプスに案内したときのことだろう。人が減れば減ったでいいではないか。空いた涸沢にテントを張り好きなように登れるではないか、と思うが、言葉からもわかるように、永田さんにとって大事だったのは競う場としての雑誌、評価軸だ。

和田城志さんはそれを見抜き、「本当の山を知らずに終わったのではなかろうか？」という疑問を投げかけている。

永田さんとは逆に一切書かなかった人もいる。同じ下町出身の登山家、立田實《たつた》だ。世代はずっと上の一九三七年生まれで、東京の江東区大島の酒造問屋に生まれた。中学時代から山に親しんだ立田は谷川岳の岩場開拓や遺体回収で名をなした緑山岳会に十六歳で入り、高校に通いながら主に単独で冬の一ノ倉沢から知床まで年間一四七日の登山を記録した。

六六年の南米アコンカグアを皮切りに七〇年代にかけ当時の多くの日本人に手の届かない海外登山を続けた。一人旅をしながらパタゴニア、欧州アルプス、ヒマラヤの山々を登り、北アメリカ、アフリカの山を転戦。七二年にはアルゼンチン隊と、そして七三年にはシェルパのふりをしてイタリア隊に入り、エベレスト直下、あるいは頂上まで登っているという説もある。

というのも、立田は自分の登山を友人に語ってはいるが、ほとんど発表せず、死の床で自分の手で記録を抹消しているからだ。晩年は荒《すさ》んだ生活で、酒の飲み過ぎで八三年、四十五歳で亡くなっている。

死んだ年は一つ下だが、死因は永田さんと同じだ。

著書『登山史の森へ』（平凡社、二〇〇二年）で「失われた記録　立田實の生涯」を書いた詩人、エッセイストの遠藤甲太はこう記している。〈真の単独行者は、おそらく表現行為の彼方を歩き、表現行為の彼方に攀じる〉

永田さんの場合、表現行為あってこその山登りであり、山登りそのものが表現だった。中でもK7が斬新な表現だったとすれば、似たことを繰り返すのも、違うスタイルで一から表現するのも、あるいは、彼が好んだ登山家、深田久弥のように「なんてことのない山」を描くこともしなかった。

『岩と雪』のクロニクル欄に載った自分の記録の小さな活字を示し、「どうだ、載ったんだぜ、すごいだろ」と彼が語っていたころ、「すごいですね」と半分は憧れながらも、私の中に若干違和感があったのは、八〇年代前半、彼と私とではフィールドがまったく違っていたからだ。

私がいた北大山岳部の場合、気象条件が違うため、本州の登山者たちとは一線を画していた。日高山脈での雪崩や知床半島での疲労凍死など遭難も多く、死なないことを第一に掲げ、着実な登山手法をとっていた。

このため永田さんが読み込んでいた雑誌『岩と雪』に記録を発表する者もまずなかった。岩登りを好んでする者が、三十人ほどの部員で私を含めた四、五人ほど。岩登りはあくまでも、夏は日高の稜線に突き上げる直登沢に登る準備、冬は日高の縦走をするための基礎訓練にすぎなかった。寒冷、気象の厳しさでは最先端にいても、日本の登山界の先端を目指すというムードがそもそもなかった。

だからだろう。永田さんのようにスパッとはやめられず、パイオニアワーク的な要素がなくとも、自分なりの個の登山を続ける者が今も少なくない。

東大の永田さんの山仲間も、先端にいなくとも、山を続けている人はけっこういる。老いとともにレベルを下げても、リスクはある。ちょっとした沢登りでも危険はいくらでも隠れている。永田さんが書いたような、岩場を前にしたときの張り詰めた感覚は、レベルを下げても得られるものだ。

永田さんが執筆した記事を担当した『山と溪谷』の元編集長、神長幹雄さんはこう話す。

「登山家の長谷川恒男さんがヒマラヤで四十三歳で亡くなる直前、こう言っていました。いずれは自分もダメになる。ダメになったらレベルや山の高さを下げればいいんだと。その場その場で面白さを見いだし冒険的な登り方をしていく。永田さんも『到達した』とは考えていなかったと思います。登攀には満足も終わりもない。一時やめても戻ってきます。決して忘れられないものなんです」

一流でないのなら、世間に評価されないのなら、それは書かないのと同じことだ。意味はない。

物書きに例えれば、永田さんはそんなふうに思っていたのではないか。でも、書き手は多彩だ。売れる作家、賞をもらう作家だけが書き手ではない。同人誌であれ、少数に配るざら紙の冊子であれ、表現は表現だ。書くことが本当に好きなら、人は書き続ける。

もう一つの仮説は、建築への転戦だ。

このまま山を続けていれば、まともな職業人にはなれないという思いがあっただろう。K7の帰りのキャラバンでの日記が虚無的なのは、このとき、照準を山から建築に切り替えていたとも考えられる。山をやめ職業を選んだということだ。

永田さんが冬の岩登りにのめり込んでいた大学三年目の冬、読書録の中で本多勝一氏の『山を考える』を厳しく批判した。〈著者の視野は偏狭で幼稚・単純で、誇大妄想的でほとんど許

し難い〉

永田さんがこの本のどの章を批判したかはわからないが、十九編の短編の一つ「都会における山」に反発したと私は疑っている。

『岳人』の一九六三年四月号初出の本多さんの文章にこんなことが書かれていた。

山に行く人は山国生まれの自分などよりも明らかに都会人が多い。それは登山が「都会的な文化現象」だからだ。適当に都会から逃避したい人にとって、山は格好の対象であり、その分、山は都会そのものに近づいていく。雪山賛歌の歌詞、「おれたちゃ町には住めないからに」を本気で思っている山男は少ない。が、結果的にそうなってしまう場合もある。

これに続くくだりに永田さんは痛いところを突かれたと思ったのではないだろうか。

〈「あまりに都会的」で、「あまりに山を愛しすぎた」結果、生涯の前半、とくに十代の終わりから二～三〇歳代にかけて、生活のすべてを山にかけてしまい、山以外には「よりどころ」を持てなくなってしまった場合だ。彼は山に多くを期待しすぎた。しかも山を超越するのがまたおそすぎた。登山は、それほど多く、また深くを答えてくれなかった。かつて、答えてくれたであろう時代はあった。こうして彼が山を去ろうとした時、すでに下界は、「都会」は、彼を受け入れなくなっている。しかし彼は生活しなければならない。経済的に。残された道は、それまでひたすら身につけてきた山を通して考えるほかはない。去ろうとした、まさにその山をよりどころにして、生涯の後半を生きなければならない。不本意にも「町には住めない」ことになる。だが、多くのサラリーマンが辞職の勇気を持たぬと同様、彼には山と真に絶縁する勇気はない〉

そしてこう言い切っている。〈山以外に能のない山男。それは、定年を迎えたサラリーマン同様、ひとつの「敗者の姿」だ〉

「誇大妄想的でほとんど許し難い」と永田さんが書いたのは、本多氏のこの断定にグサッとくるものがあったからではないか。どうでもいい、下らないと思っていれば無視すればいい。なのに、ここまでこの本を貶《おとし》めようとするのは、言われたくないことを言われたからだ、という気がしてくる。

山にうつつをぬかしてはいられないと、ミュージシャンの卵がギターをすべて投げ売り就職活動を始めるように、ひたすら建築へと舵を切ったのではないか。

四つの仮説を書いたが、どれもハズレかもしれない。あるいはそれらの複合だろうか。仲間の中に、それほどすっぱりやめた者はおらず、就職しても頻度を減らしながら続ける人が少なくない。二十五歳の秋。永田さんはずいぶんと早く山を見限った。

Ｋ７であまりに普通すぎる頂上を目にした彼は、魔法から解けたように山への情熱を失った。燃え尽き症候群という人もあるが、何かが消えたのではなく、本来あった彼の気質が現れたのかもしれない。中学三年のときの詩から浮かんでくる彼の一面だ。

生きることには、なんの意味もない。時はただ流れていく。だとしたら、人生なんてものも、なんの意味もない。ただ、流れていくだけだ。

そんな思いを詩につづった彼の中の虚無。山、仲間、酒など、いくつもの体験で抑え込まれてきた彼の中の虚無が、奥から立ち現れたのではないか。そんなふうにも思える。

第九章

不得意分野は「恋」

十年の片思い

大して重要ではないと言う人もあるが、恋愛は人を物語る上で大事な要素である。愛こそすべて、とは言わないが、その人のいい面悪い面、笑える面悲しい面とあらゆる顔が見えてくる。永田さんの恋を探らないわけにはいかない。

永田さんは感情むき出しの熱い人だが、女の人が苦手だった。すぐに好きになるが、成就はきわめて少なく、恋愛が不得意だった。相手の心の内を知ることに難を抱えていた。

荒川区東日暮里のアパートに暮らしていた小学高学年のころ、同級生を好きになったが、打ち明けられず、それから三十年もたったクラス会で酔い、人前で「俺の初恋の人です」などと言い出す人であった。

その女性に聞いてみると「初恋という話は置いといた方が無難ですね。本当は別の同級生だと思います。実際、彼は誰にも告白していないんじゃないですか。しない人だと思いますよ」と永田さんを見抜いている。心を読まれやすいのだ。

理由を聞くと「彼は臆病なのにプライドがあるから、フラれるのが怖いし、正面突破する人じゃないんです」と言う。小学生のころ一緒に遊んでも、アパートの外階段の二段上からはジャンプしても、三段上は「危ないからやめよう」という子だった。山では大胆不敵なところがあったが、里での遊びや恋愛には臆病で、失敗しそうなときは必ずセーフティーネットを張るタイプだった。

中学二年になると、ちょっとした弾みで同級生を好きになった。現在は高橋、旧姓滝原千代子さんだ。ここでは、その時代に合わせ旧姓で語る。永田さんは滝原さんを丸十年想い続けた、というかフラれ続けた。と言ってもその間、永田さんはほとんどの時間、エネルギーを山に注ぎ込んでいる。所詮は登山家の恋である。あくまでも二の次だ。暇ができると思いついたように恋心が顔を出す。漠然と彼女を想うのは、悪天候でテントにとどまっているときや、山から下りてきてぼーっと次の計画を考えているときくらいだ。

永田さんが滝原さんに思いを寄せたのは中二の授業中だった。英語の教科書に載っていたサン=テグジュペリの『星の王子さま』のウワバミの話を面白がった永田さんが、ノートにあれこれ似た絵を描いて滝原さんに見せるとウケたのがきっかけだ。

ウワバミの話は一見、帽子に見える絵が実は大きな蛇、ウワバミが象を飲み込んだものという話だが、永田さんは滝原さんに「これなんだと思う?」と丸に点を描いた絵を見せた。「ボール?」と彼女が答えたら、「違うよ、これはミミズがリンゴを食べたところ」。滝原さんが笑うと、喜んだ永田さんは毎日のようにいたずら描きを見せ、二人で競うように描くようになった。

「私が面白がったのが彼の琴線に触れたんでしょうね。それをきっかけにいろんなことを話すようになって、ちっちゃいメモの交換日記をするようになったんです」。それから四十五年が過ぎ、滝原さんは「変だけど面白い人だった」と、北千住の古い喫茶店で私に語り続けた。

永田さんは上野高校、滝原さんは足立高校に進み、三冊にもなった交換日記はそこで途絶えた。スマホも何もない七〇年代前半、交換日記は永田さんにとって恋のツールだったが、滝原さんには「いたずら描きに毛が生えた程度のもの」だった。

「交換日記でお互いの心情はわかり合えるじゃないですか。だから好き嫌いじゃなく、ずっと友達同士でいる感覚で私はいたんです」

永田さんは駅でいえば鶯谷、滝原さんは三河島。同じ荒川区東日暮里でも距離はあり、高校も違う。たまに会い電話で話すことはあったが、だんだんと縁遠くなる。そんなころ、永田さんが喫茶店で突然、切羽詰まった顔になり、こう告白した。「ずっと好きだったからつき合ってほしい」

だが、滝原さんには中学時代からつき合っている人がいたため、無理だよと断った。永田さんはその相手を知っていたが、怯《ひる》まず、「自分の方が絶対にいいから自分とつき合ってほしい」と会うたびに言い続けた。

「その人のこと、私がどんなに好きかわかるよね」と言っても、永田さんはしつこかった。と言っても、毎週末と夏休みや冬休みはいつも山に行っているので、帰ってきたとき、暇ができると電話してきて、思い出したように言ってくる。

彼の中の彼女は、前回会ったときのまま止まっているが、高校生の彼女には彼女の日々がある。滝原さんが高三になり、新しい恋人ができたときは、「えっ、なんでだよう、なんで俺を選ばないんだよう」と永田さんはひどく悔しがった。

「光栄ですよね、今思うとね。私の相手はこういう人なんだって言ってたら、『自分はそいつよりもいいから自分を選んでくれ』ってずっと言い続けてましたね」

光栄。嬉しかったとも、心が痛んだとも言わず、滝原さんは光栄という言葉を繰り返す。

永田さんが南硫黄島探検に行ったのは二十三歳の初夏、滝原さんに絵ハガキを出している。「南硫黄島日記」の「絵ハガキ」という文字の下に東大や上野高校の山仲間たちの苗字が連なり、○印が書かれている。十四人が連なる中、二番目に書かれた「滝原」という苗字の右側に○が3つある。友人らに一通、母に二通なのに、滝原さんに三通も出していた。

そのページにこんな記述があった。

〈夕方、ウェザーステイションに登る。夕日が広大な海に照り、島々の黒い影がポイントになり、美しい景色だった。ずっと見とれていた。風が強かった。船が光を横切って通るところは美しい絵になり、シャッターをたてつづけに切った〉

南硫黄島の準備のために入った父島で、先輩の安田典夫さんらと路上乱闘した日の日記に〈実は少々寂しい。歌謡曲も聞きたいし、彼女に会いたい気もする〉と書いたが、ここにある「彼女」は滝原さんのことだ。

普通なら諦めるものだが、永田さんはシャイなのに傲岸《ごうがん》とよく言われるように、小学生のころの臆病さを払拭したのか、山から下りて暇になるたびに、「俺の方がいいから」と言い募った。人に好かれるのは悪い気はしない。滝原さんは「いい友達」と思っているので、呼ばれれば喫茶店や居酒屋に出向いた。

永田さんはよくしゃべるが、話題は山の話ばかりだった。サブザックから報告書や写真を取り出し「すごいだろ」と言い、テントで仲間たちが頭と足を交互に寝る話や、防寒訓練のため冬の街でも薄着を着る話、鉄棒で懸垂を何回できるかといった、もっぱら自慢話だ。

永田さんは親友の吉川智明さんにも滝原さんのことは明かしていない。ただ、大学生のころ、永田さんと荒川区の熊野前の交差点の飲み屋で飲み、店を出たとき、たまたま滝原さんと出くわすことがあった。「下駄屋の娘さんだって紹介されて、なんか話をした覚えがあるけど、まあいつもの片想いだろうなと思いましたね」と吉川さんは言う。

「下駄屋のなんとかちゃん」というのは私も聞き覚えがあった。「永田さん、彼女いないんですか」と日暮里の飲み屋で聞いたとき、「下駄屋の○○ちゃん」と言い、なにかむにゅむにゅと言いながらカウンターに突っ伏したことがあった。片思いだと私も思った。もしつき合っていたら、永田さんのことだ。自慢しないはずがない。「俺の彼女がさあ。すごいんだぞ」と。

滝原さんに言い募っていた間も、永田さんは彼女は無理だと判断したのか、他の人のことを複数好きになっている。「軽く好きになって、ダメになって、軽く落ち込んで、また次みたいな、そんな感じだったんじゃないですか」と、よく一緒に岩登りをした関根豊さんはみていた。部員で恋人のいる人は少なく、何も永田さんだけがさびしかったわけではない。が、永田さんは煩悶《はんもん》を人に見せるところが違っていた。四年も五年も下の後輩によく「俺はいつもふられる」とぼやいていた。

「女性に弱いというか縁がないんです。東大生は女性にもてないと言われた時代でしたが、永田さんはその典型でした」。後輩の名久井恒司さんの話だ。

駒場の部室にやってきて、名久井さんを見つけると興奮気味に「今日はパン屋で店員の子と話せた。二カ月ぶりだよ」とうれしそうに言っていたのをよく覚えている。

三年生のとき、先輩たちのインド・ヒマラヤ、シブリン峰への遠征隊の見送りに行ったら、隊員が彼女を連れてきていたのにショックを受けた話はすで書いたが、それだけ恋人を渇望していた。

山に行き、女性ともつき合うという離れ業をする人がいるたびに永田さんは羨ましがった。後輩に彼女ができたと知るや、「ゲェー、ほんとかよお！」と大声を上げ、「なんでだよお、おっかしいじゃねえかよお、写真見せろよ。なんでそんなに簡単にできるんだよお。ちっくしょー、ずるいぞ、お前」と悔しがる人だった。

「寅さんみたい」と言う仲間もいるが、『男はつらいよ』の主人公ほどカラッとしていない。先輩の恋人や妻を紹介されただけでも、相手が女性というだけでどぎまぎして、まともに挨拶もできない。結果、「何、あの人」と悪い印象だけを残す。

外見は服装を除けば悪くない。滝原さんも「少しジュリー（沢田研二）に似ている」と思っていた。よく喋るジュリーといったところか。外見はどうあれ、永田さんはキャラクターが恋愛向きではなかったのかもしれない。

滝原さんは就職して保育士になり、足立高校の同窓生で千葉大を卒業した人と結婚するつもりでいたが、「俺の方がいいから」と永田さんはまだ言い続けていた。

言い分はあまり格好のいいものではなかった。

自分は東大に行っていて、将来立派な建築家になる。「とにかく自分のことを見せたがるじゃないですか。本郷のキャンパスまで連れていかれたこともありました」。「一級建築士になったら、すごく稼げるから、保育士なんかしなくたって悠々自適な暮らしをさせられる」とも言った。だが、滝原さんは人のお金で食べていこうとは思っておらず、保育士も好きな仕事なので、そんな言い方をされれば面白くはない。

恋や気持ちを語るのではなく、立場や地位を語ってしまい、相手のことがよく見えていない。

「あと、私の彼のことを悪く言うんですよ。中学のときから好きだった最初の彼のことを、あいつは卑怯者だ、男の中では評判悪いぞってよく言ってて。見かけ倒しの弱っちいやつだって。二番目の彼氏についても、自分の方が頭がいいとか、自分の方が稼げるとかそういう話で。私は稼ぎで相手を決めないって言うと、すごく悔しがって」

すると今度は自分の魅力を語りだすが、何かがずれている。

「俺は体が強いんだ、すごく歩けるんだ」と日暮里から九段まで一緒に歩かされた滝原さんがくたびれると、「俺は全然疲れない、どんなもんだい」という顔をしていた。

聞けば聞くほど、永田さんがかわいそうになってくる。

「一度なんて、私のデートを見に来たんです。永田さんと会って、その夜に彼氏と会う約束があったんで、『デートだから帰るね』って言ったら、顔を見にくるって言って。嫌じゃないですか、彼氏とデートなのに。相手だって、彼女が男の子を連れてきたら嫌でしょ。だけど、どんなやつか見たいって、三河島の駅までついてきたんです。離れたところで、あの人だよと教えると、『勝てる』って言って、『自分を選べ』ってまだ言ってました。この人、本気なんだろうけど、少しゲームみたいな気持ちにもなってるのかなと、そのとき思いましたね」

Ｋ７に行く前だから、一九八三年暮れか八四年の初めごろ、滝原さんは結婚の日取りを永田さんに告げた。さすがの永田さんももう食い下がらなかった。それどころではなかった。彼の頭の中はＫ７のタクティクスがひしめき、恋など二の次である。ダイレクト尾根か中央岩溝か、そのどちらが可能性があるか、そんなことで頭がいっぱいだった。

喫茶店で会うと、永田さんはＫ７の話を熱っぽくこんなふうに語った。

自分はK7という難しい山の調査研究の隊員に選ばれた。それは「サイボーグ009」のメンバーみたいにすごいことなんだ――。

実際は自分で山を決め、リーダーとして行ったのだから、ここには嘘がある。登山を知らない第三者に言うには、調査研究の方が、ただの趣味の山登りよりも重要な任務に聞こえるし、一世一代のチャンスという響きがある。それに加え、おそらくもう一つ、そう言った方がいい理由があった。

「それで、行くための資金がどうしても足りないって言って、お金を貸してくれないかって言うんです。いくら足らないの？　って聞いたら二十万くらい足らないって言って」

十年間好きだった相手が結婚すると知るや、借金を申し込む。

「貸すのもアレだから、お金はあげるけど、このお金が何のためのお金かわかるよね？　って言ったら、わかるって。私が結婚するために貯めたお金だったんです。応援のために渡すんだからねって言って」

晩年、永田さんは酒を飲むために仲間たちに借金をして回るが、このときはどんな気持ちだったのか。結婚してしまう相手を前に、泣きたい気持ちだったのか。いや、きっと頭の中はK7でいっぱいだったのだろう。

「すごい喜んでいましたよ。これで行けるって。彼にしてみたら私とは結婚しなくても、私が自分の夢を応援してくれるっていう方がうれしかったみたいです。だって申し訳なさそうな態度は全然なくて、すごく喜んでた。行きたいって熱く語ってましたから。私もそんなお金の使い方をしてもらえて本当にうれしかった。お金なんて働いてれば、手に入るんですから」

次に会ったとき、滝原さんが二十万円の現金を渡したら、永田さんはこんな口約束をした。

自分は建築家になるから、いつかきっと滝原さんの家を自分が建ててやると。

約束が果たされることはなかった。

結婚という名のプロジェクト

永田さんに本当の恋人ができたのは、それから五年近くがすぎてからだった。東大工学部の建築学科を二十七歳で卒業し、小さな建築事務所を転々としていたころだ。そのころ、永田さんは高校時代の友人の下山幸男さんとよく飲んでいた。

上野高校の同級生で永田さんの浪人が決まったとき、高校の時の予備校のテキストをくれた人だ。山をやらない下山さんとは一時遠ざかっていたが、彼がＮＥＣでシステムエンジニアになったころから、よく会うようになった。「いつもそうですが、電話がきて、いつ会おうじゃないんです。今から飲もうなんです」

二人が行くのは御徒町の焼肉屋か居酒屋と決まっていた。長い時間飲み、最後はふらふらになって帰れなくなった永田さんを、下山さんがよく東日暮里のアパートまで送っていった。

あるとき、永田さんが突然、結婚の話を切り出した。一九八八年、二十九歳の年だ。

「結婚がどうのこうのと彼が言い出して、誰かいないかねっていう話になって」

それ以前、下山さんとの飲み会で、滝原さんどころか女性や恋愛の話はまずしたことがなかった。「誰かを紹介してよ、みたいな話になって。誰ともつき合ったことがないと、藁にもすがる感じなのかなと思って、こっちも必死に探した覚えがあります」

下山さんも独身だったが、結婚したいとは思っていなかった。「彼はけっこう真剣で、なんとかしてよ、というふうでした。仕事がうまくいってなかったのかもしれませんね。うまくいっていたら、二十九の男があんまりそんなこと、考えないですよ」

永田さんはすでに登山をやめている。二の次だった恋愛や結婚を考える暇があったのだろう。今はもっとそうだが、八〇年代末の若者で、特に理系出身の場合、恋人がいないのは珍しいことではなかった。永田さんはどんな気持ちだったのか。女性のことは好きで、性欲もそれなりにあっただろうから、漠然と彼女がほしいと思っていたのはわかる。だが、最初から下山さんに結婚の話をしていた。そこまで見込んだ相手を求めていた。難峰K7ではないが、一大プロジェクト、何か得体のしれない結婚という高い壁に狙いを定め、ルートをあれこれ考えていたのかもしれない。

「結婚や父親というイメージから遥かに遠い人」と山仲間が見る一方で、永田さん自身は結婚したがっていた。東大に受かったとき、K7遠征を成功させたとき、おそらく「お母さん、やりましたよ」と言ったように、当時一緒に同潤会アパートで暮らしていた母、邦子さんに「やりましたよ」と言いたかったのか。

下山さんがNECの部下の女性と話していたら、彼女の友達にも相手を探している人がいると知り、四人で食事をした。そのとき永田さんが引き合わされたのが、のちに結婚する三浦和多利さんだった。

「季節は覚えていなくて、確か御茶ノ水か銀座のイタリアンだったと思います」。当時の旧姓は江川だが、のちに永田さんと結婚し離婚し、その後再婚したため、今は三浦姓となっている。永田さんとの間の長男、長女は江川姓だ。ここでは和多利さんの呼称で話を進める。

永田さんの第一印象は良かった。最初、二対二の食事をしたときの永田さんはスーツ姿で、長髪ではなかった。「普通にサラリーマンふうでした。最初に会ったとき私、この人と結婚するかもって思ったんです」

二十六歳の和多利さんは二十九歳の永田さんの何に惹かれたのか。

「存在感？　そうですね。確かに存在感のある人でした。私、結構、俳優さんの好みとかは面食いなんですけど、顔も気に入っていたと思います。山の事故か乱闘事件で前歯がなかったんですけど、東一郎さんはジュリーに似てるって言われたことがあるって言っていました」

「よく喋るジュリー」のことだろう。だが、和多利さんは俳優の陣内孝則に似てると思った。

頬骨の角ばったところとメガネだろうか。つき合っていた当初、その話を酔った和多利さんが友達にしたら「えっ、そうかなあ」と笑われたため、怒って蹴っ飛ばそうとしたことがあった。

それほど、彼女は永田さんを一目で気に入っていた。永田さんの人生で初めてのことだった。

その後、二人は永田さんの勤め先があった御茶ノ水でよく落ち合った。「すごく喋ってくれるから、楽だなと思ったんです。仕事が大変だとか、昔の自慢話とか、山の思い出話。それからはちょいちょい飲んでました。週に一、二回。平日のデートではいつもジャケットを着ていたので、建築家然としていました。でも、週末のデートだと、いつも中学生みたいな格好でした」

そのころ、和多利さんは埼玉の実家を出て、南行徳のアパートで一人暮らしを始める。週末、永田さんがそこを訪ねるようになった。

「付き合い始めたころは、デートをすると首から下は見ないようにしようっていうぐらいスタイルがダサくて。ファッションが永田さんなんです。いつもスウェットみたいなのか、ジーパンとトレーナーみたいなダッサーっていう格好で。そのうち変えていくから、まあ見ないようにしようという感じでした」

服装はまだしも、問題は遅刻癖だった。

「週末デートの集合時間がいつも遅く、十五時とか十六時。しかもはなはだしく遅刻してくるんです。早く会いたいという気持ちがないのかと思いましたが、前日の深酒でそうなるんだとだんだん気づきました。酒臭いにおいを消すため、いつも飴のホールズをなめながら登場していました。彼の叔父の小西弘さんの事務所に初めて二人でご挨拶にうかがう日も、日比谷線の三ノ輪駅で軽く一時間は待たされました。携帯でまめに連絡をとり合うこともない時代でしたから。こんな大事な時まで遅れてくるのかと、本当に腹が立ちました」

一九九〇年ごろの話だ。そのころ、東京で永田さんに会うと、何かと和多利さんのことを自慢していた。

「俺の彼女、かわいいし、すっげえ頭いいんだぜえ、証券レディーだかんなあ、すげえだろ。

お前、今度、会わせてやるよ。会いたいだろ。証券レディーだぜぇ」

何がすごいのかわからなかった私は、適当に相槌を打ったが、確かに、このころは山のジャンパーや黄ばんだシャツ姿ではなく、白っぽいヨットパーカーなど、かつての永田さんとは違うごく普通の服装をしていた。和多利さんの影響だろう。

「私、大学を出るとすぐに山一證券に就職したんで、証券レディーと言えばそうでしょうけど、文系なのにコンピューターセンターに配属されて、今もそうですけど、システムエンジニアをしていました。そのころはバブルだったから、お給料だけは良かったんです」

以後、ずっとシステムを専門とし、山一証券が一九九七年に自主廃業したあとは、ソニーのＩＳ部門の会社に転職し、その後、独立している。

「あの時代って、女性は二十五ぐらいまでに結婚するものだ、みたいなことを言われていて、私、女子校だったんですけど、同級生で二十五までに結婚した人は三割くらい。特にうちの高校の卒業生は遅いって言われてましたね。だから自分も売れ残りたくないな、なんて思ってたのかもしません」

埼玉の浦和第一女子高のことだ。大学は埼玉大の教養学部のアメリカ研究コースだった。両親は山形出身だが、二人とも若いころに東京に出てきてるので、小さなころは池袋に近い東長崎や練馬に住み、小学三年から越谷に暮らした。

永田さんは和多利さんと早く結婚したかったようだ。

「プロポーズされたんですけど、結婚してくださいみたいな感じだったか、言葉はぜんぜん覚えていないんです。一人暮らしして、週末に車で出かけるだけで楽しかったんですけど、彼が結婚したいと言いだしたんです」

和多利さんは結婚などせず子どもがいなくても、十分なお金を稼いで遊んでいればいいぐらいの気分だった。でも、永田さんがどうしてもしたいと言うため、「まあいいか」という感じだった。「責任とかはあんまり考えず、軽い気持ちでした。でも、彼の実家に行くと彼の狭い部屋なんかもゴミというかいろんなものがあって、掻き分けて入っていかなきゃいけなくて、そういうのを見ても、別に自分がしっかりしていればなんとかなるだろうと軽い感じで。将来に関しては何も心配していませんでした」

二人は結婚する前の九〇年、九州旅行で東大スキー山岳部同期の今田幸伸さんを訪ねている。

「永田が旅行のついでにうちに和多利さんを連れて来てくれたんですよ。で、俺も、やっと彼女ができたんだと歓迎して、結婚するんだってすごくうれしそうでね。そのとき、うちにはもう長男が生まれてて、その長男坊を二人とも、特に永田が可愛がって、あやしてくれてね」

二人は三年つき合い、九一年九月に結婚した。「結婚式とか、すごくちゃんとやったんですよ、学士会館で」

結婚間ないころだから、九一年の末か九二年の初めごろ、新宿で早稲田大学山岳部OBの友人と私と一緒に飲んだとき、永田さんが、例によって「証券レディー自慢」を繰り返し、「これから家に来いよ、俺のカアちゃん、証券レディー見せてやるからよお」としつこく誘ってきた。すでに午前二時か三時を回った時間だ。あまりにしつこいし、われわれ二人は寝る場所もないので、私たちは言われるまま、鷺谷駅に近い永田さんの新居に行ったことがあった。

マンションに入ると、永田さんは「おい、和多利、帰ったぞお！」などと勇んで玄関に上がっていった。だが、時間が時間だけに当然である。しっかりした女性というふうな和多利さんが「また、こんな時間まで飲んできて！」「電話もしないで！」と永田さんをきつく叱りつけた。和多利さんはすぐに気を取り直し、一緒に飲んでくれたが、永田さんが「証券レディーなんだぞ！」と言うたびに「やめてよ！」と言い返していた。そのたびにシュンとしてしまう情けない顔があまりにも永田さんらしかった。

「あそこは言問《こととい》通りに面した新築マンションで、家賃は十六万くらいでしたけど、私一般職で山一に入ったんですけど、男女雇用機会均等法が八六年にできて、移行試験を受け総合職になったんです。すると住宅手当てがすごく良くなって、会社が七五パーセント出してくれるんで、六万ぐらい払えば良かったんです。それも自慢だったんだと思います。こんなところに住めるとは自分でも思ってなかったたって、よく言ってました。結婚したとき、お金もぜんぜん持ってませんでしたから。建築士になるための予備校のお金も私が払ったんです。お母さんと暮らした同潤会アパート。私、最初に見たときはびっくりしましたから」

新婚時代を思い出したのか、和多利さんの声が少ししみじみとしてきた。

「あそこには結婚して二年間住んでました。彼は独立してそこを事務所にして。そのころ、猫を拾ったんですよ。二人で自転車で谷中の方に遊びに行こうとしたとき、飼っちゃいけないマンションだったんですけど、内緒で飼い始めて。猫と新婚生活っていうのがすごくうれしくて。こんなに幸せでいいんだろうかっていうぐらいに幸せに思ってたんです。フィービーっていう名前で。サリンジャーの『ライ麦畑でつかまえて』の主人公の妹の名からつけました。その子が本当によく慰めてくれて。まる九年、飼ってましたね」

和多利さんの手元に残っていた披露宴のビデオ映像を見ると、最初から最後まで会場が沸いている。「あの永田が、結婚だもんなあ」「永田さんがなあ」といった話をしているのだろう。

結婚式の披露宴の終盤、ほっとした表情をする永田さんと三浦和多利さん。永田さんは式の直前、周囲に請われ、前歯を入れた

新郎新婦が和装から洋装へと着替える合間にも、上野高校や東大の山仲間、建築家の友人たちが終始笑っている。

友人たちがスピーチで、結婚前、和多利さんに電話で何度となく叱られ「もう、ダメだあ」と絶望する永田さんの姿や、その変わり者ぶりをあれこれ語り、そのたびに会場は爆笑となる。みな永田さんの存在がおかしくて仕方がないふうだ。

一方の永田さんは終始居心地が悪そうで、終盤、K7を中心としたスライドショーを見せるためにマイクを手にしたとき、タキシード姿でこんなことを言っている。

「感謝の言葉をだいぶん用意してきたんですが……スピーチしていただいた方々の、内容に関するチェックは後ほど決算させていただきたいと思います」

それを聞いてまた会場は大笑いするのだが、本人は半ばジョークなのか本気なのかといった顔で、若干不服そうに見える。

永田さんが皆に愛されていることがよくわかる映像だが、こういうのを見ると、ああ、永田さん、と思ってしまう。「よく考えてみると、みんな永田さんのところに来るし、永田さんをよく覚えているし、よく思い出すし。そういう点では魅力的な人なんだけど、誰も本人には『あなたは魅力的ですよ』とは言わない。『ダメなやつだ』としか言わないんです。そういう人だったんですよ」。名久井さんの言葉だ。

誰ひとり、「永田さん、好かれているんですよ」「皆に愛されているんですよ」と言ってあげない。だから、永田さんは最後まで、借金を重ね、飲み仲間が減り、寂しく過ごした最後の最後まで、そんな自分を知らないままだったのではないか。

結婚披露宴でスライドを披露する前、永田さんはこう語り、これも爆笑を買っている。

「どうも幸運をだいぶ使い果たしてしまったかなという、そういう思いに駆られるわけで……」

そのとき隣にいた和多利さんは「えっ」と思った。

「結婚した日になんでこの人はこんなことを言うんだろう。せっかくお嫁さんをもらったのに」。運よく結婚できた、という意味ではなかった。結婚式で山仲間が語る彼の武勇伝、特に「日本の二十代の学生がもぎ取っていった」と世界を騒がせたK７初登頂、そして、それ以前のすんでのところで死なずにすんだ数々の体験を指している。永田さんは和多利さんがどう思うかなど、想像もしなかったのだ。

「やっぱり大学のころ、K７のころがすごく輝いていたんでしょう。結婚式でみんな、彼がすごかったと言うじゃないですか。それで、運を使い果たしたと言ってしまう。でも、それが現実になっちゃって。自分でも、できすぎだった、というのがあったのかもしれませんね」

結婚して三年が過ぎたころ、滝原さんは日暮里中のクラス会で永田さんに会っている。K7のために彼女に借金をし、家を建ててやると口約束してから十年が過ぎていた。

「私が他の建築家に頼んで町屋に家を建てた三十五歳ぐらいのときです。西日暮里でのクラス会に行ったら永田さんが来ていて。どう？ 幸せだよとか言ってて。私、家建てたよって言ったら、なんだ、建てちゃったのか、俺、本気で建ててやろうと思ってたのにって話になって」

そのとき、永田さんは酔ったせいか、こんなことを言った。

俺、十年間ずっと好きだったんだ。中二からずっと滝原が結婚する二十五歳までずっと。もし、自分を選んでたら、もっと幸せになってたはずだ。でも、あんなに好きだったけど、今はもうそれほど好きじゃない。だからもう自分はいいんだ。

永田さんは結婚し、子どもが二人いた。建築の仕事は減っていたが、心は満たされていた。でも、そんなことをわざわざ言ってしまうのがやはり永田さんだった。

第十章

迷走する建築家

下積みに耐えられず

個人的な経験から言えば、私の場合、プラスでもマイナスでも自分の感情が大きく動いたときのことはよく覚えている。喜びでも憤りでも、快感でも不安でも、何がしかの強い感情が伴うと記憶は鮮明に残る。目の前の人の放った言葉をしっかりとした音声で覚えていて、その前後の出来事や、周囲にあったもの、机の触感、匂い、照明の色合いまで覚えている。つまり、ひと言で記憶と言っても、そこに自分の感情、気持ちのようなものが貼りつかなければ、強くは残らない。

山を登っていたころの永田さんのことは、かなり細かなこと、話した内容までよく覚えている。なのに、建築家になってからの永田さんは、どれも薄ぼんやりしている。

それはきっと、私の感情を動かさなかったからという気がする。当然と言えば当然で、登山とは違い、私は建築に関わってもいないし、さほど関心もない。彼が山のときと同じように、いくら「俺の建築、すごいんだぞ」と言っても、猫に小判、糠に釘、私にはさほど響かない。ああ、永田さんがまた自慢しているなあ、と思うくらいだ。

でも、どうもそれだけではなかった気がする。アイデアを形にする。その点で登山と建築は似ているが、永田さんの入れ込み方が違っていたのではないか。登山ほど、建築にのめり込んではいなかったのではないか。つまり、受け止める側の私の関心だけではなく、永田さん自身の言葉、情熱に力がなかったのではないか。

永田さんが建築を目指したのはある意味、偶然と言える。東大の場合、一、二年生の教養課程から文学部や理学部などに進学する際、希望の学科へ行けるかどうかは成績で決まる。ここが京大など他の大学と違うところだ。通常は大学を受ける時点ですでに学科が決まっている。理科系の場合、公立も私立も理学部物理学科、工学部電子工学科と最初からその学科を受ける。

違うのは東大と私が入った北大だった。北大も当時、受験の際、物理系の理一、化学系の理二、生物系の理三をそれぞれ受験し、二年までの教養での成績によって学部、学科の行き先が決まる。私は物理系に入り、留年を重ね教養に四年いた末、落第点の不可が多かったため平均成績が悪かった。入学時にぼんやり考えていた理学部の地球物理学科や物理学科はとても望めなかった。

それでも、紙に希望先を書いて申請しなくてはならない。うっかり、その締め切りを忘れ、日高山脈に行く途中で思い出し、ススキノの近くで共同生活していた友人に代わりに出してもらった。第一希望は理学部数学科、第二希望は理学部地質鉱物学科だった。

一九八三年当時、数学科は就職先が学校の先生くらいしかないと言われ、人気がなく、当然入れるものと思っていた。ところが私が日高の沢に登っているころ、学生部から家に電話が入り、代わりに受けた友人に「藤原君は第三希望が書いていないが、どうする」と聞いてきた。「残っている学科から選んでください」と促され、工学部の資源工学科なら地質鉱物に近いと思った文系の彼が、「では資源で」と答えてしまった。

山から下りてきた私はそれを知り、驚いた。資源どころか工学部に入る気など毛頭なかったからだ。理論より実学のエンジニアリングは向いてないと思っていたのだ。「なんで、資源なんか選んだんだよ。それなら化学にしてくれれば良かったのに」と言っても、「じゃあ、お前が自分で申請すれば良かったじゃないか」と反発されるだけだった。友人からしてみたら当然である。

でも、その偶然のお陰で、私はのちに資源が専門の住友金属鉱山に就職することになった。二年余りで辞めてしまったが、二十代の半ば、老舗の大手企業で働くのは、世間の常識や業界の仕組み、組織のしきたり、ふるまいといったものを知る上で貴重な経験だった。

一方の永田さんは学科選びでは成功した。東大では学部に進むことを進学振り分けと呼ぶが、教養学部の理科一類に五年もいて、成績もさほど良くなかった永田さんは、どういうわけか、比較的成績上位者が進む工学部・建築学科に入ることができた。謎である。

永田さんは学業の話をまずしなかったため真相はわからない。山仲間の多くは「建築の底が割れたんじゃないか」と言う。「底割れ」とは、教養学部の成績がよくない学生が進学できたことを指す。例年の建築学科に入る最低の成績から判断し、ギリギリで落とされるかもしれないと思った弱気の学生が建築学科に応募しないと、成績が悪くても強気の学生が滑り込めることがある。

建築に進んだ一九八三年春、湯島の赤提灯で会った永田さんは私に得意げに話した。「俺、前から建築って決めてたんだ。東大の建築はすごいんだ。そうそうたる建築家がいるんだ」「でも、建築って難しいのに、永田さんがなんで入れたんすか」「バッカヤロー、俺、シビアにやってたんだぞ。成績下げないため、単位落として。だから、何年もダブっ（留年し）たんじゃないか」「本当っすかあ」「あったりまえじゃねえか」

いずれにせよ、なんらかの風が吹き、永田さんは長い駒場通いを終え、母と暮らす鶯谷のアパートに近い本郷の工学部建築学科に移った。

だが、複数の同期生を見つけだし連絡をとっても、「名前は聞いたことがあるが、ほとんど見たことがない」「建築の学生とはあまりつき合ってなかったのでは」という答えしか返ってこなかった。大学にはほとんど行っていなかったようだ。最後まで手元に置いていた友人知人の住所録にも同窓生の名は一人もない。

面識はないが、同じ建築学科で永田さんを知る人に宮本佳明《かつひろ》さんがいた。宮本さんは当時、クライミングをしており、雑誌『岩と雪』に載った永田さんのK7の記録に「攻め方が賢く合理的だ」と驚いていた。

東大建築学科の修士課程にいた宮本さんが学科名簿で永田さんの名を見つけ、あのクライマーと同じ人だろうかと思い、当時の指導教官、鈴木成文《しげぶみ》教授に聞いてみると、「うん、彼は設計もうまいんだよ」と答えた。

学科で見かけることはなく、会わずじまいだったが、宮本さんは永田さんが建築を選んだ理由がわかる気がした。山をスパッとやめて建築をやる。その感じが自分と同じだと思った。

登攀と建築にはつながりがある。登攀や墜落体験が、建物を設計する際、空間を垂直的に考えることにつながると宮本さんは考えていた。

例えば、ビルに大きな吹き抜けを造る際、岩場や四〇メートルザイルの感覚でスケール感を宮本さんはつかむ。建築用語とクライミング用語も同じものが多い。スラブ（一枚岩）、ピナクル（小尖塔）、バットレス（控え壁）。人を束ねて先に進むのも、危機管理も似ている。「ちょっとした加減、間合いで結果が大きく変わってしまうのもそうだし、もちろん運の要素も大きい」

宮本さんが登山から建築に方向転換した一つの理由は、死だった。

「山をやっていると周りが死んでいきますし、自分もいずれ死ぬというのが、なんとなく見えてくるんです。そんなとき、建築に出合い、これなら情熱を傾けても死なないと思ったんです」。登攀に匹敵するだけの価値が建築にはある。そんなふうに永田さんも思ったのか、自分の専門にずいぶん前のめりだった。

ところが、卒業し世の中に出てみると、そこはボロボロで取り付く隙のない険しい壁のようだった。

永田さんが卒業したのは昭和末期の一九八六年春だ。バブル崩壊の五年も前で、建築、建設業界にはいくらでも仕事があり、永田さんは大手の設計事務所に入ることもできた。そこでそれなり給料をもらいながらしっかりと基礎を学び、いずれフリーの芸術家的な建築家に転身する道もないことはなかった。だが、永田さんはあえて所員二十人ほどの設計事務所を選んだ。

Ａ４の紙で二十一枚にもなる手書きのＫ７タクティクスを書いた人だが、建築業界を綿密に調べ上げ、幾つものルートの安全性をはかり、どこが最適かを調べ上げた、という痕跡がそこにはない。

永田さんが最初に入ったのは赤坂にある石井和紘《かずひろ》建築研究所だった。そこで働いていた建築家、中嶋久男さんは、入ってきたばかりの永田さんをすごく優秀な人だと思った。「ひょうひょうとして気負った感じがなく、すごくフランクで。びっくりしたのは、熊本に阿蘇山の形をした冶金《やきん》工場を造ることになったんですが、その複雑な形の面積を手計算で一瞬で出したことです」

石井所長に言われた図面描きもパッパとやっていた。「永田さんは石井さんにめちゃくちゃひかれて来た感じでした」

だが、永田さんを意識していたクライマー出身の宮本さんに言わせれば、事務所の選択を明らかに間違えている。「石井さんと永田さんでは合わないですよ。石井さんは天才というか、大言壮語する人です」。実務よりも建築雑誌に作品を発表するのが第一で、自己表現がすぎる設計の芸術家肌だ。「発表好き」という点は登山家時代の永田さんと似ているが、後進を育てるという考えがほとんどない人だったという。

当時、雑誌『新建築』のカメラマンで永田さんの就職活動を脇で支えた小川重雄さんも、選択ミスだったと言う。

「発想がかなりユニークで、八〇年代に流行したポストモダン建築で一世を風靡《ふうび》した有名な建築家ですが、独特の人です。要は自分のやりたい放題のデザインをして、施主のことなど考えないわけです。石井さんは最初、東大の後輩だった永田を気に入ったみたいだけど、人使いが荒いのとむちゃぶりする人だったんで、長く勤められる事務所じゃない。最短の人は半日で辞めています」

永田さんが最初に任された仕事はかなり大きな案件だった。

東武東上線のふじみ野駅の駅舎設計の入札の手続きなど雑用だ。大組織でなければできない案件だったが、石井研究所は経験数年の人が一人か二人、あとは新人ばかりの小さな所帯だ。土台無理な仕事で、他の担当者が外され、永田さんに一任されたのだ。

「駅舎なんて誰も経験していないし、駅にはいろんな法規があって難しいんです。永田さんは駅舎の勉強をしようと、石井さんと確かフランスのリヨン駅などを見に行ってますよ。最初は随分期待されていましたから。ただ、誰がやっても難しい仕事です」。同じ事務所にいた中嶋さんはすぐ脇の永田さんを哀れに思っていた。

石井所長の設計は現代ならおかしなものではないが、ガラス張り建築で当時としてはちょっと飛びすぎで、時代を先取りしすぎた奇抜なものだった。結局、石井研究所の設計は採用されず、永田さんの初仕事は徒労に終わった。

同僚だった米田広司さんは、永田さんはツイていなかったと言う。「永田君の問題ではないんですが、石井さんは自分で責任をとるタイプではないので、彼に問題を振っちゃったのかもしれないですね。でも新卒ですから、責任は親分にあるわけですけど、石井さん自体にそういう感覚がないんです」

「お前、やってみるか」と気分で担当者を入れ替え、失敗すると担当者を冷遇する。永田さんはその前後から、石井所長の運転手をやらされるようになる。免許を持っていなかったため、慌てて取らされた。その当時、運転があまりに下手なため、叔父の小西弘さんが教えたことがあった。

「車の免許、何回受けても落ちるっていうんで、免許取ってから助手席に乗ってみたんです。ものすごく慎重で、変な言い方すると、よく免許取れたなっていう口ですね、あれは」。じっと前を向き脂汗を流し、ひたすら低速で走っていた。「ちゃらんぽらんなんだけど、東一郎は本来、そういう面があって、あんなに慎重な男はいなかったですね」

幼いころの臆病さがこのころ顔を出したのか、永田さんは就職すると一転、気の弱そうな男になっていた。

石井さん所有のベンツやポルシェを運転させられ、叔父によく愚痴をこぼした。「『石井さんは本（『建築家の発想』）も出してるんだ』って最初は自慢していましたが、私も建築関係の端くれですからわかるんですが、憧れて入っても、東一郎は新人ですから、はなっから線引かせてくれるわけじゃなくて、車洗いとかも随分やらされたってんで、ちょっと不本意なね。でも設計事務所さんに言わせれば『ちょっと車洗って』は当たり前ですから、東大出てたって、山で一番だってね。大きな設計をする人と車洗う人じゃね。そのギャップから出たんじゃないですか、愚痴が」

永田さんはベンツを何度かこすり、一度は駐車場に入れようとしてバックミラーをポキッと壊している。石井所長が飼っていた事務所の高級金魚の餌やりも任されていたが、その金魚が死に、事務所中で大騒ぎになったこともあった。

「二十四時間戦えますか」というCMがはやった八〇年代、所員たちは終電ギリギリまで働いた。赤坂駅まで走って終電に乗れなかった所員が戻ってくると、永田さんが車でそれぞれの自宅まで送り届けた。「そんな状態なので永田さんも多分疲れちゃったんじゃないですかね。すぐに辞める人も多かったし」。同僚だった中嶋さんがそう言う。

永田さんはわずか半年で最初の職場、石井研究所を去った。八六年秋のことだ。

脱構築、ポストモダン

そのころ永田さんはよく雑誌『新建築』の求人欄を見ていた。そして三カ月ほど失業したのち、一九八七年一月に鬼頭梓事務所に入る。なぜ、そこに移ったのか。永田さんの動機はわからない。基礎から学びたいと思ったのだろうか。最初の師匠、石井さんは十年で時代遅れになるポストモダン建築の人だったが、「やはり東大の建築出の鬼頭氏は逆に前川国男や丹下健三のようなカチッとした現代建築の王道で、基本にうるさそうなボスでした」と建築写真家の小川さんは言う。

永田さんはそこでもよくこぼしていた。前職の同僚、米田広司さんに「なんかわかんないけど、毎日レンガの線ばかり引かされて、もう、つまんなくて早く辞めたいよ」と言っていた。立面図のレンガ模様の線を引いていたようだ。言われた通りの設計をせず、窓をあえて斜めにして全部やり直させられたこともあった。

「石井さんのところから来て年を食っている割に何も知らないと、鬼頭さんに思われたんじゃないかな」と小川さん。そのころ、つき合い始めたばかりの和多利さんに永田さんは「みんな、何も教えてくれないんだ」と漏らしている。所内でも浮いた存在だったのか、鬼頭梓事務所も半年ほどで辞めた。

しばらく素浪人をして、八八年春に入った三カ所目の用美強・建築都市設計で永田さんはようやく建築の基礎を学ぶことができた。

最初の石井研究所では図面はほとんど描けず、雑用や模型作りなど、下働きが主だった。鬼頭事務所でも、雑用や、コンペに設計図を出す際の手伝いしかやらせてもらえず、卒業から二年が過ぎていたが、実務経験はないに等しかった。

用美強に入ると図面を描かせてもらえ、役所との交渉もでき、けっこういい勉強になった。ところが、ここも半年を過ぎたころから無断欠勤が始まる。所長の武澤秀一さんとそりが合わなかったようだ。「武澤さんも東大なので最初は永田さんをかわいがっているふうでした。永田さんも武澤さんの前では腰が低く、おとなしくしていました」。同僚だった岸敏彦さんは永田さんを穏やかな人とみていた。さすがに東大スキー山岳部時代のように上に楯突いたり、飲んで絡んだりすることはなかった。

月日がたち、だんだんと様子が変わってきた。「あいつはダメだ」と武澤さんに言われ、永田さんの仕事を岸さんも担当するようになった。そして入所から八カ月がすぎたその年の末、永田さんはまったく出勤しなくなる。

「永田から連絡あったか」「いえ、ないです」。これが武澤所長と岸さんの朝の挨拶になった。岸さんが永田さんの家に電話をしても、まったく出ない。居留守を使っているのだ。あるとき、岸さんが電話して三十分も切らずにベルを鳴らし続けたら、ようやく電話に出てきた。「こんなことをするのは岸さんしかいない」と永田さんの声は意外に明るかった。「会社に出てきなよ」。岸さんが言うと、「武澤さん帰った？　もういない？　じゃあ行こうかな」と夜中になって来ることが何度かあった。

怖い先生から隠れる子どもみたいである。

その後、事務所をたたみ、今は『建築から見た日本古代史』などを執筆する著述家、武澤さんは、当時の永田さんをこうみていた。

「建築家にはコンセプトを実現するために執念深さが必要なんです。何が何でもやり遂げるという。それが私の考えなんですが、永田さんはそれがあまりなくて、柔軟すぎる印象でした」。柔軟性は大事だが、建築では、時にそれがあだになる。

「人の意見にすぐ左右されるんです。登山家だったからか、山の複雑な条件に応じるように、

独自性はほとんど出せていないが、永田東一郎さんが設計した東京都墨田区の白鬚橋交番。飲むと「俺、交番も設計したことあるんだぜ」と語っていたという

状況状況で方針を変えていくんです。役所やゼネコンの言うことを聞いて、そのまま受け入れてしまうので、それは違う、もっと交渉しないとダメだ、と彼に言うことがありました。山での体験がかえってマイナスに働いているようで残念でしたね」

普通なら、心の中で反発しても、「はい、わかりました」と言うことを聞き、失敗を重ねながらも師匠の技やノウハウを身につけていくものだ。登山では大学一年の夏に恐るべき精神力を見せながらも、一年、二年のときはいまひとつパッとしないヤツと思われていた。それでも、二年の後半ごろから岩登りや冬山で実力、独創性を見せ、三年以降は自分なりの山登りを見いだし、大学七年目の夏にはＫ７初登頂という誰もが度肝を抜く大プロジェクトを成し遂げた。だが、建築の世界の永田さんは、下積みの初っぱなから辛抱が足りない。

三段の階段を跳び下りられなかった臆病な子どものころ、プライドだけは高い頑固な中学生のころの永田さんが、高校、大学のころの輝きを突き破り、前面に出てきた感がある。そんなんじゃダメだぞと叱られると、ぷいっと出社しなくなる。

自身が書き残した経歴では、卒業の八六年春から独立する八九年秋までの三年半、三カ所の設計事務所で学んだことになっている。だが、その間、働いていたのは実質一年半で、どこも中途で逃げるように辞めている。

建築の新卒が三年半で三回も事務所を辞めるのは珍しいことではない。永田さんはそんなふうに話していたこともあるが、同じ東大建築学科を出た宮本さんは「それは違う」と言う。「そういう人は確かにいますが、それでうまくいった話はあまり聞きません。誰かの事務所に最低でも三年はいないと仕事を覚えられないんです。僕も自分の事務所に人を採用する場合、最低でも三年勤めるのを条件にしています」

Ｋ７に登った後輩で脳神経内科医の千葉厚郎さんはこう話す。「オリジナリティーを優先するようなことをやめ、与えられた図面を引いて、とりあえず生活を立て家族を養っていくとか、そういう考えのない人でした。職業的な不成功やお酒に関する自己管理のなさは避けられなかったのかもしれないですね。選択肢はあったと思うんです。建築がダメならそれ以外のところで頑張るとか。でも、そういう能力、気持ちの欠けたロマンチスト、夢追い人でした。登山も誰も行ったことのない山、ルートに挑みたがってましたし、何かを地道にやっていこうという発想がもともとないんでしょうね」

居留守を使って家にいた八八年秋以降、永田さんは何をしていたのか。一つは一級建築士になるための勉強をしていたようだ。大卒の場合、受験資格に実務二年の経験が必要で、どこも中途で辞めていたが、八八年夏の試験は受けられた。合格率が一、二割の難関なので、このときは不合格だった。が、結婚前の和多利さんが、お金のない永田さんに資金援助し予備校に通わせ、翌八九年夏の試験で受かり、すぐさま独立した。

偶然にも時代は良かった。バブル崩壊の二年前、東京は建築ラッシュに沸いていた。地上げ屋が横行し、古い民家を取り壊し、マンションや新築の家を建てては売る。独立当時の永田さんにもそれなりの下請けの仕事が舞い込んだ。

ざっと見ると、独立した八九年には半年でマンション二件、九〇年には三件で、この年、自身の設計による初めての作品となる雑居ビル「北勢ビル」を狛江市に建てている。だが、建築需要が落ち込み始める九一年から九九年までの九年間は、毎年三、四件の仕事をしてはいるが、ほとんどは下請けや親しい建築仲間の手伝いで、永田さん自身の作品は親友の家など二、三件しかない。

永田さんが設計から施工監理まで当たった自信作、狛江市の「北勢ビル」を私は、新築早々の九〇年秋に見にいっている。そのころ私は新聞記者二年目で長野支局でサツ（警察）回りをしていた。東京に戻ったついでに、永田さんに会おうと電話すると、「おお、いいところに帰ってきた。俺の作ったビル、見せてやるよ。見たいだろ？　え？　うそつけ、見たいんだろ、見せてやるよ」と強引に誘われ、新宿駅で落ち合った私たちは二人で小田急線に乗り、夕暮れ

永田さんの作品、東京都狛江市の北勢ビルは、現在も目を
引く形をしている

前の狛江駅に降り立った。

小さな駅舎を出ると、線路に沿って雑多な感じの商店街が広がっていた。駅を出てほどなく、風変わりな建物が目についた。三階建てだが、鉛筆のように細長く、左右が非対称で片側が傾いている。あれじゃないか、と思ったらその通りだった。

「あれだよ。新しいだろ。すごいだろ」

私は永田さんには遠慮しないので、正直に言った。

「なんか変わってますねえ」

「そりゃそうだよ、俺のビルだからな」

「だけど、周りが普通なんで、変な感じっすね。あれだけ目立っちゃって。斜めになってるのも地震で傾いたみたいたいな」

「バッカヤロー、お前、全然わかってないよ。脱構築だよ、脱構築。お前、ジャック・デリダとか読んでないだろ」

「読んでないっすねえ」

「だからわかってねえんだよ、今、ポストモダン建築の最先端だよ、これが。これから、脱構築ばっかりになるから、よく見とけよ」

「脱構築っすか」

私が褒めないので露骨にがっかりした永田さんは、「ビールでも飲むか」とその雑居ビルの一階にあったカラオケ店のような風変りな店に入っていった。居酒屋ともカフェとも言えない西洋芝居の書き割りのような店だったが、永田さんはなぜか若い店主らしき人に少し遠慮しているふうだった。聞いてみるとこの内装も永田さんのデザインだった。

立て続けに二杯のジョッキを空けた永田さんは脱構築について私に語り続けた。私も実は哲学用語として、耳にしたことはあった。構造主義の本などを少しは読んでいたので、知識として知っている程度だ。そんなことよりも、そのころの私は、どうしたら原稿がうまくなるか、取材が上手になるか、いいテーマが見つかるか、と新聞原稿で頭がいっぱいだったので、意味がわからないまま放り出していた。それでも、永田さんがずいぶんと熱っぽく語るものだから、私もしまいには問い詰めるような口調になった。

永田さんの難解な言葉を私なりに理解できたのは、こんな話だった。

もう近代建築は頭打ちになっている。居住性や合理性、利便性にとらわれすぎた結果、新たな形を生み出せないところまできてしまった。その近代の産物を一度バラバラに解体して、ゼロから新たなものを生み出していく。それが脱構築だ。哲学で言えば、ジャック・デリダはそれを文章で試み、ハイデガーから受け継ぐ形でその言葉を発案した。

建築はそれを言葉ではなく形で示す。一度壊し、バラバラになった部品から新たな形を構築する。それが脱構築だ。そこで生み出されたものは決して完成品ではなく、あくまでも延々と続いていく脱構築の過程にすぎない。

「でも、永田さんがそれをなぜやらなきゃならないんですか」

「バカヤロー、俺は建築の最先端にいるからだよ。『新建築』だって、アメリカやヨーロッパの雑誌だって、脱構築ばかりだからな。俺はこのビルみたいに最先端の仕事をしているけど、すぐにみんな追いついてくるよ」

「パイオニアワークって感じっすか」

「そう、そうだよ。パイオニアワークやんなきゃ、俺が建築家になった意味なんてないじゃないか」

永田さんのビルは確かに一見したところ、奇抜で「なんすか、これ?」と思わず声に出してしまう変な代物だった。のちに聞いてみると建築家の仲間にも「なんだこれは」と思った人が何人かいた。駅側から見えるビルの二面がまったく違うデザインで、表側は白っぽい壁で一応はどこにでもありそうな小ぶりのビルに見えるが、左側の面になると壁の色が薄い煉瓦色で、斜めに倒れたような四角い小さな窓が幾つも傾いて並んでいる。窓の小ささや壁の傾きから、パッと見ると、遠近感、スケール感を狂わせる。壊れたのか、もともとそうなのかと思わせる不思議な建物だ。

だが、斜めの壁の脇には無味乾燥な電信柱が立ち、居酒屋の赤い看板が正面の二階部分にデカデカと張られている。雑然、無秩序という言葉が浮かんでくるが、これも一つの過程、「発展途上」というのなら納得もできる。

永田さんのビルを見てから、いろんな妄想がふくらんだ。あの周囲の普通のビルも彼が言うように、彼を追いかけ、みな脱構築型のビルになっていったら、狛江の駅前に立ったときは壮観だろう。立つビル立つビルがみな斜めになったり崩れかけている。

あるいは東京中のビルが、都庁の巨大なビルも、渋谷の街も、そして大手町のビル群もすべてが斜めに傾き、奇妙な突起をつけたり、とんがり屋根になっていたり、無秩序の極みが風景を覆っていたら、それはそれで面白い。

でも、そんなふうにはならなかった。

建築も人を殺す

それにしても永田さんはなぜポストモダン、脱構築といったスタイルに向かったのか。これは最初に勤めた石井和紘建築研究所の影響が大きい。大きな設計事務所に入らず、あえてそこに就職し、金魚の餌やりや車の運転をさせられ半年で辞めたところだ。のちに勤めた二つの事務所について仲間に愚痴っていたときも、「石井さんと比べたらつまらない、ちっちゃい」とよく言っていた。建築家は最初の師匠の影響を一生引きずる人が少なくないと小川重雄さんは言う。門外漢の私に力説した「脱構築論」がどこか耳知識、借り物の理屈という印象を私に与えたのは、師匠の受け売りだったのかもしれない。「シブリンはすごいんだぞ。ＴＵＳＡＣはすごいんだ」と先輩たちの偉業を自慢していたときのように。

石井さんの影響だけではなく、もとから、誰も試みたことのない理解しがたい建築を目指していたとみる建築仲間もいる。

永田さんは卒業設計で立方体を空間の一つの単位として、それを組み合わせる設計を提示した。そして、飲み会などで仲間に「あれを実現させたい」と語っていた。立方体の組み合わせというと、東京の新橋にあった黒川紀章の作品「中銀カプセルタワービル」が浮かぶ。建築は、細胞が入れ替わるように新陳代謝を続けるという思想から生まれたものとされ、十平方メートルの立方体を積み上げた世界初のカプセル集合住宅だ。

ただし、永田さんの設計は大中小の立方体を組み合わせて空間を作るというもので、より複雑なものだった。大きな立方体のなかに中位の立方体が貫入して連続しているイメージだ。仲間たちは、カプセルタワーというよりも、磯崎新の群馬県立近代美術館（高崎市）に近いものとみていた。磯崎の作品は大きな立方体が規則正しく重なっているが、永田設計はいろいろな大きさのものが不規則に絡んでるというイメージだった。

親しかった建築家、磯村一司さんは、あくまでも図面の話で実現は無理とみていた。が、永田さんはしきりに理屈を語った。

「いろいろ言うんですが、よくわかりませんでした。理解できないというか、彼にしか理解できないんじゃないかと思いました。ただ、それを突き詰めたら何かが生まれたかもしれないし、これからだったと言えなくもないですね」

岸敏彦さんはこうみる。「磯崎さんは直感で形を決めて、理屈をあとからくっつけ、理屈と直感の間の行き来で形も洗練されていくと思うんです。だけど永田さんはそこまで行き来がないっていうか、最初に直感で決めて、論理も後からなんとなくくっつくんだけど、中途半端だねっていう、そんな感じかな」

最後に勤めた用美強の後輩、建築家の大谷洋昭さんは永田さんと二週間ほどしか席を並べなかったが、最初から意気投合し、亡くなるまでつき合った。

永田さんが口癖のように言っていた言葉をよく覚えている。

「建築とは瞬間芸である」

大谷さんには意外に思えた。「建築屋からすると非常識な言葉なんです。山登りは、体を鍛え装備を綿密にそろえ、ルートの下調べをしてと手間暇をかけて挑むものですが、建築もそうです。構想から完成までに生みの苦しみがあります。それがわかっているのになぜ、そんな言い方をしたのか」

理屈よりも直感が大事と言いたかったのだろうか。とにかく図面を描くのが好きだった永田さんは仕事でもないのに、頼まれもしないのに、一人ビールを片手に設計図を描いていた。

「単に石井さんら師匠たちの影響というより、永田さん自身に瞬間芸で何かを生み出したいという考えがあったのかなとは思います。だけど、永田さんの作品だって形になるまで大変なわけです。そんなことは永田さんだって当然わかってるんだけど」

なのに、晩年、一緒に飲むたびに永田さんは同じ言葉を繰り返した。大谷さんは狛江のビルをはじめ永田さんの設計を評価しない。そこに独創性はないとみている。永田さんが残した図面を見せると、米国の建築家、トム・メイン主宰の設計事務所モーフォシスやウィーンにある設計事務所コープ・ヒンメルブラウ、さらにはカナダのフランク・オーウェン・ゲーリーらの名を挙げ、「ひと目でその影響、模倣がわかる」と言う。

建築も最初は人の真似から始まる。永田さんは何も間違ったことをしていたわけではない。が、守破離《しゅはり》という言葉があるように、まずは基本をしっかり学び、破り、そこから離れ、独自のスタイルを築くという基本を踏まえていない印象だ。

瞬間芸や直感でデザインすると、「住宅としては欠陥が多いと思う」と磯村さんは言う。永田作品には三角窓や斜めの窓などが多いが「この窓をつけるのにどれだけお金がかかるか。サッシメーカーの基準とまったく違っているし、雨水が入っても誰も保証してくれない。トラブルの元を作ってるようなものです。石井和紘さんがお金をかけてやるならともかく、お金をかけられなければ惨憺《さんたん》たる結果になりかねない。それをやりたいと言ってもなかなか認めてもらえないと思う」

最初の作品で代表作でもある狛江のビルは完成直後、地下の壁から水が出てしまいそれを止めるのに大変な苦労をした。多摩川に近いため、地下のあちこちに水脈が走っている。施工当初は問題なかったが、店舗が営業を始めた途端、水圧で地下のコンクリート壁に穴が開き、そこから水がシャーシャーと流れ出した。永田さんは業者に頼みポンプで水をくみ上げながら、どうにか水脈をふさいだ。

事前の小規模ボーリングや、流水を食い止める地中連続壁工法などを永田さんは考えていなかった。設計には凝るが施工は怠った、いや知らなかった。ポストモダンの形にこだわるばかりで、風土、地下、自然を見ていなかったのだ。

このときの永田さんの反応を友人の建築家、米田広司さんがよく覚えていた。「彼のポジティブさですが、『いやあ、困っちゃうよ、まったく』って水脈のせいにしちゃうんです。自分のチェックの甘さだなんてまったく考えなくて、なんかわけわかんないことになっちゃって、自分は問題ないんだ、みたいな感覚なんです。だいたいいつもそうでした」

「おいおい、君は設計者だろ」と周りは呆れるが、永田さんは「まったく冗談じゃないよ」「ついてねえよ」と他人事のような口ぶりで、なんとなく周りもそれを受け入れてしまう。それが永田さんの持ち味でもあった。

浅草橋駅前の洋菓子店の正面設計も、施主との取り決めを大胆に変え、奇抜な鋭角形にした結果、雨が降ると玄関口が水浸しになった。施主は怒り、結局、設計の費用を払ってくれなかったと永田さんはこぼしていた。

建築家の岸さんは永田さんからもらったK７の報告書を読んで驚いた一人だ。「われわれ建築仲間からすると、えっ？　って感じなんですよ。その落差に驚くわけです。こんなに優れたかっこいい人だったんだって」

永田さんは独立したあとも、とにかく要領の悪い人だったからだ。法律の確認のための役所通いや施主との打ち合せでよく肝心なことを忘れ、仲間が呆れていると、「ああしまった！」と顔をしかめ独り言をぶつぶつ言う。デザインの理論はあれこれ言うのだが、材料の規格や構造、荷重計算に疎《うと》く、建物の細部の寸法や材料を記す矩計図《かなばかりず》をまともに描けなかった。要領が悪く基本を知らない永田さんは、岸さんら仲間に助けられ、ようやく図面を完成させることが何度もあった。


独立から五年が過ぎた九五年ごろには、自分の個性を打ち出せる設計の依頼はほぼなくなり、十年が過ぎた二〇〇〇年ごろからは仕事がほとんどなくなった。会うたびに変わる事務所の名刺を友人たちに見せたが、下請け仕事に興味がないのか、さほど通っているふうでもなかった。

永田さんに仕事がなかったわけではない。選んでいたのだ。自分の独自性をある程度生かせる仕事でなければやりたがらなかった。下請けやさらに下請けの図面描きは、選ばなければないことはなかったが、そんなことに時間を費やすのならと、コンペに出す図面に向かっていた。やりたくないことはやらなかったのだ。

〈ルート工作は苦しくて楽しいが、荷上げは単調でつまらない〉〈一体何が楽しいのだろうか〉〈しかし、人生というものは荷上げのような単調な作業の繰り返しかもしれない〉

Ｋ７で荷上げに喘ぎながら永田さんはこう書いた。建築家になって荷上げを強いられても、したくはなかったのだ。それよりも最先端に立ちたかった。でも、経験のない彼を誰もいきなりそこに立たせてはくれなかった。二〇〇〇年には仲間四人と建築家集団「Archi-UNIT M」というグループを築いてみたが、望むような仕事はこなかった。

酒量も年々増え、西日暮里や東日暮里のツケがきくスナックで、いいちこなどの焼酎を一晩で二本空けることもあった。仕事があれば徹夜で図面に向かったが、なければ昼から飲む日もあり、子ども二人の保育園の迎えも遅刻が増え、園から繰り返し苦情が出たため、妻が仕事先から急いで帰宅しなければならなかった。

建築家は才能だけではなく、人当たりも大事だ。施主との関係、営業もできなくてはならない。

妻や仲間によくこぼしていたのは、図面を描いてもお金をもらえない、施主が金を払ってくれないという愚痴だった。永田さんは独自性を求めるタイプの建築家が陥りやすい、悪い循環に入っていた。

理想は、良い設計をして作品が雑誌に載って、それを見た別の顧客がこういうのを建ててほしいと彼を訪ね、次の作品に取りかかる。ところが、誰も訪ねてこなければ、すでに形の決まった設計依頼がきて、彼が「こうした方が面白いでしょう」と言っても聞いてもらえない。施主に合わせたものをつくらざるを得ない。すると仕事はつまらなくなる。やる気がしない。

「ほとんどの設計士はそういう仕事をしています。建築家が望む通りにつくってほしいと言ってくれる施主など極めて少ないですから。そんな奇抜なものはいらない。と言われるだけです。工夫したデザインを見せても、どうかねえと言われるだけ」。そう宮本佳明さんは言う。いい顧客、施主をみつけ、時代、世間が求めるものを知り得た人が成功する世界なのだ。

私は海外で特派員をしていた十五年間、その国の歴史や世相、未来への見通しを知るため、誰彼となくインタビューをしてきた。そんな経験から、あるとき、こんな傾向に気づいた。映画監督と建築家は将来の動向をよく見ていて、話も面白い。作家や詩人、哲学者、社会学者らよりも慧眼《けいがん》があると。

なぜなのかを考えてみたら、三つの要素に気づいた。いずれも自分の作品が構想から形になるまで数年、あるいは十年もかかる。このため、ある程度は近未来を見通していなくてはならない。そして、作品づくりのため、実に多くの人員を動かさなければならない。三つ目は、完成までにかなりの待ち時間があり、その間に文学や美術、音楽など世の中の作品を広く勉強できる。このへんが作家らとは違う。

イタリアの建築家、レンゾ・ピアノ氏に東日本大震災直後、原発について話を聞いたときは、その博学や見識のみならず、語りのうまさ、人当たりの良さにひかれた。

実際、日本の著名な建築家でも安藤忠雄氏はイタリアでもとても評判がよく、その名を聞いた瞬間、顔をほころばせる人が何人もいた。部下やスタッフには厳しいが、対外的には「魅力的ないい人」とみられている。隈研吾氏にも一度会っているが、時代論的な話が面白い人だった。建築家らに聞いてみると、ものすごくマメな人で、パーティでは皆に声をかけて回り、ちらっとでも知り合いを目にしたら「おお、来てたの！」と手を上げて近づいてくる人だという。演出家の蜷川幸雄氏もそんなタイプだった。スタッフには厳しいが、その人懐っこさ、熱量で周囲をひきつける。ひと言で言えば、作品をつくる才能だけではなく、営業力があった。

でも、永田さんはよく喋る面白い人ではあるが、営業ができない人だった。山仲間、建築仲間ら利害のない友達はできたが、お金がからむ人間関係がなかなか築けない人だった。そこを熟知した親友、吉川智明さんは飲みながらいろいろアドバイスした。

「結局彼はそういう商売が下手なわけ。だから言ったの、ちゃんとお世話になった人にはお中元とかお歳暮を送って、挨拶状を出す。それが商売なんだよって。でも、できないんだよ。僕のとこにお中元送ってきたから、違うよ送るとこがって。設計者って自分が営業マンじゃないと受注できない。いろんな人とつき合わなきゃいけないわけだけど、下手だったね。うまくいかなくて飲むのがどんどん進んじゃって」

クライマーから建築家に転進した宮本さんは「建築なら死なずに済む」という考えが間違いだったと仕事を始めて気づいた。

「建築でも死ぬんです。山よりも厳しかったりする。だから、永田さんのことがずっと気になっていました。自分が彼と同じ人生を歩んでもおかしくなかった気がして」

宮本さんが続けてこられたのは、バブル崩壊後、東京での仕事が一気に減り、実家のある関西に戻ったら、阪神淡路大震災に遭ったためだ。当然需要も増えた。「建築を考えるきっかけになり、僕の転換点になりました。永田さんにはそういうきっかけがなかったんですよね。それだけの違いかもしれない」

一級建築士の資格をとれば建築家になれるわけではない。永田さんが独立した九〇年秋はバブル崩壊の寸前だ。そのころ、東京の建築家は宮本さんに言わせれば「死ぬほど仕事があった。ちょっと変わった不動産屋さんが仕事と事務所を用意し、すぐにお金も出すなんて例もありました」。

だが、永田さんの場合、「自分で設計し、きちんとお金ももらえた仕事は、最初の作品、狛江市のビルくらい」と妻の和多利さんは傍らでみていた。

やはり独創性を追った宮本さんは同じ立場に陥ってもおかしくなかった。「本当に紙一重だと思います。ゼネコンや組織設計事務所に勤めれば収入が安定するけど、独立した建築家はとにかく厳しい。日本に建築家が何人いるかという議論があります。一万人という人もいれば、二〇〇人という人もいます」

建築家が建築家と認める人という定義なら、二〇〇人程度しかいないそうだ。日本は設計料が安く、契約もしっかりしていないため、成功報酬の比率が高く、コンペなどで採用されなければ何カ月もかけた設計の代償がゼロということもある。

「運も大きいんです。設計だけで食べている人は本当に少ない。僕も早稲田大学理工学部の教

永田さんが高校時代の友人、吉川智明さんの依頼で設計した住宅。施主が満足した作品だった

授をしながら、どうにかやっているわけです」

作家と似ている。二〇〇人という数も。実際、小説やノンフィクションを書くだけで暮らすのに十分な収入が得られる物書きはごくわずかである。

永田さんは最期のころ、駅の再開発計画など、採用のあてのない緻密な図面を幾つも描いていた。建築を知らない人は「永田さんは業者にだまされていた」と思ったが、成功報酬は当時の業界では常識だった。宮本さんの場合、建築設計のコンペに応募するだけで、人件費などを入れれば二〇〇万円もかかる。たまには採用されるが、だいたいは負け、仕事にならない。「何十人、何百人も応募しますからね。数えたら過去に五十敗以上してて、単純計算で僕は一億円スッてるんです。バカかな。むちゃくちゃですよ。永田さんがどうしてたかは知りませんが、山と同様、建築も人を殺す世界なんです」。

最後の一、二年は日比谷や新橋などの不動産会社や建築会社の名刺を持ち歩いていた。設計課長という肩書きだった。そこの大部屋で固定給もなく、パソコンに向かって図面を描いていた。一つの案件のため二十枚も三十枚も描いたが、金にならなかった。入札できればお金が入るが、不運にも採用されることはなかった。

あるとき、吉川智明さんが新橋駅前の雑居ビルの二階にあった会社を訪ねると、大部屋に永田さんが一人いて、専用の机もなかった。「うちの会社に捨てる机と椅子あるからあげるよ」。そう言って吉川さんは次の日にそれを運び込んだ。そのころ、永田さんは山梨県笛吹市のショッピングセンターの図面を描いていた。それも採用されなかった。

「永田が死んでから三、四年後、そこにホームセンターと自動車用品の店ができたんだよ。他の会社が受注したんだね。あそこを通るたびに、永田が受注できてたらなと今でも思うよ」

吉川さんは永田さんの数少ない作品の一つ、彼が九三年に設計したポストモダンふうの家に今も住んでいる。すごく気に入っているそうだ。

永田さんは人に好かれた。友情が長く続いた。プライドが高く、言いたいことを言い、感情を隠さない人だったが、そのむき出しな感じが愛された。そこまで自分を見せる人は日本にはいるようでそうはいない。変わり者として面白がられた面もある。飲んでも暴れたり、怒鳴ったりはしない。長い時間飲み続けながら、建築のこと、アイデアを形にすることを最後まで考えていた。「いい施主さんに会ったときのため、爆発できるエネルギーはとっておかないとね」と飲むたびに米田広司さんに語り、最後まで前向きに見えた。お金はもらえなくても、絶望しているふうには見えなかった。

第十一章

酒と借金の晩年

人の金で飲み続け

父より十歳若く四十六歳で逝った永田さんは父とは違い、家で飲むだけでは済まない人だった。元妻の和多利さんが振り返る。「もう本当にびっくりですけど、九一年九月の結婚当初、まだ建築の仕事をちゃんとやっていたころも毎晩、ビールのロング缶を五本は飲んでたんです」

和多利さんも飲むのは好きで毎晩、ロング缶を三本一緒に飲んで、ワインを少し味わってから寝た。「家計のアルコール比率は相当高かったですね」。だが、永田さんの飲みはそこから始まる。和多利さんが寝たのを見はからい、一人で近所、鶯谷や日暮里のスナックに通った。新婚のころ、二人で近所を散歩していたら、永田さんが行きつけみたいな感じですっと鶯谷の小さな飲み屋に挨拶しに入った。その物腰を見て、和多利さんははっと思った。「近くに行きつけがいっぱいあったんじゃないですか」。高い店には決して行かない。ただし、夜半前から朝まで飲み続ける。はしご酒なので最低でも一万円はかかる。それを毎晩続ければ一カ月で三十万円である。

和多利さんは山一證券を経てソニーのシステム部門でエンジニアをした人だ。九一年の結婚当初から稼ぎがよく、永田さんを養ってきた。あるとき、永田さんが「飲みに行くお金がないから、ちょっと貸してくんない」と言うので、「電車のある時間に帰ってきてね」と言って一万円を渡すと、「そんなに遅くなんないよ」と出ていき、朝まで飲んでくる。

「もう悔し泣きでした。どうして人のお金でそんなに飲めるんだって。だんだん、言ってもムダだと悟りましたけど」。長男の旭さんが一歳、長女のマリノさんがまだお腹にいたころなので、結婚四年目の九四年夏ごろことだ。「大きなお腹で長男の旭の乳母車を押しながら、初めて離婚届を取りに行ったのも、このころです。最後は私が出さなくなったので、消費者金融から借りるようになったんです」

九三年から二〇一二年まで、一、二年の一時帰国を挟んで、私はほとんど海外に暮らしていた。永田さんに会うのは数年に一度だった。そのころは、私が目黒や練馬の借家に住んでいたこともあり、落ち合うのはいつも新宿駅東口だった。おお、久しぶりだなあ、とお互い異常なほど盛り上がり、肩を抱き合い、最初は当時まだあった歌舞伎町の蕎麦屋のカウンターで腹ごしらえし、ビールを何本も飲む。その後、近くの安い居酒屋に行くが、会計になると、「あっ、財布忘れた」と永田さんが言う。仕方ないので私が払い、店を出ると、永田さんはえらく上機嫌で「よし、二次会行くぞ！」とうれしそうに低音を響かせる。「永田さん、お金持ってないじゃないですか」と言うと、「お前、細かいこと、言うなよ。いいんだよ、金なんかなくたって。

行くぞ」と言って私たちはゴールデン街に流れていく。ときに定期入れの中から、何枚も折りたたんだ千円札を見つけ出し、「ほら、まだあるじゃねえか」と言うこともあったが、せいぜい持っていても二〇〇〇円ほどだった。

　コマ劇場の前の噴水脇を、すでにふらついている永田さんと歩き、まだホストクラブの看板がないころの暗い道を呼び込みの声を無視しながら抜けていくと、白いネオンに赤字の「新宿ゴールデン街」のサインが見えてくる。一気に暗くなった街路を右往左往し、いつも迷いながらたどり着くのは、軋む外階段の上にある「ナマステ」というスナックだった。ジャズを流し、時にライブもしていたが、私たちが行くときはたいてい空いていた。インドの線香を絶やさない店のママ、青木澪子さん、ミーコさんが気のいい人で、カウンター席の奥にある毛布を敷いたベンチで朝まで寝ていても文句一つ言わなかった。ツケもきいた。

　そこで私たちはブラックニッカの水割りで飲んだ。何を話したのかほとんど記憶にない。とりとめのない話だ。いつも思い出したように、永田さんは「お前、変だよな、変なやつだよ」と言った。「永田さんの方がよっぽど変じゃないですか」「いや、俺はまともだよ。お前は変だよ」「何言ってんっすか」「ゲー、お前、わかってないよ」という中身のないやり取りだ。途中からロックに変えた永田さんが唐突に「もう一軒行くぞ！」と言い出し、「お金ないじゃないっすか」と言っても、「いいんだよ、次の店は俺のツケがきくから。金だって借りられんだ」と、私たちはふらふら歩いて靖国通りでタクシーを拾う。そして、西日暮里のスナックに行くというパターンを何度か繰り返した。

永田さんは飲み代を払わせたり、「ちょっと二〇〇〇円貸してくんない」と少額を借りることはあったが、九〇年代半ばはまだ切羽詰まっていなかったのか、まとまった借金を私に申し出たことはなかった。

十万、二十万と友人に借金を始めるのは九〇年代末から世紀が回るころだ。しかも、借りられそうな人を上手に選んでいる。当時、経営が苦しかった建設会社にいた東大同期の宮森伸也さんの所には来ていない。「僕にお金がないの、わかってたんで、ありそうな仲間のところを回っていたみたいです」。東大の仲間の間では、「永田が金借りに来なかったか」とすでに問題になっていた。

だいたいは午後四時ごろ、仲間が勤める丸の内や大手町などの大企業に突然やってくる。勤務中、デスクに電話が入ると仲間たちは少し警戒するが、懐かしくもあり、受付まで下りていく。

近くのカフェか喫茶店、ビル内の居酒屋でしばらく話をすると、永田さんから「少し貸してくれないかな」という話になる。理由を聞くと「いくら仕事しても、金もらえないんだ」「最近は生活費もなくてさあ」と言いにくそうな顔で言う。

仲間たちは優しい。近くのATMで十万円、二十万円をおろし永田さんに手渡す。なかには、わかりましたと、額を言われないのに、「あの人にはK7でもどこでも世話になったから」と三十万円を銀行口座に振り込んだ人もいる。高校時代からの親友、吉川智明さんを中心に累計で二〇〇〇万円以上借りている。

貸した側に共通しているのは、返してもらえると思っていないことだ。貸すというより上げている。援助である。

援助を受ける側は援助先を選ぶ。見抜く。「お前しっかりしろよ、何やってんだ!」と恫喝されそうな人を永田さんは選ばない。あるいは、借りたあと、「いつ返してくれるんですか」「返さないなら、もうつき合えませんよ」と、これは当然の権利なのだが、返金を言い募りそうな人も避けている。自分が学生登山家のころ張り合ったり、歯向かったりした相手にはほとんど借りていない。「あんなに大口を叩いていた永田さんもここまで落ちぶれたか」と思われたくないといったプライドがあったのか。

永田さんが選ぶのは、目をかけた後輩だったり、友人だったり、いずれも優しい仲間だ。つまり、永田さんはいい人なんだけど、ダメな人なんだよなと重々わかっていて、援助してくれる人だ。

永田さんは生活費、設計の仕事の資金などと、いろいろな理由を言ったが、ほぼすべて酒代だった。そのころは和多利さんに小遣いをもらえず、仕事の金もほとんど入らず、酒を飲むには借金しかなかった。行きつけの店のツケを踏み倒すことはなく、店によっては本当に払いのいい人で、毎回必ず現金で三〇〇〇円から六〇〇〇円ほどの飲み代を払っていた。スナックのママに大正・昭和の俳人、種田山頭火のような人と言われていた。数万円借りてはちびちびと外で飲み、また借りては飲むを繰り返した。

貸せばすぐに酒に消えてしまうのはわかっている。だから何度目かの借金のとき、心を鬼にして苦言を吐いた後輩もいた。K7の仲間、神沢章さんだ。三井物産に勤めていた神沢さんを訪ねた永田さんは、大きなデザイナーズケースから何枚もの図面を取り出した。西川口駅の再開発プランの計画図だった。永田さんらしく、K7のタクティクスのように詳細に描かれた図面の束だった。

それを一枚一枚見せると、永田さんは「これ、物産で買ってくれねえかな」と言い出した。「本気で話してました。行政相手の都市開発ですから、それを商社が個人の建築家から買うなんてあり得ないんです。そんなこともわからなくなっていたのか。話になりませんよと、まともに相手にしませんでした」。二〇〇四年の暮れ、死の二カ月ほど前だ。

高校の同級生、下山幸男さんには「三十万円、貸してほしい」と額を言ってきた。「どうしようもなくなっている感じでした」。消費者金融に追われていたころだ。

外見は黄疸《おうだん》もなくそんなにひどくはなかったが、一応は借用書を書いてもらおうとしたら、手が震えて自分の名前がなかなか書けなかった。

最後のころは、企業の受付に現れても、髪はボサボサ、着古したシャツに前歯は抜けた状態で、顔にくっきりと黄疸が出ていることもあった。

K７仲間の後輩、武中誠さんが勤める鉄鋼の大手企業も何度か訪ねている。最初のころは、仕事が明けて一緒に飲んだときに借金を申し込んできた。額を聞くと「いくらでもいいから」と言っていたので、数万円貸した。ＴＵＳＡＣの仲間同士で、永田さんを入院させ、依存症の治療を受けさせた方がいいと話が出ていたころだ。その話をそれとなく持ちかけた仲間もいたが、「ええ？　嫌だよ」と即座に断られた。

武中さんは最初の二回ほどは貸した。電話があって約束の時間も夜だと武中さんの払いで痛飲することになる。体に良くないと思い、昼に喫茶店で会うようになった。Ｋ７の話や建築家としての夢を語っていたが、何回目かに訪ねてきたとき、「永田さん、もうそんな夢物語じゃなくて。奥さんも、可愛い子どもさんもいるんだから」と強く諭したこともあった。

最後のころは武中さんも泣きたい気持ちだった。思い切って、「永田さん、もう、立ち直ってくださいよ」と説き伏せた。

「もう私もだいぶ困っちゃって、どうしたらいいのか。貸していいのか悪いのか。どうしたら立ち直ってくれるのか。顔色も悪く、全然元気がなくて。こっちも、お会いするのが、本当につらくて」

永田さんはどんな表情だったのか。悪態をついたのか。「永田さん、ようやくの思いで訪ねた後輩に断られたんだから、怒ってもよさそうなんです。なのに、先輩風吹かすこともなく、どこかシャイな感じで自分の建築の話なんかして、そうか、仕方ないなというふうに帰っていきました。憮然《ぶぜん》とされたり、けんか別れになったたことはありません」

永田さんは亡くなる半年前、飲み過ぎがたたり急性膵炎《すいえん》で東上野の永寿総合病院に入院したが、入院費が払えなかった。

何年にもわたって生活費を家に入れないどころか、マンションのローンも一切払わない永田さんと、和多利さんは家計を別にしていた。子ども達の学費も、衣食住もすべて和多利さんがまかなってきた。

永田さんが何年も前から友人から金を借りていたとは知らず、ときおり消費者金融から電話がかかってきたので、そこで借りていると思っていた。

「コンペで負けるのかわかりませんけど、ずっと『お金がもらえない』って言って。なのに飲むのはやめず、だんだんぶつかるようになって」

家計すべてを担うことに和多利さんのストレスはたまっていった。

「建築の本業でお金をもらえないなら、引っ越し屋さんとか、山登りが得意なんだからビルの窓の掃除とかしたらどうなの」。そう言ったこともあった。だが、「ああ」とか「うん」とか言うだけで、絶対にやろうとしなかった。一度は工務店に就職したこともあった。だが、朝決まった時間に起きられなかったのか、すぐに辞めてしまった。赤羽にある建築会社に就職したが、そこも同じだった。

「最後のころはお酒を片手に図面を描いて、いつもお金がない状態でした」

そのうち消費者金融から家に電話がかかるようになり、「すいません、すいません、返しますから」と謝っている永田さんの声を聞き、和多利さんは、このままいったら大変なことになると思った。

「最後はここから借りてあっちに返すみたいになって、そのころ入院したんです」

和多利さんはすでに離婚を決意していた。

一九九一年の結婚当初は、「こんなに幸せで大丈夫だろうか」と不安を抱くほどの日々だった。自慢の夫を高校や大学の同級生に紹介し、家に呼んでよく飲んだ。近所の根岸小学校の校庭でグループでテニスを楽しみ、そのあとホームパーティをするのも恒例だった。毎年、年末の有馬記念の日、和多利さんの大学時代の友人が集まる会を家でやるようになり、永田さんも喜んで参加していた。

結婚五年目、九五年ごろから永田さんの借金癖がひどくなった。和多利さんが貸さないと、彼女の母、つまり義母に借りるようになる。和多利さんが実家に戻ると「お金を返して」と言われ、なんのことだかしばらくわからなかったが、永田さんが一人訪ねてきて内緒で貸してほしいと義母に頼んだという。

そのころから喧嘩するようになり、「消費者金融から電話がかかってくるようになって、もう、この人は無理だな」と。

それでもなかなか言い出せなかった。ついに和多利さんの母が病院に見舞いに行き、ベッドで寝ている永田さんを説得した。「私たちが入院費を出しますから、どうか別れてください」。永田さんは不服そうだったが、「わかりました」と応じ、病床で緑色の紙、離婚届に判をついた。二〇〇四年七月のことだ。

別れても永田さんに行く場所はなかった。母が暮らす同潤会アパートの代替のアパートには戻れなかった。永田さんが入ると入居条件が変わり、家賃が上がるためだ。

和多利さんは情の厚い人だ。じゃあ、いいよと、家を出る元手ができるまで、永田さんを従来通り、東上野のマンションの八畳間に置くことにした。部屋は六階の南西向きで貰ったときは最高の日当たりだったが、隣にピタッと別のマンションが建ち、昼間でも暗かった。「彼はそこを仕事場兼寝場所にして、最後まで住んでいました」

退院した永田さんはすぐに肝硬変を患い、医師に酒を止められたが飲み続けた。時折、見るからに悪そうなので、友人たちが医者に行くよう勧めたが「行くと入院させられるからなあ」と言って、行く気はないようだった。

あっけない死

亡くなる八日前の日曜日、二〇〇五年二月二十日、永田さんから日暮里中の同級生、斎藤龍弘さんに電話があった。早い夕食が終わった午後七時ごろだった。二人が昔から通っていた東日暮里のスナック「マコ」に行こうという話だった。一軒家の一階を利用した店はボックス席が一つに小さなテーブルが二つ。十人も入れば満杯になる小さな店で、日暮里中の同級生がマスターをしていた。もう一人の日暮里中の同級生と三人でむぎ焼酎いいちこを飲んでいたとき、永田さんが珍しいことを言い出した。

「きょうはこの店、俺がおごるよ」

店はボトルだけを出し、そこに置かれた魔法瓶や水入れで客が勝手に水割りやお湯割りを作る形だった。三人はつまみも頼まず飲み続け、永田さんは途中からグラスにドボドボとついで、ストレートで飲んでいた。お通しもなくボトル代だけなので三本開けても八〇〇〇円ほどだ。

「どうしたの、東一郎が払うなんて珍しいじゃん」と斎藤さんは言ってみた。「いや、いいんだよ」と永田さんは上機嫌だった。おごると言い出すなんて、それまで一度もなかった。帰り際、永田さんは店の奥で、マスターと話をしていたので、斎藤さんはてっきり支払いは済ませたと思っていた。

店を出てもう一人の同級生が帰ったところで、永田さんが「もう一軒行くぞ」と言い出し、タクシーで田端まで行った。五分ほどの距離だ。「いい子がいるんだ」と永田さんが言うスナックを探したが、明治通りから奥の方へ一本入った道をいくら探しても見つからなかった。ようやく探し当てたが、日曜で休みだった。まだ十二時前。どうするかとなったが、斎藤さんが「もういいよ、帰ろうぜ」と言い、二人はタクシーで東日暮里に戻り、永田さんは東上野のマンションまで乗っていった。

それから十日ほどしたころ、マスターが斎藤さんに電話してきた。「お前たち、この前の分、払ってないぞ」「あれ、東一郎が払ったんじゃないの」「払ってねえよ」

なんだ、あの野郎、俺がおごるなんて言いやがって。斎藤さんが永田さんの携帯電話にかけると息子の旭さんが出た。

「あ、旭君、元気？　お父さんいる？」。そう聞くと、旭さんが「パパ、死んじゃった」と言った。「あの野郎、子どもにこんな冗談言わせやがって、なんて教育してやがるんだ、おめえは」。そう怒鳴りつけてやろうと思い、「いやあ、とにかくお父さんに代わってくれる？」と言い続けたら、本当に死んだという。斎藤さんは愕然とした。

父の死を目の当たりにした長男、江川旭さんと長女、マリノさんは当時、小学六年と四年だった。二月二十七日の朝、旭さんが登校前、永田さんの八畳間をのぞくと、異変が起きていた。

「布団が血で真っ赤になっていて、その布団の上で父がゴロゴロしていたんです。『お父さん、大丈夫?』って聞いたら『大丈夫、大丈夫』って言って。『また、病院行かないといけないんじゃないの?』って聞いても『大丈夫』って」。

旭さんは学校が終わると、遊びもせず急いで帰り、「お父さん、大丈夫?」と部屋に入っていった。すると、見ている前で永田さんが吐血した。意識もうろうとしているようで、問いかけにも曖昧な答えだった。

「やばいなって思ったのをよく覚えています」

最後は永田さん自身か、離婚後も子どもたちの面倒や晩ごはん作りに来てくれていた永田さんの母、邦子さんが救急車を呼んだ。和多利さんはまだ帰宅していなかった。

永田さんは母と一緒に救急車で運ばれていった。半年前に入院した東上野の永寿総合病院で、食道静脈瘤《りゅう》破裂と診断された。

「前に入院したときも、救急車で運ばれて、すぐに退院したので、心のどこかで大丈夫だろうって思っていました」と旭さんは言う。次の日、和多利さんと旭さん、妹のマリノさんの三人で病院に見舞いに行った。

「そのときはもう顔が膨らんでて、呼吸器をつけて、目もずっと開いたままだったんで、そのとき初めて、あ、お父さん、死んじゃうかもしれないなって思って、それが最後でした。今ここで話さないと、この話は二度と誰にも話さないようなことなので、いま、しみじみ思い出しちゃいました」。私と会ったとき、旭さんはそう言った。

和多利さんから連絡を受けた友人のなかには「自殺じゃないか」と思った人もいた。あるいは、ほどなく死ぬことがわかって飲み続けたのだから、「緩慢なる自殺」だと。でも、和多利さんの見方は違う。「死ぬと思ってなかったんじゃないですか。まだまだ大丈夫だと最後まで思っていたんじゃないですか。輸血とかして、相当具合が悪かったのに、友達と飲んでいましたから」

今すぐ死ぬとは思っていなかっただろう。ただし、病院に行く気がなく、止められていた酒をあおるように飲んでいたのだから、長く生きるつもりはなかったはずだ。そういう意味で、「緩慢なる自殺」は当たらずとも遠からずだろう。

最後に飲んだ斎藤さんは「それもあるのかなと思う」と言う。亡くなる半年前、退院してからは斎藤さんのパートナー、真木ゆかりさんが営む西日暮里のスナック「キャラメル」によく来ては閉店まで飲んでいた。顔色が見るからに悪いので、二人が「病院に行った方がいいんじゃない」と何度勧めても、「もう、いいんだよ」と永田さんは言った。健康な人でも、大丈夫かと思わせるような飲み方だった。

他の客にからんだりはしない。ただ、突然近づき、「ねえ、ねえ、ジャンケンしよう」と言ってジャンケンをし、「やったあ、勝ったあ」と言ったり、「あーあ、負けちゃった」と言っては、自分の席に戻ってまた飲む。客たちは笑いはするが別に不快にはならない。「東大出てるんだってさ」「へえ、東大出てる人って、やっぱり変な人が多いね」などと言われていた。「覚悟があったのかな。ゆっくり自殺してたんじゃないのって言われれば、そうなのかなっていう気がするね」

親友、吉川智明さんは、「永田はすぐに死ぬとは思っていなかったと思う。食道静脈瘤になっているのを知らなかったんですよ」と話す。「知っていたら破裂させない方法はあったんです。それで酒を飲まないようにすればいいんだけど、でも彼は飲んでいたからね。どうしようもないね」。吉川さんは亡くなった三日後に連絡をもらい、マンションを訪ねた。永田さんはすでに荼毘《だび》に付され、近くの母のアパートに置かれていたが、マンションの永田さんの八畳間の光景がいまも忘れられない。

東大の山仲間二人と部屋を見たら、そこにはデスクがあり、図面や仕事の書類が無造作に置かれていた。床にはいちばん安い一二〇円ぐらいの焼酎が何本も転がっていた。「ワンカップみたいな焼酎です。それがいっぱい転がっててね。空っぽのがほとんどだけど、一、二本まだ開けていないのがあった。ああ、こんなのを部屋で一人、飲んでたんだなあって。最後のころの彼の様子がよくわかりました」。

和多利さんは「本当にあっけなかった」と言う。「『人間ってそう簡単に死ぬもんじゃない』って。飲むと必ず山の事故で死にそうになった友達や後輩の話をするんです。なのに、自分はずいぶん簡単に、あっさり死んじゃったじゃないって」

永田さんは少年時代、父、新太郎さんが家で飲む姿を友達に見られるのを恥ずかしがった。小学生のころから、父が五十六歳で飲みすぎで亡くなる高校二年の冬まで、ずっとそうだった。父は永田さんほど穏やかではなかった。声を荒げることもあった。「飲まないとジェントルマンなんですがね、頭もいいし、見た目もシャキッとしてますしね。ただ酒が入ると止まらないし、豹変するんです」。永田さんの叔父、小西弘さんは、工務店勤めの新太郎さんが大工と言い合っていたのをよく目にした。「新太郎さんは営業だから仕事を、苦労して持ってくるわけですよ。それを大工がケチつけて、『あんたはわかってない』と、新太郎さんは理屈を言うんです」

終戦時二十五歳の新太郎さんは戦争に行った世代だが、「結核をやって、行けなかったらしいですね。詳しい話はしなかったんで、不確かですが」。帰還兵には酒に走る人が多かった。だが、ストレスで飲むというふうではなかった。「とにかく無類の酒好きというんでしょうか。やけになって飲む感じじゃなかった」

そこは永田さんも似ている。学生時代から飲むのが日常だった。安い酒場でつまみを食べず、長い時間飲む。酩酊が好きなのだ。傷みやストレスで酒に溺れたわけではない。

晩年、永田さんは西日暮里のスナックで、珍しく父の話をした。斎藤さんの相方、真木ゆかりさんのスナックで二人につぶやくようにこう言った。

「親父のこと、好きじゃなかったんだけど、おんなじになっちゃったな。まったくしょうがねえな、俺も」

半分冗談、半分自嘲気味に聞こえた。父のことは友人にもまず語らず、和多利さんにも親友の吉川智明さんにも話さなかった。あえて話さないというふうだったが、最後になって、そのひと言だけ、言い残した。

永田さんは高校の部室で、父親からもらったカメラ、オリンパスM-1と各種レンズを盗まれたことがある。いつまでも悔しがっていた。単に損をしたというのではなく、父親の物を盗《と》られた悔しさのように周りは思った。父を好きじゃなかったと人には言うが、毛嫌いしていたのではない。もしそうなら、学生のころから、父のように浴びるほどは飲まなかっただろう。あるいは、飲んでも「これじゃ、親父と同じじゃないか」と自重しそうだが、そんな気配はなかった。父を心底嫌ってはいなかった。

第十二章

時空間を超えた人

過剰なほどの存在感

永田さんは晩年、絶望していたようには見えない。後輩や中学時代の同級生らに「これからどうだ」とよく電話していたし、離婚後も居させてもらった八畳間で日がな、図面を描いたり、子どもと遊んだりしていた。足りないのはお金と面白い仕事だけだった。

長男、旭さんと長女、マリノさんにはいい父だった。旭さんいま、埼玉県警の職員、マリノさんは動物看護師として働いている。実直な仕事についている二人の第一印象からは、少し困ったはみ出した者という永田さん的な面が感じられない。

亡くなる直前、小学六年の旭さんが放課後、家に友達を連れてくると、「おっ、帰ってきたか」と永田さんは遊びに加わった。「ターミネーターごっこ」を考え、悪者の自分を子どもたちがみなでやっつけ、なかなか倒れない趣向で、大いに盛り上がった。凝り性の永田さんはパソコンで視力検査表をつくり、子どもたちに丸印を見せ、「上」「右」などと言わせ、一番下の小さな丸を子どもが「下！」と言うと、紙が開いて長く伸び、「ブー、実は左でした」と言って笑わせた。

「みんなを喜ばせるのに一所懸命で、友達からすごく慕われてました。『なんか面白いお父さんだね』って。死んじゃったときは、友達の方がショックで、『永田くんのパパ、死んじゃった、ああー』って悲しんでくれて」

当時四年生だったマリノさんの記憶では「頼りないけど優しい人」だ。保育園に通っていたころ、母の代わりに永田さんが迎えにくると、必ずローソンに寄り、キティちゃんのマシュマロを買ってくれた。「ちっちゃいながら、それがうれしかった」。初めてホラー映画を見せてくれたのも父だった。「そのせいか今もホラーが好きなんです。『仄暗い闇の底から』とか日本映画です。お父さん、なんでこんな怖いのを、と思ってましたけど、今見るといい映画です。優しいけど、ちょっと頼りなくて、お母さんの尻にしかれている楽しいお父さんでした」

二人とも怒られたことは一度もない。「怒るのはお母さんの役目で、お父さんは、『まあまあ』と止めに入る役」。マリノさんがそう言うと、旭さんがこう続けた。「いつも父が母に派手に叱られていた気がします。喧嘩は台風かイベントみたいな感じで、お父さんは『怒られちゃったへへへ』って感じで、次の日にはケロッとしてました」

永田さんのことを「憎めないヤツ」と言う仲間が多いが、旭さんも「そのイメージがしっくりくる」と言う。「カッとしたりイラだったりしないし、一日を面白く生きていけばいいや、ぐらいの感じだったのかな。借りてきた映画を一日見て、お母さんが帰ってきたら、部屋から出てこない。その日暮らしみたいな生き方なのに憎めない父でした」

永田さんが九三年から二〇〇〇年までに撮った八本の八ミリビデオを見ても、童謡を歌い、とんちクイズを出して子どもを喜ばせる父がいる。登山家、建築家だったことに二人は不思議な気持ちになる。「あっけらかんとしていて、子どもから見ても、この人、どうしたもんかという感じでしたから、父に別の面があったのなら、見てみたかったと思います」と旭さん。マリノさんもこう言う。「お父さんが、かっこよく語られるとしたら、ちょっとくすぐったい、へーっていう感じですね。むしろ、そんなお父さんを茶化したくなっちゃう感じです」


永田さんは圧迫感のない人だった。

K７に一緒に行った医師、千葉厚郎さんはこう振り返る。「先鋭的なクライマーっていうと結構いかつくて、とっつきにくくて、我が強い印象を受けますけど、永田さんはそういう感じじゃなくて、まったく圧迫感がないんです」。面倒臭い、しつこいヤツと思われても、人を押さえつける雰囲気が皆無の人だった。千葉さんは杏林大で教授を務める西洋医学の神経内科医だが、こんな言葉で説明する。「人間ってオーラがあるじゃないですか。気が合うヤツ、別に悪いヤツじゃないけどなんか気が合わないとか。一緒にいるとちょっと疲れるとか。でも、永田さんにはそういう雰囲気がまったくないんです」

四年後輩の武中誠さんはＫ７遠征で、永田さんが英語をさほど話せないのに、パキスタン人に慕われていたと言う。「イライラしているところを見せないので、人が寄ってくるんです。永田さんって人を嫌って遠ざけるところが全然ない人なので、揉めごとがあると、必ず仲裁役になっていました」

Ｋ７の成功は永田さんの人間性が大きかったと東大同期の今田幸伸さんはみている。第一の勝因はチームの仲の良さだったと。「永田は本当に後輩に慕われ、影響を与えていました。永田が心を砕いて人間関係を保った、というのではないんです。彼はとにかく自分が目をかけた人間を大事にするし、彼のムードがそうさせた面が大きいんです」

今田さんは「永田がいたころの八〇年代のＴＵＳＡＣは和気藹々としていた」と言う。この形容は、永田さんが率いた上野高校山岳部を語る後輩の言葉と同じだ。たった一人の人間が集団のムードを変える。もちろん、それは周囲あってのことだが、二十代前半の永田さんは、千葉さんの言うオーラではないが、いい場を醸し出す人だった。

上に刃向かい下に優しい。というよりも、永田さんはそもそも上下関係に関心がなかった。年齢や属性で決められた関係性や礼儀、慣例、所作にとらわれなかった。建築家として、それがあだになることもあったが、登山ではいい方向に働いた。

東大の一年下、関根豊さんが永田さんについて真っ先に持ち出したエピソードがある。一九八一年八月、北アルプスの屛風岩でのことだ。

二人は曇り空の早朝、登山客でテントがひしめく北アルプスの涸沢を出発した。この日登るJECCルートは彼らにとっていちばん難しい部類だった。取付で準備を始めると、永田さんが、「あ、忘れた」と言いだした。ハーケンなど登攀具をテントに置いてきたのだ。「私は、これできょうの登攀は中止だと思いました。涸沢から屛風岩の取付までは、それなりに距離があるんです」

簡単なルートに変えようかと思ったが、予定にない行動はとらない決まりになっていた。次に関根さんが考えたのは、自分が涸沢まで戻ることだった。だが、この日の登攀を考えると自分の体力がもつか心配になった。すると永田さんが、「俺、走ってとってくるわ」と言うや、もうかけ出していた。関根さんは、上級生の永田さんが行くとは思っていなかった。驚いて、「本当ですか？　無理ですよ」と背中に声をかけたら「行ってくるから、待ってろ」と言い残し、去っていった。

永田さんは走り通し、二時間半はかかるところを一時間半で戻ってきた。途中、ハイカーたちが永田さんの形相に驚いていたという。トレールランなどなかった時代だ。「戻ってきて、『じゃあ行くぞ』って言ったときの、あの天真爛漫というか、とにかく登りたい一心で、下のヤツにやらせようなんて微塵も思っていない。いい意味で驚きました」

谷川岳一ノ倉沢でも似たことがあった。永田さんと関根さん、名久井恒司さんの三人でビバークしたかなり寒い晩だった。二人に挟まれ真ん中で寝ればけっこう温かいが、「永田さんは上級生だから『俺が真ん中だ』と言えばわれわれも納得したんですが、ジャンケンをするんです」。関根さんが勝つと、永田さんは当たり前のように「ちくしょう」と言い、寒さに震えていた。「本当、子どもみたいなんです。友達というか、何事も先輩、後輩がないんです」

サークルでも職場でも、こういう年長者が一人いるだけで、場の雰囲気が変わる。ホームパーティでも、一人が気難しそうにしているだけで、全体のムードは沈鬱となる。先に挙げた中根千枝の『タテ社会の人間関係』も指摘しているが、日本社会には、年齢や入社、入省、入所年次などにひどくこだわる人がいる。あるいは中には、卒業して何十年もたっているのに、出身大学に囚われている人もいる。世代が下がるにつれ減ってはくるが、そうした序列意識を抱えた人や威張る人が一人でもいるだけで、集団に微かな緊張が生まれる。

年齢や年次、所属、肩書きといった属性抜きに、人に対することができれば、組織も世の中も風通しが良くなる。それでも、八〇年ごろは、上下に囚われない永田さんはまだ珍しい存在だった。彼が八年も在学するうちに、部のムードは少しずつ変わり、自然と和気藹々としたものになっていったのだろう。彼にその意図がなくても。

建築界でも永田さんのムード、人柄が仲間たちに愛された。永田さんが半年で辞めた石井和紘建築研究所の同僚、米田広司さんがこんな話をした。

八六年当時、石井所長は休みになると別荘に所員をよく招いた。ある朝、所長が「飲んではかりじゃ、不健康だから走ってこい」と言い出し、みな二日酔いで走りたくはなかったが「全員いけ」と命令された。二十代、三十代の建築家の卵たちは仕方なく別荘の周りを走り、石井さんがベランダからその様子を監視した。

「所員の中では永田さんだけ、登山家だから超元気で。石井さんは上の方から僕らを見てて、私はけっこうつらくて、『俺、無理だから』ってへばってたら、永田君が同じ場所で走っているふりをしながらずっと待っててくれてね」

別荘の周りで、石井さんから見えない陰のところで、永田さんが待っていた。米田さんが「もうダメだ」と弱音を吐くと、大丈夫だよというふうな顔で走るふりをしながら無言で待っている。

「あの瞬間、すごく見えた気がしたんですよ。そういう、すごく人を惹きつけるところが彼にはあって。普通なら、自分は元気なんだから行っちゃえと石井さんにいいところ見せる人も多いと思うんです。だけど、こっちをすぐに察知して、いいよいいよ、みんなで見えないところで休んで、そのあとで走ればいいじゃないと」

米田さんは「おう、そうかーラッキー、サンキューサンキュー」と言って永田さんに追いつき、並んで走った。「今、突然思い出したんだけど、それが彼の人間性を象徴している気がしてしょうがないのね」。米田さんは永田さんを思い出し、涙ぐみながらそんな話をした。

話は飛ぶが、二〇一一年ごろのローマで数万人規模のデモを気楽な感じで率いていた政治活動家、ジャンフランコ・マシアさんがこう言っていた。「結局、いちばん大事なのは、思想や政治スタイルよりも、人同士のつながり。人間関係がすべての基本で、その関係性が世界のあり方を変えていく」。永田さんが大事にしたのもこの関係性で、それが人を惹きつけたのだ。

永田さんが後輩に好かれたのは、序列を嫌う平等主義にあった。同時に自分の弱さや感情を表に出すむき出しな人格もあった。人が人と親しくなるのは、優しさだけではない。自分の強みも弱みもすべて見せる、英語で言えばブルネラビリティー、脆弱さ、真っ裸の自分をどれだけ相手に見せられるかだろう。子どもたちにも、弱みを見せている。優しさだけではなく、自分のダメさもきちんと見せていたからこそ、幼かった彼らに強い親しみを残した。

一九八〇年代、時代の輝き

いま、彼のような人物がもっといたら、日本社会はもう少し風通しが良く、生きやすかったのではないか。そう思うこともある。何が彼を育んだのか。一つは時代だ。最も輝いたのは、七六年ごろから八〇年代、彼の青年期だ。国立大の授業料が安く何年も留年する人がいた。就職せず、貧乏旅行に日本を飛び出す若者が続出した。レールから外れるなという圧力がさほどなかった。社会が若かった。

七九年六月、大平正芳首相をホストに「東京サミット」が開かれ、誇らしげなムードが新聞テレビで広がったころ、永田さんは後輩の私たちと不忍池を走っていた。その帰り、地下鉄のある根津駅に向かっていた私たちは、坂の途中の駄菓子屋で一枚十円の塩せんべいをかじりながら、サミットの話をした。永田さんは、「へん、あんなもん、くだらねえよ」と言った。私たちが歩く根津や谷中の家並みは、茶色いニスを塗った薄い板塀や、マッチ一本であっと言う間に燃えてしまう板作りの家ばかり。「東京サミット」とはあまりにもそぐわない板塀が、私たちの東京だった。

そんな時代を、いまのテレビのワイドショーは「バブル前夜」と振り返り、ジュリアナ東京のお立ち台で踊るボディコンの女性たちのイメージ映像が流される。このディスコができたのは十年もあと、九一年なのに、イメージだけが伝搬する。人々が贅沢に暮らしたという偏見をもたれがちだが、そうではなかった。まして、永田さんにとって、贅沢や派手さは一切関わりのないことだった。

国の経済はいまの三分の一で、一人が使うお金もいまの半分ほど。昭和恐慌以来の不況で、消費文化も情報革命も言葉だけだった。ＩＴも未発達でソーシャルメディアはなく、やりとりは固定電話と手紙だった。

当時を生きた人々は考えもおよばないことだったが、それは、社会学者、見田宗介氏の言う、戦後の「夢の時代」の終わり（補足解説参照）、日本が最も幸福な時代の末期だった。

永田さんが輝いた七〇年代後半から八〇年代前半は、新自由主義（補足解説参照）が広がる地ならしの時代でもある。その広がりと反比例するように永田さんは輝きを失った。山を離れ、建築という舞台で、獣が死に場所を求めるように静かに衰えていった。

永田さんの骨は千葉県松戸市の八柱《やはしら》霊園にある。「9区2荘40番13号の2」。真冬、旭さんに聞いた番号を頼りに、広々とした墓地を歩くと、「永田東一郎建立」という文字が目に入った。奇抜さはなく、普通の縦長の墓石だ。母が息子の名で九七年に建てたようだ。

一九七六年一月、五十六歳だった新太郎さん、二〇〇五年二月、四十六歳だった永田さん、そして一三年七月、八十四歳で亡くなった母邦子さんが入っている。邦子さんは息子の死について「お酒をやめられないとわかって、あきらめていたようです。優しく、おっとりしているっていうか、昔から夫にも息子にも厳しいことを言いませんでした」。小西弘さんが言う。

荒涼とした広い墓地には強い季節風が吹いていた。辺りには、うち捨てられた墓が幾つもあった。遅かれ早かれ、みんな死ぬ、みんなお別れだ。そんな思いが私に湧いたが、永田さんが死んで、もうずいぶんたつのに、死んだ気がしなかった。死を知ったのが五年前、自分の中でまだフレッシュなせいなのか。

後輩の名久井恒司さんは勤め先の飯田橋の東京理科大で私を見送りながらこう言った。

「僕は友達があまりいないので、永田さんがいないのはけっこうこたえました。いまだに引きずっているところがあります」。それはどのような喪失感なのか。「よく思い出します。思い出すと言っても何かをまとめて思い出すというより、いたはずなのになあっていう感じです。人が亡くなると、生きていたらどうだったか、こうなったろうか、と考えるものですが、永田さんの場合は想像できないんです。生きていたときのことしか考えられない。そういう人です。予想がつかないんですよね」

学生時代から彼と会っていない人たちは、夫としての永田さんや子煩悩な永田さんがイメージできない。生きているときでもそうなのだ。それは目の前の永田さんが強い印象を残したからだろう。

「イメージが薄れないんです。人の思い出は声から消えていくって聞いたことがありますが、声をよく覚えています。本当によく通る声で」。建築家仲間の中嶋久男さんがそう振り返る。

死んでも、なぜ強い印象を残すのか。

永田さんの二回り上の東大の先輩、中村輝子さんが教えてくれた。「あなただけじゃないですよ。みんな永田には驚かされている。生きていたら、なんて想像させないのは、もう十分自分のキャラを発揮したから。永田という姿を十分みんなに見せた。そういうことじゃないかな。見せて、あきれさせてね」

存在が過剰なのだ。輝いていた自分を、俺は生きているぞ、これが俺だぞと、嫌というほど見せた人。

それが多くの人の記憶に貼りついている。八〇年代、日暮里、上野という土地、その時空間に強く貼りついている。

だからだろう。初老の男となって、図面入りの筒を肩に電車のつり革を握っている姿や、胸ポケットからスマートフォンを取り出しタップしている様子など想像できない。昭和晩期、投機、土地神話が叫ばれる前の凪の時代を思い切り泳いだのが永田さんだった。

彼に「もし」はあっただろうか。永田さんがもし東日暮里で育たなければ、さほど地元に土着せず、早ばやと外に目を向けたかもしれない。K7の帰り、パキスタンの友人とはもう会うこともないと書いた彼は、東京はおろか、地元さえ離れなかった。もし彼が違う土地に生まれ、東京を嫌っていたら、世界に興味を向けただろうか。

その末、南米あたりにたどり着けば、愉快な人生を送れたのではないか。彼のように頑固に自分を変えず、ひたすら自由を求める人が賞賛される社会。豊かになれなくとも、好きなように生き、愛され、生き延びる道があったはずだ。が、やはり、そこでも酒に浸れば、寿命はそうは変わらない。

では、もし彼が上野高校以外の学校に行き、多感なころに規律を植えつけられ、体制順応型の人間になっていたら、どうだろう。東大に入り、TUSACに入っても大学に八年もいるこ

永田さんの父母とともに眠る千葉県の八柱霊園

「永田東一郎建立」とあるお墓

とはなく、企業に勤め、定年を全うしただろうか。

名久井さんが、今の彼を想像できないように、違うバージョンの永田さんもなかなか浮かんでこない。

永田さんは、きっとどんな時空間にいても、あのままでいた気がする。死後十八年がすぎようとしているのに、記憶が古びない。今も入り口からふらっと入ってきそうな気がすると仲間たちが言うのは、その存在感だ。背景の絵をいくら変えても、永田さんは永田さんのままだ。

「彼は純粋すぎた」「自由人すぎた」と仲間たちは言う。裏を返せば、私たちがどこか不純で、不自由な世界だとわかっていても、そこに身を擦り寄せて生きているからだろう。でも、彼はどこにいても、彼のままだった。彼ゆえの人生を全うした。どんな時代、どんな場所に生きても変わらぬ存在として。

晩年、子ども達と遊び、和多利さんが帰る時間になると、ヤドカリのように自室にこもった永田さんは、和多利さんに愛想はつかされたが、暴力を振るったり、怒鳴ったりすることはなかった。「どこまでも優しい人でした」と和多利さんが振り返る。「でも、ひと言で言えば、謎多き人です。いろんな友達がいて、みんな言うことが微妙に違うでしょ。本当はどんな人だったんだろうって、今になってよく思います。本当は何がしたかったんでしょうって。今もわからない。なかなかうまく言えません」

自分を見せ、人をあきれさせるほど過剰な存在でありながら、でも、本当はどうだったのか、と謎を残す人。私が彼に強くひかれ、彼の物語を書きたいと思ったのもそこだった。

◉補足解説　「夢の時代」の終わり

冷戦末期、昭和晩期、主流に乗らなくても、ドロップアウトしてもなんとかなると思わせた時代。人が思想的、学問的にもっとも発育する十代後半に、GHQ主導の戦後教育で自由、個人主義を授けられた若者たち。彼らは、集団主義、家柄、縁故主義、序列意識など戦前日本の価値を頑強に貫いてきた官僚機構、企業社会に入った途端、「新人類」と呼ばれた。別の次元から突如現れた生物のように。

永田さんが建築事務所に入っても長く続かなかったのは、自由、個人主義が当たり前だった高校、大学とは打って変わった旧来の組織に馴染めなかったからだろう。

そこで辛抱し、周囲をじわじわと自分のムードで変えていくことができなかった。徒弟制の残る事務所で滅私奉公し、自分を曲げ、自分を変えられなかった。むしろ、そこに背を向け、居留守を使ってまで逃げ回った。学生のときのまま、人の言葉に左右されず、人の脳みその奴隷にならず、やりたいことだけを貫こうとした。「人生は荷上げのようなもの」とK7でため息をつきはしたが、決して「荷上げ」をしなかった。

「夢の時代」がすぎた八二年、永田さんより十四歳上のタモリが「ネクラ・ネアカ」という言葉を広めた。当時、若者たちは年を追うごとに服装がこぎれいになり、政治ばかりでなく、何事も議論をしなくなった。議論をすればネクラと嫌われた。大学の寮や部室など、学生が集まりダラダラする「場」は解体されるか形骸化し、誰もがバラバラの消費者となっていった。「場」よりも個室を好む学生たちは『朝日ジャーナル』の代わりに雑誌『ポパイ』を小脇に抱え、リゾートホテルのプールサイドを思わせる大瀧詠一のアルバム『ロング・バケーション』に聴き入った。

永田さんはそんな世界とは無縁のまま、金もなく冬も薄着のジャージー姿でダサさの極みと言われた上野界隈を歩く、明らかにネクラの部類に属していた。

登山界では夏も冬も岩を攀じる大学山岳部のオールラウンドな山登りがすたれ、集団で目標を追うよりも、多様なジャンルで好み好みの趣味に応じた「個室化」「おいしい生活」が主流になっていく。

◉補足解説　新自由主義

一九八〇年代の日本は制度上も大きな分岐点だった。七九年の東京サミットで話題を呼んだ英国のマーガレット・サッチャー、そして八二年に登場する米国のロナルド・レーガンに象徴される構造改革が日本に影響を与えはじめたころだ。のちに新自由主義と呼ばれる南米チリのピノチェト軍事政権が初めて試みた米経済学者、ミルトン・フリードマンによるシステム改変である。

大きな政府から小さな政府へと聞こえはいいが、国による介入、規制を緩め、通信、鉄道、交通などあらゆる公共分野を民営化し、市場競争に委ねる方向へと舵が切られた。その分、利を得るものの自由度が増し、富める者が一部に集中し、中間層のジリ貧が始まる。いまや中国を含めた旧共産圏も抱える地球規模の問題、貧富の格差が広がりはじめた時期だった。小さな政府を目指せば、福祉は縮まり、企業の自由裁量が増すことで労組も弱体化する。時代が大きく新自由主義へと舵を切る起点が八〇年前後だった。

そんな新自由主義の問題から脱することができず、代替のシステムも見つからないまま、先進国から途上国まで一人一人の幸福度が八〇年代と比べ明らかに下がり、惨めな気分を抱えた人々が異様に増えているのが現代だ。「共闘」という言葉は死語となり、人が議論を交わす「場」どころか、電車でもトイレでも、誰もが目の前の小さな画面を見つめ、時間を消費する時代になった。

エピローグ

はじまりの山、おわりの山

建築家の大谷洋昭さんは、死の数年前の永田さんの姿を鮮明に覚えている。都心を歩いていたら、お堀端に石垣があり、永田さんが突然登りはじめ、壁の上から下りてこなかった。「もう行きましょうよ」と言っても、しばらく空を見ていた。「昔のことを思い返してたんじゃないかという気がします。建築では山の充実感を味わえないと言ってましたから。そのときの姿をよく思い出します」

二〇二三年一月二日、私は思い立って倉岳山に行ってみた。永田さんが最後に登った山で、なぜここに来たのか不思議だったからだ。ルーズリーフにきれいに書いた「山行記録」の一五八番、最後の行に「倉岳山~寺下峠」と書かれ、その下は白紙だ。一九八四年のK7が一五四番で、そのあとは友人らに誘われ年に一度ほど行っているが、八七年の倉岳山は「単独」とあるので、自分の意思で行ったに違いない。それにしても、山梨県の大月市と上野原市の境にある、九九〇メートルの裏山になぜ行ったのか。なぜこれを最後の山にしたのか。それは、数ある永田さんの謎の一つだ。

せっかくだからと私はテントなど余計なものを詰め込み、一五キロほどの重荷にしてボッカ訓練を兼ねて登った。頂上近くの斜面の木々はその傾き、曲がり具合から、まるで夢の世界に出てくる迷路のようだったが、他にはこれといった印象はなかった。

あいにくの雲で富士山は望めなかったが、北を見ると、谷を挟んで丸い形の山が見えた。二万五〇〇〇分の一の地形図では切れていてわからなかったが、二十万分の一の地図を見てハッとした。その丸い山は扇山だった。

扇山は永田さんの最初の山だ。日暮里中二年の春、学年登山で登った山だ。一一三八メートルの低山だが、その名のとおり、南面の大きな谷が見事な扇形に見える。

そうか、最初に登った山を見にきたんだ。中央線の鳥沢駅で降り、北に行けば扇山だが、永田さんはあえて南に向かい倉岳山を登った。扇山に行くつもりが、駅で気持ちが変わったのか、あるいは扇山を見るために倉岳山に登ったのか。おそらく後者だろう。

頂上からは稜線上を五キロ以上も東に歩き、寺下峠から北に下山している。日帰り山行にしてはけっこうなフル行動だ。永田さんはどんな気持ちで歩いたのだろう。最初の山、自分を山の世界へと引き込んだ扇山を見ながら歩き、何か気づくことがあったのか。

そんなことを考えながら下山し、資料を見て驚いた。今ごろになって気づいたのだが、中学の学校行事で扇山に登ったのと、最後に登った倉岳山はいずれも同じ四月二十五日だった。一方は七二年、もう一方は八七年だから、永田さんはちょうど十五年ぶりにこの山域に来ていた。そして、たまたまだが、私が登った日は永田さんの生誕六十四歳の誕生日だった。

調べてみると、八七年四月二十五日は土曜日だ。当時はまだ半ドンの時代で土曜出勤が普通だった。私が当時技師として働いていた職場でも、土曜は昼までの勤務だった。おそらく永田さんはわざわざ休んで、倉岳山に来たのだ。彼の性格からして、十五周年の日をあえて選んだのだ。

もしそうなら、彼はなぜ扇山を見にきたのか。自分の山登りの締めくくりとして、最初に登った山を見たかったのか。そうではないだろう。K7のあと、ほとんど行っていないのだから、今更締めくくりもない。

〈僕が山登りをするようになった最大の理由は、ただ、美しい〝自然〟や〝山〟の中にいたいということだった〉と二十二歳の冬山を前に「滝谷登攀記」に書いている。そんな自分の原点に立ち返ってみたかったのか。そこから何かが始まると期待したのか。

八七年四月は彼が大学を出て一年がすぎたころだ。最初の石井建築研究所を半年で辞め、次の鬼頭事務所に一月に入り、三カ月がすぎていた。レンガの線ばかり描かされ、「もう辞めたいよ」と友人に漏らし、実際に辞める三カ月前のことだ。原点に帰れば、行き詰まっていたのだろう。こんなはずじゃなかったと思っていたはずだ。何かが見える、と思ったのかもしれない。

冬の岩登りを教えた駒宮博男さんは「永田は建築に向いていないとわかっていたんじゃないかな」と言う。「山と同じように適当にはできなかった。建築でも常に向上し続け何かを成すという思いがあったんでしょうが、それは本当に俺がやるべきことかと自らを問うたとき、違うと思ったんじゃないかな。誰が何を言おうと絶対に俺はこれをつくりたいという動機と才能が、永田にはなかった気がしますね」

東西に延びる倉岳山の稜線を永田さんが歩いていく。そのすぐ後ろを私がついていく。長い尾根を黙々と歩くその横顔をいくら見ても、彼が何を考えていたかはわからない。

実際、その後、彼は半年の無職生活を経て、翌八八年四月に三つ目の設計事務所に入る。師匠は彼を、気の弱い、性格の暗い、人の意見に左右される優柔不断な男とみていた。結婚というプロジェクトに活路を見出したのはそのころだ。

永田さんが残した友人知人リストに九十七人の名が連なっている。大半は高校、大学の仲間と建築仲間や業者の名だ。そこに私の名もあり、二〇〇一年春まで住んでいた南アフリカの私書箱が書いてあった。その年、一年だけ日本に戻り、〇二年春から私はメキシコ市に暮らし、永田さんが死んだ〇五年二月は南米各地やイラク、米国などの出張で年の半分は家にいなかった。

永田さんと最後に会ったのは、九五年の秋、南アフリカに行く直前だ。私たちは三軒目のゴールデン街の店で、私と同い年の友人も加わり遅くまで痛飲した。その前は歌声酒場で、山の歌をいくつも歌い、みな上機嫌で、永田さんは例によってお金がないのに帰りたがらなかった。フラフラになっているのに、店を出ると「もう一軒行くぞ」と言い出し、ついには歌舞伎町のゴミ置場に倒れこみ、「おい、行くぞー！」と叫んでいた。

友人は同じ東京の山岳部出身なので、有名人の永田さんに畏敬の念を抱いていたが、その体たらくに呆れ、「おい、こいつ、捨てていこうぜ」と私に言った。えっ？　と思った。永田さんは私の先輩である。大好きだった人だ。その人を「捨てていこうぜ」という言葉に一瞬反発したが、その響きが妙に新鮮だった。そんなこと、と思う間もなく、友人が走り出した。私も彼のあとを追った。振り返ると、「おい、待てよお！　バカヤロー」などと言いながら、永田さんはまたゴミの山に倒れ込んだ。

そのあと、どうしたのだろう。また戻って、永田さんを引っ張り上げ、西日暮里のスナックに行った気もする。それとも、そのまま放置したのだろうか。南アフリカへの出発前にもう一度会った気もする。

永田さんが死んだと聞いたとき、驚きとともに、やっぱりと思ったのは、その辺りの定かではない記憶が蘇ったからだろう。あんな破滅的な飲み方、荒れ方をしていたら早晩死ぬと思っていたのか。いずれにしても、自分にとって大きな存在だった人を私は大事にしなかった。捨てたのかもしれない。

では、永田さんをどうすればよかったのか。永田さん、しっかりしてくださいよ。もう建築なんか諦めて、何か書いたらどうですか。山のことでも世の中のことでも、私小説でも。永田さんが書けば面白いものになりますよ。売れなくたっていいじゃないですか。昼間書いて、寝る前に飲むだけにしたらいいですよ。そんなふうに言って、ちょくちょく会っていたらよかったのか。

言っても詮ないことだが、和多利さんと同じ問いが常に浮かんでくる。永田さん、本当は何がしたかったんですか。どう生きたかったんですか。

それは私自身に向けられた問いでもある。夜中に酒をすすりながら、私はときどき考える。本当は何がしたいんだろう。永田さんの生涯を探れば探るほど、彼が自分に重なってくる。

あとがき

一人の人間の物語なのに、書き終えてみると群像劇という気がしてきた。彼とともに同時代を生きた人々。第三日暮里小、日暮里中、上野高校、東大、そして建築の世界をかけ抜けた永田さんだけではなく、彼を取り囲む総勢一〇〇人を越す人々の物語でもあるのだ。時は一九七〇年代から二〇〇〇年代、主な舞台は各地の山々と東京の下町だ。

仲間たちから話を聞いて気づいたのは、彼ら彼女たちと早々に意気投合したことだ。それもそのはずで、永田さんを思い出すことで彼らと私の間に独特の親和が生まれたからだ。と同時に、なんと言ったらいいのか、永田さんが放ってきたエネルギー、あるいは養分のようなものを誰もが内に抱えているからだ、いまも。

こんなたとえはどうだろう。

大きな森の一角にさまざまな木々が生えている。木々は少しずつ老いていく。その中に、少し変わった木が一本あった。冬の雪に静かに耐え、春一番が吹けば騒がしく、初夏になればみずみずしい新緑で辺りを照らす。そんな木はある夏の終わり、雷雨に打たれ倒れてしまう。木々は地表ではバラバラでも、根を介して地中で微妙につながっている。すでに倒れて幹となった木からも、周囲の木々は養分をもらい続ける。

永田さんの仲間たちはまだ生きている。大方の人は一九五〇年代から六〇年代生まれの人たちだ。親はギリギリ召集を免れた昭和一桁前後の世代で、戦後教育がもっとも盛んなころに十代後半を生きた人たち。日々、自立、個性という言葉を浴び、それが何だかよくはわからないまま、自由を追い求めた世代だ。そんな森の中に、永田さんという少し変わった大きな木があった。

私が永田さんの死を知ったのは二〇一七年九月だった。その直後、彼の物語を書きたいと思い、すでに五年半がたった。

永田さんのことを考え、彼の日記を読み込んだせいか、彼からもらった養分が私の中で蠢きだした。一九年秋にヒマラヤのダウラギリに挑戦したのも、その後、クライミングに力を入れ、二二年にチリのパタゴニアに行ったのも、その養分が動かした気がする。もちろん、年齢もあるだろう。晩年をどう生きるかといった打算もあっただろう。でも、「お前、日和ってんじゃねえの」と言いたいことをズバズバ言う永田さんにけしかけられたようにも思う。彼のような飲み方はしなくとも、ここ数年、酒量もずいぶん増えた。

永田さんを書くことは、仲間たちに残した養分を書くことでもあった。思い思いの形で林立する木々に永田さんを見いだし、森のありようを描く。書き終えてみて群像劇と感じたのは、一人の死がその人だけでなく同じ時代を同じように生きた多くの人々の生き方をあらわにし、浮き上がらせるからだ。

この本を書く上で多くの方々にお世話になった。まずはノンフィクションライターの水谷竹秀さんに感謝したい。沢登りの帰り、「無名の人の評伝を書いてもなあ」と躊躇していた私に、「藤原さん、書きたいものがあるなら書くべきですよ」と強く推してくれた。この本の原案となった毎日新聞の連載「酔いどれクライマー　永田東一郎伝」（二〇二一年十月〜二二年四月掲載）を後押ししてくれた徳丸威一郎さん、日下部《くさかべ》聡さんほか毎日新聞の同僚にもお世話になった。本書を新たに書きおろし、分量も連載時の三・五倍になったが、最初の原稿があったからこそ書けたものだ。

取材に全面協力してくれた永田さんの元妻、三浦和多利さん、叔父の小西弘さん、親友の吉川智明さん、そして集めた資料をすべて提供してくれた東大スキー山岳部ＯＢの和泉純さんの誠実な思いに感謝している。

安田典夫さん、駒宮博男さん、山本正嘉さん、米田広司さん、岸敏彦さん、斎藤龍弘さんらの語り口はもちろん、それぞれの人生も味わい深い。永田さんの物語に群像劇の匂いをまぶしてくれたのはこの方たちに負うところが大きい。

敬称略で恐縮だが、以下の方々に厚い協力をいただいた。

飯泉太郎、磯村一司、今田幸伸、大谷洋昭、小川重雄、神沢章、久村俊幸、鹿野義記、柴田徹、清水まゆみ、勝呂希枝子、清野啓介、関根豊、高橋千代子、武澤秀一、武中誠、田中和夫、千葉厚郎、中村輝子、中嶋久男、名久井恒司、浜名純、真木ゆかり、三谷英三、宮本佳明、宮森伸也、横田光史、吉川一弘、和田城志（五十音順）。

本は編集者と著者との共同作品だ。永田さんに興味を持ってくれた編集者、神長幹雄さんのおかげで書き上げられた。人物伝ではなく、物語にしてほしい。そして、そこに八〇年代の空気、上野高校の自由さ、日暮里界隈の匂い、私自身の物語も込めてほしいと励まされ、一から書くことができた。ありがとうございました。

亡くなる直前の父の様子を「もう二度と話すことはないと思う」と言いながら、穏やかに語ってくれた永田さんの長男、江川旭さん、幼いころの思い出しかない父を懐かしむ長女、江川マリノさんに、この本を捧げたい。そして、こう言いたい。「お父さんはそんじょそこらにゃいない、本当に面白い人だったよ」。

二〇二三年一月、東京

藤原章生

◉参考文献、サイト

『輝けるときの記憶　山と友Ⅱ』（東京大学山の会）＝七五周年記念誌

『K７初登頂』（東京大学スキー山岳部カラコルム学術登山隊１９８４）

『山』（大島亮吉、中公文庫）

『山を考える』（本多勝一、朝日文庫）

『K２に憑かれた男たち』（本田靖春、文春文庫）

『乾いた山』（原真、山と溪谷社）

『新版 頂上の旗　生と死のあるところ』（原真、悠々社）

『en avant』２００５年5月号（原真、私家版）

『わが愛する山々』（深田久弥著、ヤマケイ文庫）

『初登攀行』（松本龍雄、中公文庫）

『異端の登攀者――第二次ＲＣＣの軌跡』（『異端の登攀者』刊行委員会、山と溪谷社）

『垂直の星　吉尾弘遺稿集』（吉尾弘、日本勤労者山岳連盟編、本の泉社）

『風狂を尽して　竹中昇遺稿追悼集』（竹中裕編、創作社）

『剱沢幻視行　山恋いの記』（和田城志、東京新聞）

『ヒマラヤ縦走「鉄の時代」のヒマラヤ登山』（鹿野勝彦、本の泉社）

『未完の巡礼』（神長幹雄、山と溪谷社）

『日本人とエベレスト　植村直己から栗城史多まで』（山と溪谷社）

『狼は帰らず　アルピニスト森田勝の生と死』（佐瀬稔、ヤマケイ文庫）

『岩と雪臨時増刊 山岳年鑑'85』（池田常道編、山と溪谷社）

『登山史の森へ』（遠藤甲太、平凡社）

『周期律―元素追想』（プリーモ レーヴィ、竹山博英訳、プラネタリークラシクス）

『日本建築の再生―ポスト・アメリカンへ』（石井和紘、中公新書）

『建築家の発想―私の師匠たち』（石井和紘、ＳＤ選書）

『建築家の自由―鬼頭梓と図書館建築』（鬼頭梓、鬼頭梓の本をつくる会）

『デリダ、脱構築を語る』（ジャック・デリダほか、岩波書店）
『デリダ　脱構築と正義』（高橋哲哉、講談社学術文庫）
『思想家と建築デリダ』（リチャード・コイン、松井健太訳、丸善出版）
『仲間とともに治すアルコール依存症　断酒会活動とはなにか』（中本新一、明石書店）
『高機能アルコール依存症を理解する　お酒で人生を棒に振る有能な人たち』
（セイラ・アレン・ベントン、水澤都加佐監修、翻訳、星和書店）
『タテ社会の人間関係　単一社会の理論』（中根千枝、講談社現代新書）
『昭和史全記録』（毎日新聞社）
『戦争と教育――ノモンハン・沖縄敗残兵の戦後』（近代文藝社）
『教育の新しい姿勢』（小尾乕雄著）をもとに論じたブログ「mokohei の読書記録帳」
『高校紛争』（小林哲夫、中公新書）
『職場と若者たち　新人類の活かし方』（岩崎隆治、日本労働協会）
『リーディングス　日本の教育と社会18　若者とアイデンティティ』（浅野智彦編著、広田照幸監修、日本図書センター）
『戦後日本スタディーズ2』（岩崎稔、上野千鶴子、北田暁大、小森陽一編集、紀伊國屋書店）
『結婚までを』（藤原審爾、集英社文庫）
『うらおもて人生録』（色川武大、新潮文庫）
『星の王子さま』（サン＝テグジュペリ、河野万里子訳、新潮文庫）
『人間晩年図巻』シリーズ（関川夏央、岩波書店）
『日本蒙昧前史』（磯崎憲一郎、文藝春秋）
『なぜ日本は没落するか』（森嶋通夫、岩波書店）
『二千年紀の社会と思想』（見田宗介、大澤真幸、太田出版）
『現代社会の理論　情報化・消費化社会の現在と未来』（見田宗介、岩波新書）
『ポスト資本主義の欲望』（マーク・フィッシャー著、マット・コフーン編、大橋完太郎訳、左右社）

◉永田東一郎 山行記録

1	1972年4月23日	中央沿線・扇山	四方津—扇山—鳥沢	
2	1972年4月25日	中央沿線・扇山	鳥沢—扇山—大目—鳥沢	
3	1972年8月8日	北八・ニュウ	白駒林道—ニュウ—白樺尾根—稲子湯	
4	1972年10月8日	奥多摩・本仁田山	奥多摩—大休場尾根—本仁田山—鳩ノ巣	
5	1973年1月15日	丹沢・表尾根	蓑毛—ヤビツ峠—三ノ塔—菩提（雪で下山）	
6	1973年3月11日	奥多摩・川苔山	川苔谷林道—川苔山—赤杭尾根	
7	1973年6月3日	丹沢・塔ヶ岳—鍋割山	大倉—塔ヶ岳—鍋割山—大倉	日暮里中山岳同好会
8	1973年7月15日	奥多摩・川苔山	鳩ノ巣—川苔山—鳩ノ巣	
9	1973年8月4日〜5日	荒船山・八風—物見山	志賀キャンプ場—荒船山、八風山—中尻山—神津牧場	
10	1973年8月15日	奥多摩・三頭山	数馬—鞘口峠—三頭山往復	日暮里中山岳同好会
11	1973年9月23日	奥秩父・乾徳山	徳和—乾徳山—通満尾根	
12	1973年11月25日	奥武蔵・武甲山	表参道—武甲山—西参道	日暮里中山岳同好会
13	1974年1月2日	奥多摩・蕎麦粒—川苔	日原—蕎麦粒—川苔山—本仁田山—奥多摩	単独
14	1974年3月29日〜30日	奥多摩・御岳—日ノ出	古里—御岳—日ノ出山—大岳口	日暮里中山岳同好会
15	1974年4月4日	上信・物見—荒船山	塚田別荘—物見山—荒船山	
16	1974年5月18日〜19日	御坂・十二ヶ岳	足和田—毛無山—十二ヶ岳—大石村	UHAC（新人歓迎）
17	1974年6月8日〜9日	奥多摩・鷹ノ巣山	日原—稲村岩尾根—鷹ノ巣山—石尾根	UHAC（トレーニング）
18	1974年6月29日〜30日	谷川岳	マチガ沢出合—巌剛新道—谷川岳—谷川温泉	UHAC
19	1974年7月24日〜29日	朝日岳—白馬三山	蓮華温泉—朝日岳—白馬三山—天狗ノ池—猿倉	UHAC
20	1974年8月4日	丹沢・葛葉川	沢登り	初挑戦
21	1974年8月30日	八ヶ岳・横岳—赤岳	赤岳鉱泉—横岳—赤岳—県界尾根—野辺山	単独
22	1974年9月14日〜16日	丹沢・勘七沢	沢は雨で引き返す	丹沢登山教室
23	1974年10月1日	丹沢・水無川	大倉尾根下山	単独
24	1974年10月12日〜15日	谷川連峰全山縦走	三国峠—平標山—谷川岳—蓬峠—清水峠—白毛門	UHAC（秋山）
25	1974年11月2日〜3日	奥秩父・雲取山—飛竜山	鳴沢—雲取山—飛竜山—将監峠—落合	単独

26	1975年1月3日〜7日	方丈山ほか	新日本湯沢スキー場、雪上訓練	UHAC（冬山）
27	1975年3月23日	丹沢・表尾根—鍋割山	蓑毛—表尾根—鍋割山—大倉	
28	1975年4月1日〜5日	飯縄山ほか	戸隠スキー場、雪上訓練	UHAC（春山）
29	1975年5月3日〜4日	南ア・鳳凰三山	夜叉神峠—南御室—鳳凰三山—穴山橋	
30	1975年5月17日〜18日	奥秩父・乾徳山	徳和—乾徳山—通満尾根	UHAC（新人歓迎）
31	1975年6月7日〜8日	奥多摩・大岳山	氷川—鋸尾根—大岳山—馬頭刈尾根	UHAC（トレーニング）
32	1975年6月28日〜29日	那須連峰	北温泉—三本槍—茶臼岳—大丸温泉	UHAC
33	1975年7月21日〜26日	北ア・薬師—野口五郎	薬師岳—黒部五郎—三俣蓮華—雲ノ平—水晶—野口五郎	UHAC（夏山）
34	1975年8月3日〜7日	南ア・北部縦走	黒戸尾根—甲斐駒—仙丈—葱平—間ノ岳—広河原	単独
35	1975年9月15日	奥多摩・逆川	川乗橋—逆川—鳩ノ巣	
36	1975年10月1日	丹沢・勘七ノ沢	勘七ノ沢遡行後、鍋割山—雨山峠—寄	単独
37	1975年10月12日〜15日	八ヶ岳縦走	ピラタス—白駒池—高見石—主脈縦走—信濃境	UHAC（秋山）
38	1975年11月2日〜3日	御坂・鬼ヶ岳—釈迦ヶ岳	根場—鬼ヶ岳—大石峠—黒岳—釈迦ヶ岳—鳥坂峠	UHAC（晩秋）
39	1976年1月3日〜7日	谷川付近ほか	新日本湯沢スキー場、雪上訓練	UHAC（冬山）
40	1976年3月23日	谷川岳	天神峠より往復を試みるが、ラッセル深く避難小屋まで	敗退
41	1976年3月28日〜4月1日	北ア・白馬乗鞍岳ほか	栂池スキー場—乗鞍岳往復、雪上訓練	UHAC（春山）
42	1976年5月1日〜4日	南ア・甲斐駒より鳳凰	黒戸尾根—甲斐駒—早川尾根—地蔵岳—穴山橋	
43	1976年6月12日〜13日	奥多摩・蕎麦粒—川苔	日原—一杯水—蕎麦粒山—川苔山—鳩ノ巣	UHAC（トレーニング）
44	1976年7月24日〜31日	南ア・大縦走	北岳—白峰三山—塩見岳—赤石岳—茶臼岳	単独
45	1976年8月22日	奥秩父・火打石谷	丹波—余慶橋—火打石谷—丹波	
46	1976年9月18日〜19日	奥秩父・一ノ瀬川下流	大常木谷が目的だったが、思わぬ伏兵に悪戦苦闘	
47	1976年10月15日〜17日	奥秩父・笠取—甲武信	丹波—一ノ瀬—笠取小屋—甲武信岳—西沢入口	単独
48	1977年3月27日	奥多摩・御岳山	ケーブル—御岳神社—七代ノ滝—奥ノ院—御岳	
49	1977年4月3日	奥多摩・大岳—御前山	大岳口—大岳山—御前山—鞘口峠—奥多摩湖	単独
50	1977年4月12日	谷川岳	天神平スキーテントより往復	単独
51	1977年5月4日〜5日	北ア・槍ヶ岳	上高地より往復を試みるが、殺生ヒュッテから引き返す	
52	1977年7月17日	奥多摩・巳ノ戸谷	雨のため出合に立っただけで引き返す	

53	1977年8月4日〜6日	奥多摩・沢登り	日原川本流（巳ノ戸谷出合―本流）、唐松谷、大雲取谷	
54	1977年8月13日〜15日	北ア・槍―穂高	北鎌尾根―槍ヶ岳―北穂―涸沢―奥穂	単独
55	1977年8月29日〜31日	南ア・笊ヶ岳	白石―保川―大武刀尾根―笊ヶ岳往復	
56	1977年9月25日	奥多摩・巳ノ戸谷	巳ノ戸谷遡行―鞘口のクビレー東日原	
57	1978年1月3日	奥多摩・本仁田山	鳩ノ巣―本仁田山―逆川源流遡行―鳩ノ巣	
58	1976年3月30日〜31日	大菩薩縦走	大菩薩嶺―小金沢連嶺―滝子山―初雁	
59	1978年4月6日〜7日	奥秩父・金峰山	増富温泉より往復	
60	1978年4月29日〜5月1日	乗鞍岳	V.S.A.より2回登頂（2度目は下山スキー）	TUSAC（新人歓迎）
61	1978年5月26日〜31日	北ア・剱岳周辺	奥大日岳、三ノ窓―剱、中央稜―立山（剱沢定着）	TUSAC（新人訓練）
62	1978年6月10日〜11日	丹沢・小川谷廊下	F2以外は容易	
63	1978年6月30日〜7月2日	朝日・根子川	タンオウチ沢手前より小寺山の稜線へ逃げる	
64	1978年7月15日〜29日	北ア・剱周辺＋後立山縦走	三ノ窓定着の後、扇沢―後立縦走―犬ヶ岳―親不知	TUSAC（夏山合宿）
65	1978年8月16日〜17日	北ア・霞沢岳	上高地より往復、雨のなか、頂上付近でビバーク	
66	1978年8月29日〜31日	奥多摩・沢登り	日原川本流（八丁橋―桧尾小屋）、唐松谷、大雲取谷	UHAC・OB会
67	1978年10月9日〜14日	平ヶ岳より尾瀬	恋ノ俣沢―平ヶ岳―至仏山―燧ヶ岳	
68	1978年10月18日〜19日	三ツ峠	右フェース10ルート（セカンド）	
69	1978年11月17日〜19日	北ア・白馬岳	栂池―乗鞍岳BC―白馬岳往復	TUSAC（初冬）
70	1978年12月23日〜30日	南ア・赤石―荒川縦走	小赤石尾根―赤石岳―荒川三山―転付峠越え	TUSAC（冬山）
71	1979年2月3日〜4日	八ツ・赤岳西壁主稜	行者小屋に設営後、主稜登攀	
72	1979年3月7日〜16日	鹿島槍東尾根より蓮華岳	鹿島槍東尾根―爺ヶ岳―針ノ木岳―蓮華岳東尾根	TUSAC（春山）
73	1979年3月23日〜24日	乗鞍岳スキー登山	初めての山スキー利用で、大学尾根往復	
74	1979年3月29日〜31日	至仏山	山スキーで至仏〜燧の予定だったが、鳩待峠より下山	
75	1979年4月14日〜15日	三ツ峠	右フェース・セカンド7ピッチ、トップ7ピッチ	
76	1979年4月28日〜30日	乗鞍岳	大学尾根往復	TUSAC（新歓）
77	1979年5月1日〜3日	北ア・赤谷尾根より剱岳	赤谷尾根―大窓―剣岳―早月尾根	
78	1979年5月25日〜6月1日	北ア・穂高周辺	大滝山より入山、涸沢定着後、奥穂、槍、北尾根、四峰など	TUSAC（新訓）
79	1979年6月16日〜17日	一ノ瀬川―大常木谷	一ノ瀬橋―一ノ瀬川―大常木谷―飛竜山―丹表	

80	1979年7月14日〜8月1日	北ア・劔周辺	薬師より劔入山。チンネ、八ツ峰4ノ沢、劔尾根など	TUSAC（夏山）
81	1979年8月20日〜24日	北ア・黒部川・上ノ廊下	東沢出合より岩苔小谷出合まで。後半は雨で断念	
82	1979年8月28日〜9月2日	北ア・穂高岩登り	滝谷4尾根、クラック尾根	
83	1979年10月4日〜6日	大荒川谷＋東沢	大荒川谷遡行—甲武信岳—笛吹東沢下降	
84	1979年10月11日	幽ノ沢V字状岩壁	右ルート。ヌルヌルにぬれて絶悪。翌日の登攀は断念	
85	1979年10月17日〜18日	三ツ峠	雨のため右フェース3ピッチ（トップ）のみ	
86	1979年12月24日〜30日	北ア・明神V峰東南稜	東南稜16、主稜線9ピッチ fix するも前穂に届かず	TUSAC（冬山）
87	1980年3月7日〜14日	北ア・鹿島槍ヶ岳天狗尾根	天狗尾根—鹿島槍—爺ヶ岳南尾根	TUSAC（春山）
88	1980年3月29日〜4月1日	戸隠山、高妻山	八方睨—戸隠山—高妻山—乙妻山—笹ヶ峰	
89	1980年4月4日〜5日	三ツ峠	右フェース12本、中央カンテ	
90	1980年4月26日〜27日	乗鞍岳	大学尾根往復、菊池滑落死	TUSAC（新歓）
91	1980年5月22日〜30日	北ア・穂高岳	徳本峠越え入山、穂高主稜線、滝谷、奥又など	TUSAC（新訓）
92	1980年6月13日〜14日	一ノ倉岩登り	烏帽子奥壁中央カンテ、南稜	
93	1980年7月12日〜29日	北ア・劔周辺	チンネ、一峰平蔵、二ノ沢〜八ツ峰、白萩四ルンゼなど	TUSAC（夏山合宿）
94	1980年8月28日〜9月1日	北ア・穂高	連日の雨で1本も登攀できず	
95	1980年9月25日〜27日	一ノ倉岩登り	中央稜、烏帽子奥壁南稜フランケ	
96	1980年9月29日〜10月1日	三ツ峠	右フェース20本、巨人、V字ロック、四段ハング	
97	1980年10月9日〜15日	奥鐘山西壁	紫岳会（途中まで）、OCC、広島山の会（途中まで）	
98	1980年10月17日〜18日	北ア・霞沢岳、六百山	沢渡—霞沢遡行—霞沢岳—六百山—中畠沢	
99	1980年11月22日〜25日	北ア・白馬—五竜縦走	双子尾根—白馬岳—五竜岳—遠見尾根	TUSAC（初冬合宿）
100	1980年12月24日〜30日	南ア・塩見岳	鹿塩—三伏峠—塩見岳—鹿塩	TUSAC（冬山合宿）
101	1981年1月9日〜10日	八ツ・横岳西壁	三叉峰ルンゼ（途中まで）裏同心ルンゼ（途中まで）	
102	1981年1月25日	奥多摩・巳ノ戸谷	氷の発達悪く、高巻きばかり	
103	1981年1月30日〜2月1日	足尾・松木川	氷瀑登攀・無名沢・黒沢など	
104	1981年3月1日〜2日	上越山スキー練習	中里スキー場、湯沢新日本スキー場周辺	
105	1981年3月3日	一ノ倉沢	衝立岩雲稜ルート敗退	
106	1981年3月10日〜11日	城山南壁	鎌形ハング、中央壁左ルートなど	

107	1981年3月21日～4月4日	奥鐘山より不帰東面	宇奈月―奥鐘山北西尾根―唐松岳―不帰三峰下部三角岩碑	
108	1981年5月2日～5日	小川山・瑞牆山岩登り	小川山・烏帽子岩、仏壇岩、瑞牆山―大ヤスリ着	
109	1981年5月22日～30日	北ア・穂高岳	滝谷第四尾根、槍ヶ岳、北尾根三峰涸沢側	TUSAC（新歓）
110	1981年6月20日～21日	三ツ峠	右フェース12本、巨人、V字ロック、鶴	
111	1981年6月27日～28日	一ノ倉沢	雨のため、本谷バンド往復のみ	
112	1981年7月5日	稲村岩付近	日原稲村岩偵察、前壁試登	
113	1981年7月16日～30日	北ア・劔周辺	八ツ峰、六峰Dフェース、チンネ、白萩ルンゼ左岩壁	TUSAC（夏山合宿）
114	1981年8月4日～10日	北ア・穂高岳	屏風岩―ルンゼ、同東壁雲稜、同右岩壁JECC、クラック尾根	
115	1981年8月13日～15日	一ノ倉沢	二ルンゼ～Aルンゼ	
116	1981年8月28日～30日	赤谷川	赤谷川本流遡行、ドウドウセンを上部から調査	
117	1981年9月28日～10月1日	一ノ倉沢	烏帽子凹状岩壁、衝立岩ダイレクトカンテ、滝沢第三スラブ	
118	1981年10月5日～6日	奥鐘山	悪天・増水のため壁に取り付けず	
119	1981年10月13日	三ツ峠	右フェースのみ21本	
120	1981年10月16日～20日	越後縦走	枝折峠―越後駒―中岳―大水上山―千津川山―巻機山	
121	1981年11月12日～13日	三ツ峠	右フェース20本	
122	1981年11月21日～27日	北ア・小窓尾根より劔岳	小窓尾根登攀―劔岳―早月尾根下山	TUSAC（初冬合宿）
123	1981年12月17日～18日	一ノ倉沢	烏帽子中央稜5ピッチ目まで	
124	1981年12月26日～82年1月4日	涸沢岳北西稜より滝谷	涸沢岳北西尾根―奥穂高岳、滝谷クラック尾根、ドーム	TUSAC（冬山合宿）
125	1982年1月15日～17日	八ヶ岳・横岳西壁	ジョウゴ沢、大同心雲稜～ドームダイレクト、三叉峰ルンゼ	
126	1982年3月12日～22日	利尻山・仙法志稜	西壁を試したが敗退。仙法志稜登攀北稜下降	
127	1982年3月26日～29日	利尻山	南稜、雪庇雪崩事故のため敗退	
128	1982年6月5日～21日	南硫黄島	環境庁の調査隊に参加。通算第2登、3回登頂	環境庁調査隊
129	1982年7月28日～8月1日	北ア・劔周辺	流水溝、チンネ左稜線、白萩ルンゼ	TUSAC（夏山合宿）
130	1982年8月14日～15日	ヒツゴー沢	ヒツゴ沢遡行、中ゴー尾根下降後二俣泊	
131	1982年9月27日～28日	三ツ峠	右フェース18本、中央カンテ	
132	1982年9月30日～10月2日	一ノ倉沢	烏帽子中央カンテ、コップ雲表、3ルンゼ	
133	1982年10月9日～11日	湯桧曽川、米子沢	湯桧曽川本谷―清水峠―米子沢―巻機山	

134	1982年10月16日～18日	小川山	親指岩、お殿様岩、屋根岩3峰・4峰	
135	1982年12月29日～83年1月1日	南ア・甲斐駒、仙丈	黒戸尾根―甲斐駒―北沢峠―仙丈岳往復	
136	1983年4月29日～5月1日	荒沢山、足拍子岳	中里―柄沢山―荒沢山―足拍子岳―蓮峠	
137	1983年5月31日～6月3日	北ア・穂高岳	前穂東壁右岩稜	TUSAC（新訓合宿）
138	1983年6月18日～19日	三ツ峠	右フェース12本、四段ハング	
139	1983年6月26日～27日	一ノ倉沢	衝立岩雲稜第2	
140	1983年8月1日～2日	北ア・剱周辺	白萩を登ろうとするも取り付けず	
141	1983年8月3日～8日	南ア・甲斐駒岩登り	赤石沢下部―左ルンゼ、サデの大岩―摩利支天東壁中央壁	
142	1983年8月15日～19日	北ア・穂高	台風でまったく登れず	
143	1983年10月17日～20日	奥鐘	紫岳会ルート半分、近藤・高見―京都	
144	1983年11月18日～21日	北ア・五竜岳	遠見尾根より往復	TUSAC（初冬合宿）
145	1983年12月3日～4日	三ツ峠	右フェース14本	
146	1983年12月10日～11日	八ヶ岳・横岳	ジュウゴ沢、裏同心ルンゼ	TUSAC（冬山合宿）
147	1983年12月25日～84年1月2日	槍～穂高	南岳西尾根―槍ヶ岳―滝谷ドーム西壁―西穂	
148	1984年2月11日～12日	両神山・七滝沢	日向大谷―薄川七滝沢―左俣連爆―日向大谷	
149	1984年3月3日～5日	一ノ倉尾根	一ノ倉尾根登攀―西黒尾根下山	
150	1984年3月9日～18日	南ア・甲斐駒・坊主岩	南坊主岩東壁雲表ルート（一部）、右ルート（開拓）	
151	1984年	城ヶ崎	ファミリー・オーシャン	
152	1984年5月3日	富士山	船津口より往復、お鉢めぐり	
153	1984年4月	城ヶ崎	オーシャン	
154	1984年6月1日～9月2日	K7	初登頂	隊員8人
155	1985年4月27日～29日	乗鞍岳	大学尾根往復（4／28）	TUSAC（新歓）
156	1985年7月25日～27日	一ノ倉沢	烏帽子凹状岩壁（7／26）	
157	1986年9月14日～15日	谷川本谷	谷川温泉―谷川本谷上部―引き返し	
158	1987年7月4日～25日	倉岳山～寺下峠	鳥沢―穴路峠―倉岳山―立野峠―寺下峠―梁り	単独

＊UHACは都立上野高校山岳部、TUSACは東京大学スキー山岳部の略語。1979年5月以降はほとんどがリーダーとして参加。

藤原章生（ふじわら・あきお）

1961年、福島県いわき市生まれ、東京育ち。86年、北海道大工学部卒後、住友金属鉱山に入社。89年、毎日新聞社記者に転じる。ヨハネスブルグ、メキシコシティ、ローマ、郡山駐在を経て、夕刊特集ワイド面に執筆。

05年にアフリカを舞台にした短編集『絵はがきにされた少年』で第3回開高健ノンフィクション賞受賞。

主著に『ガルシア＝マルケスに葬られた女』（集英社、07年）、『翻弄者』（同、09年）、『ギリシャ危機の真実』（毎日新聞社、10年）、『資本主義の「終わりのはじまり」』（新潮選書、12年）、『世界はフラットにもの悲しくて』（テン・ブックス14年）、『湯川博士、原爆投下を知っていたのですか』（新潮社、15年）、『ぶらっとヒマラヤ』（毎日新聞出版、21年）。23年5月、中央大法学部の講義録『死にかけた人は差別をしなくなる』（仮題）を出版予定。08年より『点字ジャーナル』にコラム「自分が変わること」連載。

著書ホームページ：https://infofujiwara61.wixsite.com/akiofujiwara

＊本書は、毎日新聞に連載された「酔いどれクライマー 永田東一郎伝」を原案に大幅に改稿された「書き下ろし」作品である。

装　丁——三村 淳
カバー画——船津真琴
写真提供——小西弘、吉川智明、藤原章生、東大スキー山岳部OB

編　集——神長幹雄（山と溪谷社）
校　正——山本修二
DTP・地図制作——千秋社

酔いどれクライマー　永田東一郎物語

二〇二三年三月十日　初版第一刷発行

著　者　藤原章生
発行人　川崎深雪
発行所　株式会社 山と溪谷社
〒一〇一-〇〇五一　東京都千代田区神田神保町一丁目一〇五番地
https://www.yamakei.co.jp/

■乱丁・落丁、及び内容に関するお問合せ先
山と溪谷社自動応答サービス
電　話　〇三-六七四四-一九〇〇
受付時間　十一時～十六時（土日、祝日を除く）
メールもご利用ください。
【乱丁・落丁】service@yamakei.co.jp
【内容】info@yamakei.co.jp

■書店・取次様からのご注文先
山と溪谷社受注センター
電　話　〇四八-四五八-三四五五
ファクス　〇四八-四二一-〇五一三

■書店・取次様からのご注文以外のお問合せ先
eigyo@yamakei.co.jp

印刷・製本　大日本印刷株式会社

定価はカバーに表示してあります

Printed in Japan　ISBN978-4-635-34042-7